中国社...
中国语...
Phonetic Association of China

第 7 辑

Chinese Journal of Phonetics

中国语音学报

主　编：李爱军

中国社会科学出版社

图书在版编目（CIP）数据

中国语音学报．第 7 辑 / 李爱军主编．—北京：中国社会科学出版社，2017.5
ISBN 978－7－5203－0000－1

Ⅰ.①中…　Ⅱ.①李…　Ⅲ.①汉语—语音学—文集　Ⅳ.①H11－53

中国版本图书馆 CIP 数据核字(2017)第 047330 号

出 版 人	赵剑英	
责任编辑	张　林	
特约编辑	文一鸥	
责任校对	高建春	
责任印制	戴　宽	

出　　版	中国社会科学出版社	
社　　址	北京鼓楼西大街甲 158 号	
邮　　编	100720	
网　　址	http://www.csspw.cn	
发 行 部	010－84083685	
门 市 部	010－84029450	
经　　销	新华书店及其他书店	

印刷装订	北京君升印刷有限公司
版　　次	2017 年 5 月第 1 版
印　　次	2017 年 5 月第 1 次印刷

开　　本	787×1092　1/16
印　　张	10.25
插　　页	2
字　　数	275 千字
定　　价	48.00 元

呼　和	中国社会科学院民族学与人类学研究所
胡　方	中国社会科学院语言研究所
贾　媛	中国社会科学院语言研究所
孔江平	北京大学
李爱军	中国社会科学院语言研究所
李蕙心	香港城市大学
李敬阳	公安部物证鉴定中心情报信息技术处
李永宏	西北民族大学
凌震华	中国科学技术大学
刘俐李	南京师范大学
刘新中	暨南大学
路继伦	天津师范大学
马秋武	同济大学
冉启斌	南开大学
石　锋	南开大学，北京语言大学
陶建华	中国科学院自动化研究所
王洪君	北京大学
王英利	广东省公安厅刑事技术中心
王韫佳	北京大学
魏建国	天津大学
吴民华	香港大学
谢　磊	西北工业大学
熊子瑜	中国社会科学院语言研究所
许　毅	伦敦大学学院
颜永红	中国科学院声学研究所
杨玉芳	中国科学院心理研究所
翟红华	山东农业大学
张　华	同仁医院耳鼻喉科
张劲松	北京语言大学
郑　方	清华大学
郑秋豫	台湾中研院语言学研究所
朱维彬	北京交通大学
朱晓农	香港科技大学
祖漪清	安徽科大讯飞信息科技股份有限公司

目 录

研究性论文

研究综述

书刊评介

研究生论文选介

会议报道

英汉语调的相似性与对外汉语语调教学

林茂灿　　李爱军

摘要 汉语是声调语言，英语是非声调语言。但是，我们看到英语与汉语之间的重读凸显及疑问和陈述边界调，都存在语音表现和语音特征的"同"和"异"，因而，英汉语调有相似性。学习者说出来的汉语语调想避免和克服"洋腔洋调"，一定要让其重音音高曲线，不仅峰顶与峰谷之间的音域要扩大，而且峰顶和谷底后面的音域要显著变窄，其前面的也略窄；还要做到汉语疑问和陈述边界调音高的上升和下降是相对于该边界音节声调音高曲线的上升和下降。本文还讨论了英汉语调相似性的理据等问题。

关键词 汉语，英语，语调，"同"和"异"，相似性

The similarity between English and Chinese intonations and its Implication to Teach Chinese as Foreign Language

LIN Maocan LI Aijun

Abstract Chinese is a tone language while English is not, but in the study of Chinese and English intonation systems, both differences and similarities are identified in the phonetic manifestations and phonetic features of focal prominence and boundary tone in questions and statements. Therefore, there are similarities in intonations in English and Chinese. For learners of Chinese as a foreign language to overcome "foreign accent" in intonation, it is important to keep the pitch range between the F0 peak and valley on the accented syllable wide enough, and at the same time, maintain a significantly narrower pitch range following the focal prominent position and a somewhat narrower range before. In addition, the F0 rising and lowering effects at the boundary in questions and statements are adjustments on the tonal F0 contour of the syllable right at the boundary. The evidence of the intonation similarities in English and Chinese is presented and motivation and implications discussed.

Key words Chinese, English, Intonation, "Similar" and "different", Similarity

1.引言

本文为研究英语语调与汉语语调之间在声学或语音表现上的相似性，从"相似不等于相同，相似是客观事物存在的'同'和'异'矛盾的统一"[30]的相似性定义出发，观察和研究英语语调和汉语语调之间哪些是"同"，哪些是"异"。

本文汉语指普通话。语调特指疑问语调和陈述语调。汉语是声调语言，英语是非声调语言，但是，我们看到的英汉语调，不仅都由重读凸显[1]和边界调两个要素组成，而且英汉重读凸显的语音表现存在着"同"和"异"，其语音表现是相似的，其语音特征也是相似的；英汉边界调的语音表现存在着"同"和"异"，其英汉边界调语音表现是相似的，其语音特征上也是相似

---

[1]英语音高重音引起的感觉是（音高）凸显，汉语窄焦点重音引起的感觉也是（音高）凸显；英语音高重音和汉语窄焦点重音统称为重读凸显。

1

的。英汉重读凸显和边界调都存在"同"和"异"，因而，英语语调与汉语语调之间存在相似性。

本文指出，在对外汉语语调教学中，不仅要抓住英汉语调的"同"，还要抓住其"异"，才能避免学习者的"洋腔洋调"。学习者要想说出来的话语有轻有重，其音高曲线不仅在峰顶与峰谷之间的音域要扩大，而且峰顶和峰谷后面的音高曲线音域要显著变窄，其前面的也变窄些；学习者要想说出来的话语有汉语的疑问语气和陈述语气，一定要让汉语边界调音高的上升和下降是相对于该边界音节声调音高曲线的上升和下降。

本文还讨论了英汉语调相似性的理据等问题。

2.英汉语调及其相似性

2.1 英汉重读凸显及其相似性

2.1.1 英汉重读凸显的音高曲线像山峰和山谷

（1）英语音高重音的音高曲线像山峰和山谷

英语音高重音包含核心音调和其前的主要音调（leading tone，引领音调）及延展音调（trailing，后续音调）等三部分，我们称这三部分为"音高重音域"（核心音调是不可缺少的）。英语音高重音，不论是 7 个还是 5 个，其音高曲线都像山峰（高调和含高调的）和山谷（低调和含低调的），峰（peak）和谷（valley）都落在核心音节上：峰有高有矮、有宽有窄，谷有深有浅；核心音调为一个音节的是窄峰，核心音调为两个或三个音节的是宽峰，叫"帽型"[2][9][12][13][25]。山峰的两侧为上坡和下坡，山谷的两侧为下坡和上坡。

音高重音作用在H调上形成山峰，如图1(a)"Marianna"的L+H*，（b）中"lovely"的L+H*和"Bloomingdale"的L+!H*，(d)中"only"的H*。图中在F0音高曲线上用浅色直线表示山峰（上坡后下坡），其上坡是从主要音调的起点音高到核心调的高点音高

（山峰的峰顶，下同），而下坡是从核心调的高点音高到延展音调的终点音高。

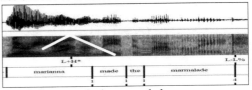

(a) Marianna made the marmalade.
　　L+H*　　　　　　　L-L%

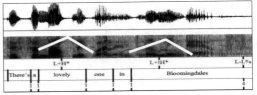

(b) There's a lovely one in loomingdale's.
　　L+H*　　　　　　L+!H* L-L%

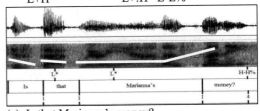

(c) Is that Marianna's money?
　　L*　L*　　　　　　H-H%

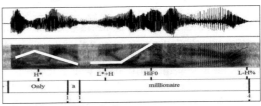

(d) Only a millionaire?
　　H*　　　L*+H L-H%

图1：英语高调的山峰及低调的山谷示意图[7]。图中给出了波形图，三维语谱图，音高曲线和三层标注信息：音高重音、词边界和韵律边界。

音高重音作用在L调上形成山谷。如图1(c)中"that"和"Marianna"的L*和图1(d)中"millionaire"的L*+H。用白色直线表示山谷（下坡后上坡），其下坡是从主要音调的起点音高到核心调的低点音高（山谷的谷底，下同），其上坡是从核心调的低点音高（山谷的谷底）到延展音调的高点音高。

（2）汉语（窄）焦点重音的音高曲线也像山峰和山谷

汉语（窄）焦点重音对于语句音高曲线的作用形成三个不同的作用域：焦点前位置、焦点位置和焦点后位置[10][15]。这三个作用域我们称之为"重音域"。重读落在阴平、阳平和去声上，其高点抬高，使重音域的音高曲线像山峰；峰在阴平、阳平和上声上（落在单音节词上是窄峰，落在两音节词或三音节词等上的为宽峰），听起来觉得是高调。重读落在上声上，其低点下压些，重音域的音高曲线像山谷；谷在上声上，听起来觉得是低调[5][17][20][19][27][29]。汉语重音也分为高调和低调。

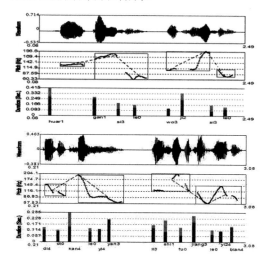

图2："花儿干死了"、"我急死了"、"弟弟看了一眼"和"李师傅讲了一遍"的波形图、音高曲线图和各音节时长柱状图（浅色部分表示声母时长、黑色部分表示韵母时长，柱状为音节起点），音高曲线上的方框标志韵律词。

图2中给出了四个语句的波形、音高和音节时长信息，焦点重音落在单音节"干"、"急"、"看"和"讲"上，这四个音节分别为四个声调，在音高曲线上形成山峰和山谷。图中"花儿干死了"的山峰用虚线表示，以与英语的实线相区别，峰在"干"处，其上坡是从"花儿"的音阶[1]到"干"的高点音高（山峰的峰顶，下同），其下坡是从"干"的高点音高到"死了"的

音阶；"我急死了"的山峰的峰在"急"处，其上坡是从"我"音阶到"急"的高点音高，下坡是从"急"的音高高点到"死了"的音阶；"弟弟看了一眼"的山峰的峰在"看"处，其上坡是从"弟弟"音阶到"看"的高点音高，下坡是从"看"高点音高到"了一遍"音阶；"李师傅讲了一遍"的山谷用虚线表示，谷在"讲"处，其下坡是从"李师傅"的音阶到"讲"的低点音高（山谷的谷底，下同），上坡是从"讲"的低点音高到"了一遍"的音阶。

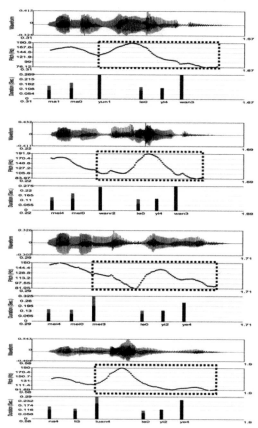

图3：从上到下分别为"妈妈晕了一晚"、"妹妹玩儿了一晚"、"妹妹美了一夜"、"那里乱了一夜"四个语句的波形、音高和音节时长分布图。

从此看到，汉语山峰两侧的上坡是从音阶到高点音高，下坡是从高点音高到音阶，而山谷两侧的下坡是从音阶到低点音高，上坡是从低点音高到音阶。所以，汉语语调山

---

[1]音阶单位应为半音。本文为画图方便，把山峰前后音高曲线和山谷前后音高曲线的音高平均值称为音阶；在图中，这个音阶值的大小，表示山峰和山谷前后音高曲线的位置高低。

峰的上坡和下坡及山谷的下坡和山坡的起讫点由音阶决定；用音阶表示汉语山峰和山谷两侧音高曲线的位置高低。

图3的四个语句的音段均为浊音，F0 音高曲线连续，可以更清楚地显示焦点重音产生的山峰和山谷。四句话中，"晕"、"玩"、"美"和"乱"四个音节分别承载焦点重音，且分别为阴阳上去四个声调。四句话均由两个韵律词构成，图中的方框表示包含负载焦点重音的韵律词。四个重读音节后接的音节均为轻读，轻读音节音高曲线由前接重读音节决定，一直过渡到句末L调。可以看到阴平"晕"和去声音节"乱"承载重音时，山峰都在重读音节上实现，而阳平音节"玩儿"承载重音时，山峰在后接的轻读音节上出现，上声音节"美"重读形成的山谷出现在重读音节上，但是山谷上坡到达的最高点出现在后接音节上。

2.1.2 英汉重读凸显的相似性

图4是英汉语调语音表现的示意图。图4左边显示，英汉重读凸显山峰和山谷两侧的上坡和下坡分别用上箭头和下箭头表示。

英语山峰的峰顶和谷底的位置由音高（基频）大小确定。汉语山峰的峰顶是由阴平起点或终点音高的抬高，阳平终点的音高抬高和去声起点的音高抬高引起，其峰顶的位置也由音高大小确定；其谷底是由上声转折点的音高下压一些而引起，谷底位置也由音高大小确定。英语音高重音和汉语窄焦点重音的音高曲线都像山峰和山谷，其峰顶和谷底的音高都由音高（基频）大小决定。英语音高重音和汉语窄焦点重音的音高曲线都像山峰和山谷那样，其峰顶和谷底的位置都由音高（基频）大小决定，这是二者的"同"。

英语音高重音的峰顶音高和谷底音高是重读时直接引起的音高高低，而汉语重音的峰顶和谷底音高是重读作用于高调上和低调上引起的音高抬高和下压，这是英汉重读凸显的"异"；英汉重读凸显的另一个"异"是，英语山峰的上坡和下坡及山谷的下坡和下坡的起讫点由音高决定，而汉语山峰的上坡和下坡及山谷的下坡和上坡的起讫点由音阶决定。

英汉的山峰和山谷存在着"同"和"异"，因而，英汉重读凸显的语音表现存在着相似性。

Pierrehumbert[9]提出7个英语的音高重音，音系表达为：H*、L*、L*+H、H+L*、L+H*、H*+L 和 H*+H，之后 Beckman 和 Pierrehumbert[6]去掉了H*+H，在英语语调标准规范MAE_TOBI中[7]使用5个音高重音 L*、H* (!H*)、L+H* (L+!H*)、L*+H (L*+!H)、H+!H*。汉语的窄焦点重音的语音特征可以描写为：L⁻+RH+L⁻和H⁻ + LL + H⁻，RH(RaisingH)表示汉语阴平、阳平和去声的高调特征抬高，LL(LowingL)表示上声低调特征压低。而L⁻表示山峰的上坡和下坡的起讫音阶比峰顶音高低，H⁻表示山谷的下坡和上坡的起讫音阶比峰谷音高高。汉英重读凸显的特征都表示其音高曲线像山峰和山谷。汉英重读凸显在语音特征上也是相似的。

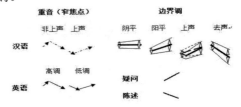

图4：英汉语调语音表现的示意图。左边为重音、右边为边界调。汉语的边界调给出了四个声调分别为单念（粗黑线）、疑问（最上边曲线）和陈述（最下边曲线）的对比。

2.2 英汉边界调和其相似性

2.2.1 英汉边界调音高的上升和下降

（1）英语边界调音高的上升和下降

英语疑问语气和陈述语气由边界音节携带，边界音节的调子称为边界调。英语疑问和陈述边界调是音高的上升和下降，如图1的例子和图4（右下）的示意图。

（2）汉语边界调

汉语疑问语气和陈述语气跟英语的一样由边界音节携带，边界音节的调子也称为边界调。对不带句末疑问语气词的语调疑问句边界调，不管其边界音节是阴平、阳平、上声还是去声，边界调音高曲线的起点是相对于该边界音节声调音高的抬高

后明显地上升，和陈述边界调的起点下压后，多数音高曲线又有些下降，如图 4 右上所表示的那样[3][5][20][21][22]。

王蕴佳、王理嘉[23]也赞同"陈述语调跟疑问语调的最大差别在于句末音节的音高曲线斜率的不同"。

2.2.2 英汉疑问和陈述边界调的相似性

从图 4（右）示意图可以看出汉英边界调相似性。

英语和汉语的疑问边界调音高特征都是上升的，英语和汉语的陈述边界调音高特征都是下降的，这是二者的"同"，但是，英语疑问和陈述边界调音高曲线的上升和下降是音高的上升和下降，而汉语边界调音高的上升和下降是相对于该边界音节声调音高曲线（图 4 汉语边界调粗黑声调曲线）的上升和下降，这是二者的"异"。

英语疑问和陈述边界调的语音特征分别表示为 H%和 L%；汉语疑问和陈述边界调的语音特征可以表示为+θ 和-θ，二者都表示疑问边界调音高是上升的，和陈述边界调音高是下降的，这是二者的"同"，但是，英语的 H%和 L%是基频的上升和下降，而汉语的+θ 和-θ 是相对于该边界音节声调的上升和下降，这是二者的"异"。汉英疑问和陈述边界调的语音特征存在着这种"同"和"异"，因而，英汉疑问和陈述边界调在语音特征上也是相似的。

3. "同"和"异"与对外语调教学

曹文[11]提出，"外国人学汉语缺乏调域变化——主要是高音线降阶并持续到句尾——的训练或习惯"。李智强在 2014 年跟笔者讨论"洋腔洋调"问题时指出，学汉语的美国学生，短语（窄焦点）重音后面的音高曲线该下降的降不下来，该上升的升不上去。

王功平、李爱军[28]对泰国的汉语学习者焦点重音的产出进行了定量研究，与母语者相比，学习者的焦点重音产出偏误主要集中在音高落差的使用和焦点重音音节本身的音高值上，时长上的偏误不明显；

音高落差的偏误最突出；焦点位置和声调类别对上述偏误有显著的影响。

我们认为，在教学上应该让学习者在看到英汉重读凸显"同"的同时，还要看到其"异"；学习者在学习汉语重音时既要看到汉语音高曲线也像英语的那样为山峰和山谷，还要看到汉语山峰两侧的上坡和下坡及山谷两侧的下坡和下坡的起讫点是音阶的，不像英语那样是音高的；学习者一定要使汉语重音的音高曲线，不仅峰顶与峰谷之间的音域要扩大，而且峰顶和谷底后面的音域要显著变窄，也就是焦点重音后的音域要压缩，产生足够的音高落差。

同时，还需让学习者在看到英汉边界调是上升和下降"同"的同时，还要抓住其"异"，因为人们在学习汉语疑问语气和陈述语气时，如果没有让汉语边界调音高的上升和下降是相对于该边界音节声调音高曲线的上升和下降，就会产生"洋腔洋调"。

从图 4（上部）可以看到，汉语语调与声调之间存在着依存关系，非声调语言学习者要学好汉语语调必须先掌握汉语声调，"声调是语音教学的基础。"[24]当然，只有学好了语调，声调的学习效果才可巩固。

4.结论和讨论

4.1 结论

（1）本文看到英语语调与汉语语调之间的相似性。英语音高重音和汉语窄焦点重音的音高曲线都像山峰和山谷那样，其峰顶和谷底的位置都由音高（基频）大小决定，这是二者的"同"。英语音高重音的峰顶音高和谷底音高是重读直接引起的音高高低，而汉语重音的峰顶和谷底音高是重读作用于高调上和低调上引起的抬高和下压，这是英汉重读凸显的"异"；英汉重读凸显的另一个"异"是，英语山峰的上坡和下坡及山谷的下坡和上坡的起讫点由音高决定，而汉语山峰的上坡和下坡及山谷的下坡和下坡的起讫点由音阶决定。英汉的山峰和山谷存在着这种"同"和"异"，因而，英汉重读凸显

的语音表现是相似的，其语音特征也是相似的。

汉英疑问边界调音高曲线都是上升的，汉英陈述边界调音高曲线多数是下降的，这是二者的"同"；英语疑问和陈述边界调音高曲线的上升和下降是音高的上升和下降，而汉语疑问和陈述边界调音高的上升和下降是相对于该边界音节声调音高曲线的上升和下降，这是二者的"异"。英汉疑问和陈述边界调音高曲线存在着这种"同"和"异"，因而，英汉边界调在语音表现上是相似的，其语音特征也是相似的。

（2）本文指出，在对外汉语语调教学中，既要抓住英汉语调的"同"，又要抓住其"异"，使说出来的汉语不出现"洋腔洋调"。学习者要想说出来的汉语声音有轻有重，其音高曲线不仅在峰顶与峰谷之间的音域要扩大，而且峰顶和峰谷后面的音高曲线音域要显著变窄，其前面的也变窄些；学习者要想说出来的话语有汉语的疑问语气和陈述语气，就得让汉语边界调音高的上升和下降是相对于该边界音节声调音高曲线的上升和下降。

4.2 讨论

（1）英语音高重音域的音高曲线像山峰（高调和含高调的）和山谷（低调和含低调的）；汉语窄焦点重音域的也像山峰（窄焦点重音落在非上声上的）和山谷（窄焦点重音落在上声上的）。山峰的峰有高有矮、有宽有窄，谷有深有浅；峰顶和谷底两侧的上坡的坡度可小到如声调的弯头那样。

本文给出的汉语语调例子中，焦点重音都落在单音节上，对于多音节的情况相对比较复杂，由于声调组合和重读音节位置的不同会出现其他形状，如帽型，留待后面进一步研究。

（2）普通话疑问边界调和陈述边界调有三种音高模式[22]，疑问和陈述的音高活动用斜率描述，也可用音阶描述。前面介绍的"疑问边界调，不管是阴平、阳平、上声还是去声，其音高曲线的起点是相对于该边界音节声调音高的抬高后明显地上升；陈述边界调的起点下压后，多数音高曲线又有一些下降"，是三种模式中最常出现的一种。

赵元任先生提出，声调和语调叠加方式有同时叠加和后续叠加两种，而这里也只是提到了同时叠加，在很多副语言学功能中，都会出现后续叠加[4]，也值得在对外汉语教学中加以学习。

另外，还需强调一点，对于英语和汉语来说，边界调的语音特征与语义语用表达之间不是一对一的关系，而是一对多的关系。比如英语的 H%，与前接短语调（H 或者 L）进行组合后形成的 edge tone，可以表示呼叫、感叹、惊讶、质疑语气等；汉语的 H% 也同样可以表示感叹、高兴、惊讶等语气。[4][14]

（3）英汉语调相似性的理据。

"心智和思维产生于人跟外界的相互作用，在这个相互过程中，人通过自己的身体获得经验，这个经验用'体验'称之为最合适。'心寓于身'还有一层意思是概念和概念系统的形成要受人类身体构造的制约。例如人对各种颜色的分辨很大程度上是由人体视网膜的生理构造决定的。"[26]

我们认为，英汉语调的相似性有其认知和生理上的理据。

a.英汉疑问和陈述边界调相似性的理据。

"用上升调表示疑问和用下降调表示肯定"，是人在与外界相互作用过程中得到的体验。有学者认为（见"像似性概述"，载于《百度文库》2016 年 8 月）："我们是站立在土地上的；我们只有脚踏实地才稳妥，才有一定的稳定感，而相对直立向上的状态则不是十分稳定，因而就产生一种疑惑感。在语言的语音上，就表现为用向上的升调表示疑问，用向下的降调表示肯定。是同一个单词或字也好，是同一个句子也好，一般来说用升调表示疑问，用降调表示肯定，这是语言的一种普遍现象。"

朱晓农[31]指出，"所有语言在用语调表示语气时，都毫无例外地用高调或升调表示疑问，用低调或降调表示陈述[1]，如：'我去↗'表疑问，'我去↘'表陈述。这

种音高和语义之间的固定关系的原因可以到生物学，尤其是动物行为学里去找。"朱晓农还指出，"所谓动物行为学原理是指'高调表小'。小体型动物叫声频率高，暗含无威胁性之意。大体型动物叫声低沉，有进攻性。人类使用音高也符合这原理。爱称小称善意讨好合作撒娇时音高较高。问话时要求合作，态度一般会友善（除非地位不平等），所以此时会使用较高的音高。Bolinger[1]发现，所有语言如不使用疑问词，问句都是高调或升调。"

Ohala[8]指出，"各种语言（包括声调语言、音高语言和重音语言）的 F0 变化，喉肌肉一定参与了作用。环甲肌对提高 F0 是主要力量。"疑问边界调音高的上升是由环甲肌引起的，说明人的喉头构造制约了"疑问"概念的形成。

b.英汉重读凸显相似性的理据。

声带的弹性活动犹如弹簧运动。

声带处于正常噪音状态的上端，在重读作用下，使其弹性逐渐增加，F0 上升，然后弹性自动减少，Ps（声门下压力）也减少，F0 下降，形成的音高曲线像山峰那样；声带处于正常噪音的下端，在重读作用下，声带稍稍受压，这时的弹性和 Ps 使 F0 下降一些，然后弹性自动增加，F0 上升，形成如山谷那样的音高曲线。孔江平[18]谈到"低降升调"时指出，"在这个声调的中间部分，最重要的特征是声门周期出现了不规则现象，这是气泡音和挤喉音的特征。"

曹文[11]指出，"除了其前后音节的高音点落差和时长信息外，T3(上声)本身是否带吱嘎声也是它加重与否的重要因素。"

英汉重读凸显的相似性，受声带的弹性振动原理所制约。

（4）"当我们摸清了事物各自迥异的个性后，就需要开始去寻找它们的内在共性，这才是一个明哲、智慧的做法，也是认识事物的最好途径。"[16]

我们以为，如能深入开展北京话语调与方言语调之间的相似性研究；汉语语调与其他非声调语言如法语、日语等之间的相似性研究；功能语调与情感语调之间的相似性研究，便可找到语调的内在共性。

5.致谢

戴庆夏、吕士楠、马秋武和陈虎等先生对本文提出了修改意见；作者以本文在《第三届汉语韵律语法研究国际研讨会》（北京语言大学，2016 年 9 月 23-24 日）做大会特邀报告，与会专家同人又提出了修改意见。研究受到国家社科基金重点项目"中国方言区英语学习者语音习得机制的跨学科研究"（15ZDB10）和 973 项目"互联网环境中文言语感知与表示理论研究"（No.2013CB329301）支持。在此一并表示诚挚的感谢。

6.参考文献

[1] Bolinger, D. 1978. *Intonation across languages*. In Greenberg (ed.) 1978, 471-524.

[2] Ladd, D. 1996. *Intonation Phonology*. Cambridge: Cambridge University Press.

[3] Lin, M. and Li, Z. 2011. Focus and boundary tone in Chinese intonation. *Proc.of the 17th Inter. Cong. of Phonetic Sciences*,pp. 1246-1279, Hangkong.

[4] Li, A. 2015. *Encoding and Decoding of Emotional Speech: A Cross-Cultural and Multimodal Study between Chinese and Japanese*. Springer.

[5] Li, Z. and Lin, Q. 2016 *The Experimental Study of Intonation in Mandarin Chinese* (in Chinese) by Lin Maocan, *Phonetica*, 73:141-143, 2016.

[6] Beckman, M. and Pierrehumbert, J. 1986. Intonational Structure in Japanese and English, *Phonology Yearbook III*, 15-70.

[7] Beckman, M. E and Ayers, G. M. 1997. *Guidelines for ToBI Labelling（Version 3）*. Online MS and accompanying files available at http://www.ling.ohio-state.edu/~tobi/ame_tobi.

[8] Ohala, J. J. 1978. The production of tone. In: V. A. Fromkin (ed.),*Tone: a linguistic survey*. New York: Academic Press. 5-39.

[9] Pierrehumbert, J. 1980. *The phonology and phonetics of English intonation*. Cambridge, MA: The MIT Press.

[10] Xu, Y. 1999. Effects of tone and focus on the formation and alignment of F_0 contours. *Journal of Phonetics* 27: 55-105.

[11] 曹文(2010)《汉语焦点重音的韵律实现》。

[12] 陈虎（2006）*English and Chinese Intonational Phonology: A Contrastive Study*（汉语语调音系对比研究）。河南：河南大学出版社。

[13] 陈虎（2008）语调音系学与 Am 理论综论。《当代语言学》第 4 期，347-354 页。

[14] 陈虎（2008）汉语无标记类感叹句语调研究。《语言教学与研究》第 2 期，46-52 页。

[15] 陈玉东、吕士楠、杨玉芳（2009）普通话语段重音对小句重音声学特征的调节。《声学学报》第 34 卷第 4 期，378-384 页。

[16] 高士其（1992）"序言"载于《相似论》（张光鉴）。

[17] 贾媛、熊子瑜、李爱军（2008）普通话焦点重音对语句音高的作用。《中国语音学报》第 1 期，118-124 页。

[18] 孔江平（2001）《论语言发声》。北京：中央民族大学出版社。

[19] 林茂灿、颜景助、孙国华（1984）北京话两字组的正常重音的初步实验。《方言》第 1 期，57-73 页。

[20] 林茂灿（2004）汉语语调与声调。《语言文字应用》第 3 期，57-73 页。

[21] 林茂灿（2006）疑问和陈述语气与边界调。《中国语文》第 4 期，364-384 页。

[22] 林茂灿（2012）《汉语语调实验研究》。北京：中国社会科学出版社。

[23] 林焘、王理嘉（原主编）（1992）王蕴佳、王理嘉（增订版主编）（2013）《语音学教程》。北京：北京大学出版社。

[24] 李智强、林茂灿（2016）对外汉语声调和语调教学之探索。第二届语言学与汉语教学国际论坛（IFOLICE-2），北京语言大学。

北京：北京语言大学出版社。

[25] 马秋武（2015）《什么是音系学》。上海：上海外语出版社。

[26] 沈家煊（2005）"认知语言学与汉语研究"，载于刘丹青主编《语言学前言与汉语研究》，上海：上海教育出版社，1-22页。

[27] 王洪君（2008）《汉语非线性音系学——汉语的音系格局与单字音》（增订版）。北京：北京大学出版社。

[28] 王功平、李爱军（2016）泰国汉语二语习得者陈述句焦点重音产出特征实验。中国当代语言学国际研讨会暨第五届中国句法语义论坛。上海：同济大学。

[29] 熊子瑜（2006）普通话的语句音高分析。《中文信息处理的探索与实践——第三届HNC 与语言学研究学术研讨会论文集》。北京：北京师范大学出版社。

[30] 张光鉴（1992）《相似论》。南京：江苏科学技术出版社。

[31] 朱晓农（2004）亲密与高调。《当代语言学》第 3 期，193-222 页。

林茂灿 中国社会科学院语言研究所，研究员，主要研究领域为汉语声调、轻重音和语调。
　　　　E-mail:linmaocan@263.net

李爱军 中国社会科学院语言研究所，博士，研究员，主要研究领域为言语韵律、L1 & L2 语音习得、情感语音。
　　　　E-mail:liaj@cass.org.com

绝句中的韵律层级边界及其知觉研究

李卫君　杨玉芳

摘要 绝句是一种特殊的语篇，有丰富的韵律层次。两字一节是中国古代诗歌的基本节奏，而"三字脚"是一个相对独立的意群单位。据此，可以将绝句划分为四个不同的韵律层级：音步、句内、句末和联间。语音学分析发现，不同层级的韵律边界在音高、边界前音节延长、停顿以及音节强度等方面都有系统变化。用脑电成分 CPS（closure positive shift）为指标，通过 ERP 实验，对不同层级韵律边界进行考察，发现句内、句末和联间三个层级边界分别诱发了 CPS；各层级边界诱发的 CPS 其潜伏期有系统变化，说明听者能够正确识别诗句内部主要的韵律层级边界。绝句末尾诱发了 P3 成分，表明不同韵律边界由于承担不同的认知功能，将诱发不同的脑电效应。

关键词 层级边界，绝句，声学特征，知觉

Prosodic Hierarchical Boundaries in Quatrain and Its Perception

LI Weijun　　YANG Yufang

Abstract Quatrain is a kind of special discourse with rich prosodic hierarchies. In ancient Chinese poetries, a foot (meter) is often comprised of two characters and a "three-character-foot" is a relatively independent meaning-unit. According to this, there are four layers in the prosodic hierarchy of a quatrain: foot boundary, phonological phrase boundary, intonational phrase boundary and couplet boundar. Phonetic analysis showed that boundaries in different levels systematically varied in F0, duration of pre-boundary syllable, pause duration and loudness. Results of an ERP experiment revealed that except for the foot boundary, the other three kinds of boundaries all evoked significant closure positive shift (CPS). Moreover, as hierarchical level became higher, the latency of the CPS became longer. The results indicated that listeners could represent boundaries within quatrains in a hierarchical way. In the contrary, a P3 was elicited at the end of quatrains, suggesting that different kinds of boundaries played various cognitive functions.

Key words Hierarchical boundary, Quatrain, Acoustic feature, Perception

1.引言

我国古诗有多种体裁，其中普及面最广、最有生命力的是绝句[8]。绝句四句一首，分别对应起承转合四个部分。其短小精悍，却能表达一个完整的思想，是一类较为特殊的语篇。绝句抑扬顿挫的节奏美，依赖于句内平仄声交替出现，更为重要的是不同大小信息单元所形成的不同层级的韵律边界。其中，联间边界（CB，couplet boudary）将一首绝句分为两联。每联内句间边界（IPB，intonational phrase boundary）又将两个句子间隔开。在每句内部，后三个字在节奏上与前几个字之间较为松散，形成所谓的"三字脚"，三字脚与前面几个字之间形成的较大停顿为句内边界（PPB，pho-nological phrase boundary）。此外，两字一节是中国古代诗歌的基本节奏，称为音步（Foot）。因此绝句内部包括联间、句间、句内和音步四类韵律边界，韵律层级逐渐降低。绝句的节奏除了以上特点以外，在韵律上也有明显体现。即在一定位置上重复出现同一韵辙中的韵母，形成韵脚。这种由韵脚产生的节奏，可以把涣散的声音联络起来，形成一个完整的整体，增强音乐效果。

绝句的节律形式植根于自然语言的节奏特征，是对自然语言节律特征的规范化和格式化。这种规范化的格式在节律上具有强制性，基本上不受句法和语义的干扰，因此绝句的韵律表现可能会有其特殊性。同时，绝句作为语篇的一种类型，其朗读又必然会遵循人类语言表达的基本规律，表现出一些与其他语体相似的特点。本文研究五言和七言绝句不同层级韵律边界的声学特征，以及韵律层级边界的知觉问题。

2. 绝句的声学特征分析

首先在声学层面上系统地分析绝句朗读过程中所表现出的节奏特点，考察这种语音的时域和频域的变化，绝句内部不同层级韵律边界在音高、时长方面表现出的特点，以及诗歌特有的韵脚的声学语音学表现。

2.1 绝句朗读的录音和分析

选择五言和七言绝句各50首，由一位男性专业发音人在隔音室中录制；发音人与话筒距离大约3cm，以自然的语速和音强发音。此发音人有丰富的朗读经验，能够充分体现现代人朗读诗歌的节律特点。 所录声音以NSP格式存入计算机，采样率为22kHz。

声学参数测量以音节为单位。通过Praat语音分析软件，结合语图、波形图和听辨将每首绝句的各个音节人工切开，并标注其声调和高于音节水平的韵律边界。然后使用Alldata软件获得每个音节音高曲线的高音点、低音点、音节时长、音强及音节后无声段长度。其中，高音点和低音点分别指音节音高曲线的最大值和最小值。阴平声只取高音点，上声只取低音点，阳平和去声分别取其高音点和低音点。时长的分析包括音节时长和边界处无声段长度两个参数。在音节和无声段的时长测量中，由于塞音的成阻、持阻段通常不超过20ms，因此，塞音前20ms以内的无声段时长记在该音节的时长内。音节的音强值通过测量每个音节的平均强度值获得。

2.2 统计分析结果

2.2.1 绝句的音高特点

五言和七言绝句分别按每首20和28个位置将音节排序，通过语料分析得到每一个音节的音高高音点和低音点平均值如图1所示。从图中可以看到，两种绝句中除七言绝句第三句

高音点以外，每个句子音高低音点和高音点都有不同程度渐降的趋势；在句间边界和联间边界，还表现出低音点和高音点的音高重置。

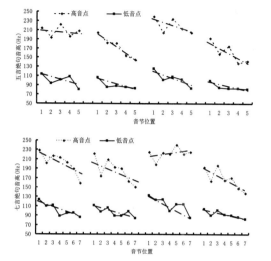

图1：五言绝句和七言绝句音高低音点和高音点趋势图。横坐标为两种绝句中各音节的位置，纵坐标表示音高，图中各点为两种绝句中各音节对应的音高值。音高下倾拟合线置于各句上。

五言绝句和七言绝句音高下倾的分析以句子为单位，以句中各音节平均起始时间作为自变量，以各音节低音点和高音点的平均音高值作为因变量，建立一元线性回归方程：

$$Y=bX+a \qquad (1)$$

得到的回归线如图点划线所示。可以看到，两种绝句中，除七言绝句第三句高音点以外，其他各句句内音节的低音点和高音点都随着时间推移，表现出不同程度的音高下倾。从下倾特点看，两种绝句第一句和第三句低音点的下倾斜率明显大于高音点；而第二句和第四句正好相反，高音点的下倾斜率大于低音点。正是这样的音高下倾模式，使得两种绝句一致表现为越接近联末，高音点和低音点的音高差值越小，即音域收窄。

音高变化在绝句内部各层级韵律边界处表现不同。其中，音高低音点随着边界层级提高，音高重置程度增加；高音点在句内边界和联间边界存在音高重置，而句间边界则表现出音高下倾。为观察两种绝句的音高重置程度，分别以边界前后的音节作为自变量，以其低音点和高音点的音高值作为因变量做一元方差分析。分析结果表明，两种绝句不同层级韵律边界前音节低音点差异显著（五言：$F(2,276)=26.719$，$p<0.001$；七言：$F(2,247)=4.72$, $p<0.01$）。多重比较表明，句内边界音高显著高于句间边界和联间边界，$p<0.01$。两种绝句不同层级韵律边界后音节低音点差异显著（五言：$F(2,252)=49.092$，$p<0.001$；七言：$F(2,279)=42.404$，$p<0.001$）。多重比较表明，五言绝句所有边界成对比较差异显著，$ps<0.001$；七言绝句联间边界音高显著高于句内和句间边界，$ps<0.001$。

两种绝句不同层级韵律边界高音点的分析表明，两种绝句不同层级边界前音节高音点差异显著（五言：$F(2,288)=16.07$, $p<0.001$；七言：$F(2,278)=7.427$, $p<0.005$）。多重比较表明，五言绝句所有边界成对比较差异都显著，$ps<0.01$，七言绝句句内和句间边界分别和联间边界差异显著，$ps<0.005$。此外，两种绝句不同层级韵律边界后音节高音点差异显著（五言：$F(2,302)=9.214$，$p<0.001$；七言：$F(2,288)=8.312$, $p<0.001$）。多重比较表明，五言绝句句内和句间边界分别和联间边界差异显著，$ps<0.005$，七言绝句所有成对比较差异都显著，$ps<0.05$（如图3右侧所示）。

2.2.2 绝句的时长特点

五言绝句和七言绝句音节和无声段时长特点如图2所示。从图中可以看到，不论是五言绝句还是七言绝句，各句句内边界前音节时长都长于其他各音节。不同层级韵律边界处都伴有无声段，并且随着韵律层级的提高，无声段

长度延长。

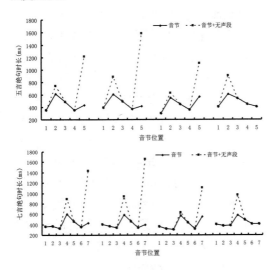

图2：五言绝句(上)和七言绝句(下)音节以及音节与随后无声段时长特点。图中各点为两种绝句中各音节对应的音节时长以及该音节和最后无声段时长之和。

两种绝句音节时长和无声段的分析，以不同层级韵律边界前音节和边界处无声段作为自变量，以时长作为因变量做一元方差分析。对两种绝句不同层级韵律边界前音节时长的分析表明，不同层级韵律边界前音节时长差异显著(五言：$F(2, 347)=79.992$，$p<0.0001$；七言：$F(2,347)=125.293$，$p<0.0001$)。多重比较表明，不论是五言绝句还是七言绝句，所有韵律层级边界前音节时长成对比较差异显著，$ps<0.001$。对这些边界处的无声段长度分析表明，两种绝句不同层级韵律边界处无声段时长差异显著(五言：$F(2,347)=283.402$，$p<0.0001$；七言：$F(2,347)=295.171$，$p<0.0001$)。多重比较发现，两种绝句内部所有边界处无声段长度成对比较差异显著，$ps<0.001$。

2.2.3 绝句的音强特点

五言绝句和七言绝句音强特点如图 3 所示。可见，两种绝句句内各音节强度值总体逐

渐减小，而第三句一直维持着较高的音强水平。此外，在一些句子末尾，音强有增大的趋势(用圆圈表示)。对这些位置的音节强度分析表明，五言绝句中，尽管第二句和第四句末尾音节强度都比前一个音节强度值大，但是仅在第四句中，末尾音节强度显著强于前一个音节，$p<0.05$。对于七言绝句，尽管第一句，第二句和第四句的末尾音节强度都比前一个音节强度值大，但仅在前两句中，末尾音节强度显著强于前一个音节，$p<0.05$。

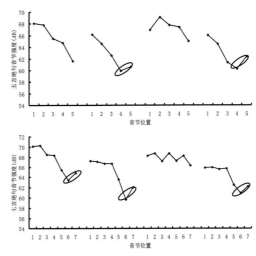

图3：五言绝句和七言绝句音强趋势分析。图中各点为两种绝句中各音节对应的平均音强值。黑色圆圈表明韵脚使得句末音节强度增加。

2.3 讨论

通过系统考察五言绝句和七言绝句的声学参数，可以发现绝句的韵律与其他类型语篇既有相似之处，又表现出其独特性。

第一，对两种绝句音高分析的结果表明，除七言绝句第三句高音点以外，两种绝句各句音高低音点和高音点都表现出音高下倾的特点。此外，每联内第二句首末音节的音高低音点和高音点分别低于第一句相应音高值，使每联内两个句子的高音点和低音点又分别形成了

一个整体的下倾语调。

随着绝句内部韵律层级的提高，边界前音节低音点音高值减小，而边界后音节低音点音高值增大，即音高低音点重置程度变大；而高音点则不存在这样的系统变化。沈炯认为，汉语中音域下限（低音点）在语流中的延伸反映节奏单元结构，而音域上限跟语义加强有关。本研究使用绝句这样一种特殊的语篇，进一步表明双线模型在描述汉语语调特点方面的合理性，即音高低音点能够系统反映句子或语篇的韵律结构，而高音点不具备这样的功能。

第二，从时长的结果看，绝句音节和无声段时长也受到了其所处韵律层级的影响：韵律层级越高，边界前音节时长越短，而无声段时长越长。这与其他句子和语篇内部不同层级韵律边界的声学表现类似。不过，绝句中音节时长受到边界层级的影响比其他句子和语篇更大。比如，不同层级韵律边界前音节时长差异可达 100ms，甚至更长。可见，诗歌的吟诵不同于一般句子和语篇的朗读。综上，绝句中标志信息单元大小的声学线索，不仅包括边界前后音节低音点的音高对比，还包括了边界前音节以及随后的无声段的长度。

第三，绝句音强的变化尤其体现了诗歌的特色。一般来讲，人们在朗读句子或者语篇时，越到末尾音强越低，这主要源于生理上的限制。但在绝句中，只要句末出现韵脚，末尾音节强度就会增加。朗诵者通过运用音强的手段，以凸显绝句押韵形成的韵律美感。七言绝句与五言绝句不同的是，七言绝句第一句末尾处也表现出末尾音节强度增加的特点，这是因为五言绝句一般首句不入韵，而七言绝句首句则普遍入韵。另外，押韵不会导致音节音高值增大或者时长变长。可见押韵作为韵律上的前后呼应，能够影响人们朗读时气息的变化，其声学表现

与音高、时长无关，而主要表现为韵脚音节强度增加。

第四，诗文写作讲究"起承转合"的结构章法，"起"是开端；"承"是承接上文加以申述；"转"是转折，从正面反面立论；"合"是结束全文。这样的写作特点使绝句在朗读过程中表现出一些独特的韵律特点，主要表现在第三句上。尽管它和其他各句在朗读中遵循相同的节奏模式(2+3 或者 4+3)，但是第三句与其他各句相比，其句首音节的高音点和低音点均显著高于其他各句，句内各音节音高高音点和强度也一直维持着较高的水平，而句内边界的无声段却明显短于其他各句。这些声学上的特点都与第三句在全诗中的重要地位分不开。它作为全诗的"转"，是点睛之笔，一方面体现出与前两句话题的转移，另一方面又要保持与后一句强烈的连续，这些语言学功能都通过以上的韵律特点表现了出来。

综上，本研究系统考察了五言绝句和七言绝句在音高、时长和音强方面的特点。结果表明，两种绝句各句音高低音点和高音点都有各自的下倾语调，并会以联为单位收紧音域；随着绝句内部韵律层级的提高，边界处音高低音点的重置程度增大，边界前音节时长缩短，而无声段长度变长。此外，两种绝句各句内音节强度值逐渐减小，而句末一旦出现韵脚就会导致音强变大。最后，诗歌起承转合的写作特点能够通过韵律手段予以表现。

3. 绝句韵律边界的知觉

在五言和七言绝句中，朗读者用严格的平仄和格律表现了一个结构完好的韵律层级组织。听者能否准确知觉和区分这些韵律层级？如果能够区分，在不同层级边界处的知觉和神经反应有什么系统变化？本文分别以行为和脑

电技术对此进行实验研究。

3.1 行为实验

选用 50 首听者不熟悉的七言绝句和 15 首作为填充材料的宋词，让 15 名被试听诗句（没有次数限制）并判断边界的大小。边界共分为 4 级。结果见表 1：

表 1：诗歌内部不同层级韵律边界标注结果。

标记水平 ＼ 类型	FBs	PPBs	IPBs	CBs
1	96%	4.14%	1.56%	0.52%
1	4%	94.14%	1.61%	0.21%
2	0%	1.61%	96.04%	1.46%
3	0%	0.10%	0.78%	97.82%

注：0-3 表示被试感知某边界强度大小依次增加。

研究发现，听者总是将绝句内部的联间边界知觉为最大的边界，其次为句间边界，最小的是句内边界，表明语篇结构与韵律边界感知之间的关系非常密切，听者可以正确识别和区分不同层级的边界。

3.2 脑电研究

3.2.1 绝句内部边界的知觉

CPS（closure positive shift，终止正漂移）是一个对韵律边界有特异反应的脑电成分。研究者最初在语调短语边界处发现，认为其反映了语调短语的终止[5]。本研究以 CPS 为指标，以音步边界 FB 诱发的脑电波为参照，考察听者对韵律层级边界 PPB、IPB 和 CB 的知觉及其脑电反应。我们预期，不同层级的韵律边界都有可能诱发 CPS；随着韵律层级的提高，CPS 的波幅增大，始潜期会变晚。

实验要求被试认真听诗词并完成韵律匹配任务。设置这个任务的目的是让被试将注意力集中于韵律信息。虽然对被试来说，这项任务难度比较大，但被试的正确率显著高于随机水平。脑电结果如图 4 所示。可以看到，句内边界（PPB）引起了一个正偏移，类似于之前研究中发现的 CPS 成分[5]；而且，当听者检测到绝句内部的 IPBs 和 CB 的时候，也诱发了此正效应。所有这些正偏移波幅没有显著差异，并且主要分布在双侧前中部。我们把这些不同层级韵律边界引起的正偏移统一称作 CPS。绝句中不同韵律边界（PPB、IPBs 和 CB）诱发 CPS，这一发现扩展了对 CPS 诱导条件的认识，表明 CPS 的诱发并不受韵律单元大小的限制。 那么，不同边界诱发的 CPS 间有什么系统差异？能否反映边界的层级性？以下通过对 CPS 的波幅和时间特性来考察这些问题。

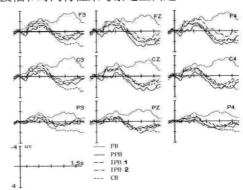

图 4：被试加工七言绝句各韵律边界诱发的总体平均波形。图为以七言绝句不边界前音节开始作为分析起点， FB、PPB、IPB 和 CB 诱发的脑电效应。

CPS 的开始潜伏期

不同短语边界所引起的 CPS 的开始潜伏

期存在差异。CB 最长（开始于 710-720 毫秒），IPBs 次之（开始于 500-520 毫秒），PPBs 最短（开始于 450-470 毫秒）。此结果表明，韵律层级越高，CPS 的开始潜伏期越长。

语篇中较高的韵律层级一般伴随着较长时间的无声段，绝句同样如此。PPBs 的停顿时间不超过 100 毫秒，IPBs 的停顿大约在 400 毫秒，而 CB 的停顿时间一般在 850 毫秒左右。相应的 CPS 的开始潜伏期随着韵律层级的提高而增大。CPS 的开始潜伏期是否主要受其临近的韵律边界的无声段时长影响？我们进一步比较了边界前音节和无声段的时长。对于 IPBs 和 CB 这两种条件，CPS 的开始潜伏期出现在无声段，而 CPS 触发点被置于每个边界之前一个音节的开始处。因此，仅仅把 CPS 开始潜伏期的不同归结于无声段的长短并不一定合理。从另一个角度看，不同层级韵律边界引起的 CPS 开始潜伏期的不同，似乎与信息组块和回溯处理相符[4]。因为越高层级的韵律边界不仅会伴随更长的无声段，也包含前面更多的信息，如节奏、韵律模式等。那么当被试遇到像 CB 这样的韵律边界的时候，大脑会推测较多的信息即将终止，相应诱发的 CPS 的开始潜伏期就会略晚。这与之前的关于音乐中的短语知觉研究结果是一致的[4]。

同一层级上韵律边界的 CPS 波幅

理论上讲同一层级上韵律边界的认知加工类似，那么它们应该引起相同的 ERP 效应。然而事实上，PPB1 比其他的 PPBs 引起波幅更高的 CPS。如果我们仔细分析绝句以及神经活动的特点，将会发现虽然绝句的四个句子在表达一个主题的时候功能各不相同，但是它们的节奏模式相似（4+3）。以前有研究者发现，当刺激重复出现的时候，神经活动会变小[1]。在本研究中，一首诗的第一句相对比较新颖，被试

的唤醒水平也比较高。而后面的句子跟第一句相比，韵律上没有大的变化，被试的神经活动就相对变弱，表现为 CPS 波幅的下降。这就是所谓的诗歌中的"韵律启动"，类似于句法启动或者语义启动，指的是跟在启动词后的目标词所引起的脑电波幅更小[3]。

不同层级韵律边界的 CPS 波幅

我们预期，CPS 的波幅会随着边界水平的提高而变大。然而，实验结果表明，CPS 的波幅并没有随着边界层级的提高而变大，但是不同层级边界所引起的 CPS 其波幅在时间进程上是有差异的。具体表现在：在大脑右侧前中部的电极点上，在 600-1000 毫秒的时间窗口，PPB 比 CB 和 IPB1 引起了更大的 CPS，而在 1100-1400 毫秒的时间窗口，IPBs 比 PPB 和 CB 引起了更大的 CPS。

可以看到，CB 引起的 CPS 波幅在各个时间窗口波幅最小，与我们的预测不相符，同时与行为实验结果相矛盾。我们推测，这是由于被试在做行为和 ERP 实验时采取了不同的认知加工策略。在行为实验中，被试不受时间限制，更多依赖无声段和先验知识对绝句韵律层级作出判断。在 ERP 实验中，他们是即时地对不同的韵律边界进行反应。CB 的无声段时长最长，但是它的边界前音节的时长小于 PPBs 和 IPBs。边界前音节时长是感知语言和音乐中短语边界的一个本质线索[2，6，7]，而且边界调的长度对 CPS 有很大的影响[4]。因此，长的无声段本身并不一定诱发更大的 CPS，而边界前音节的长度则在调节 CPS 的波幅上起到了更重要的作用。

上述绝句的研究结果和以前语言和音乐领域的相关结果比较，就会发现，音乐、语言、唐诗诱发的 CPS 在波幅和头皮分布上相似。因此，CPS 可能反映了不同领域信息加工的一

般形式，而不是领域特异性的。然而，不同领域的 CPS 在潜伏期和持续时长上并不是完全匹配的。语言 CPS 和唐诗 CPS 在短语边界处开始，持续 500-1000 毫秒，而音乐 CPS 在短语边界之后的 500-600 毫秒才出现。潜伏期的差异可能是源于语言和唐诗短语边界的声学表现在无声段开始之前就已经出现。

3.2.2 绝句末尾边界的知觉

诗词内部韵律边界引发的 CPS 仅仅反映了语言单元的终止，还是不仅反映了对前面信息的终止，还包括对对比绝句四个不同位置 IPB 诱发的脑电反应。结果如图 5 所示：

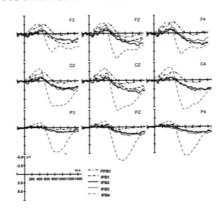

图 5：被试加工绝句诱发的总体平均波形。图为以五言绝句第一句句内边界前音节和各句末边界前音节开始作为分析起点，第一句句内 PPB 和四个 IPB 诱发的脑电效应。

结果表明，诗词末尾边界（IPB4）诱发了 P3，而绝句内部其他 IPB 则诱发了 CPS。P3 是一个反映完整语言单元终止的脑电成分，在波幅、时间窗口和头皮分布上都与 CPS 不同。可以认为，CPS 反映的不仅是对边界前语言单元的终止，还包含了对边界后信息的预期。综上，不同的边界由于其认知功能不同，会引发不同性质的脑电效应。

4. 结语

我们通过声学分析，探讨了五言和七言绝句韵律层级边界的语音学表现，并用行为和脑电技术研究了听者对不同层级边界的感知。

从音高、时长和音强三个方面分析了五言绝句和七言绝句在朗读中表现出的声学特点。绝句内部主要包含联间边界、句间边界和句内边界三个不同层级的韵律边界。声学特征的统计分析表明，随着绝句内部韵律层级的提高，边界处音高低音点的重置程度增大，边界前音节时长缩短，而无声段长度变长；两种绝句各句音高低音点和高音点都有各自的下倾语调，并会以联为单位收紧音域。两种绝句各句内音节强度值逐渐减小，而句末一旦出现韵脚就会导致音强变大；并且诗歌起承转合的写作特点能够通过韵律手段予以表现。总之，近体诗和其他语篇在韵律表现上既有相似之处，又有其独特性。

行为和脑电实验结果表明，听者可以正确识别和区分绝句内部不同层级的韵律边界。主要表现在，绝句内部不同的边界均诱发了 CPS，而且它们的潜伏期随边界层级逐步延长。与内部边界不同，绝句末尾边界诱发的不是 CPS，而是 P3。证明 CPS 的认知意义不是反映语段的终止，而是一种停延。

5. 参考文献

[1] Grill-Spector, K., Henson, R., Martin, A. 2006. Repetition and the brain: neural models of stimulus-specific effects. *Trends Cogn. Sci* 10: 14–23.

[2] Knösche, T.R., Neuhaus, C., Haueisen, J., Alter, K., Maess, B., Witte, O.W. Friederici, A.D. 2005. The perception of phrase structure in music. *Hum Brain Mapp*. 24:259–273.

[3] Kutas, M., Federmeier, K.D. 2000. Electrophysiology reveals semantic memory use in language comprehension. *Trends in Cogn Sci*. 4:463–470.

[4] Neuhaus, C., Knösche, T.R., Friederici, A.D. 2006. Effects of musical expertise and boundary markers

on phrase perception in music. *J Cogn Neurosci.* 18:1–22.

[5] Steinhauer, K., Alter, K., Friederici, A.D. 1999. Brain potentials indicat immediate use of prosodic cues in natural speech processing. *Nat Neurosci.* 2:191–196.

[6] Wang, B., Lü, S., Yang, Y. 2004. Acoustic analysis on prosodic hierarchical boundaries of Chinese. *Acta Acoust.* 29:29–36.

[7] Wightman, C.W., Shattuck-Hufnagel, S., Ostendorf, M., Price, P.J. 1992. Segmental durations in the vicinity of prosodic phrase boundaries. *J Acoust Soc.* Am 91:1707–1717.

[8] 王力（2003）《王力近体诗格律学》。太原：山西古籍出版社。

李卫君 辽宁师范大学脑与认知神经科学研究中心，博士，口语和书面语中言语韵律和情绪韵律的认知加工。
E-mail:li_wj@126.com

杨玉芳 中科院心理所，博士，研究员，博士生导师，心理语言学以及音乐认知加工。
E-mail:yangyf@psych.ac.cn

从范畴感知看重庆话阴平和阳平的调型

——兼论重庆话阴平和上声演变的动因

王韫佳　　刘思维　　卿　玮

摘要　本文结合声学测量和感知实验的结果，对重庆话阴平和阳平的调值和调型进行讨论。声学测量的结果显示，重庆话的阴平和阳平分别为中升调和中降调。对中升—中降调连续统的感知结果表明，母语者辨认重庆话阴平调仅需要较小升幅，而阳平的辨认需要较大降幅。在对普通话高平—中升调连续统的感知中，重庆话母语者的范畴化程度低于普通话母语者，且对升调的辨认需要比普通话母语者更大的升幅，而对高平调的辨认则比普通话母语者具有更大的宽容度。感知实验的结果表明，在年轻重庆话母语者的语感中，阴平调的上升特征尚未固化。基于上述结果，我们推测重庆话阳平的中降调型可能是导致上声从纯降调变为升降调的动因，而整个声调系统都从中调阶起始可能是阴平从高平调变为升调的动因。

关键词　重庆话，范畴感知，阴平，阳平，上声，平调，升调

Tonal Patterns and Categorical Perception of Yinping and Yangping in Chongqing Mandarin: Implications to Historical Chongqing of Yinping and Shangsheng

WANG Yunjia　LIU Siwei　QING Wei

Abstract　One acoustic experiment and two categorical perception experiments were conducted to investigate the tonal values and patterns of Yinping and Yangping in Chongqing Mandarin (CM). The results of the acoustic measurement showed that Yinping was mid-rising and Yangping mid-falling. The results of categorical perception using a Yinping-Yangping (rising-falling) continuum in CM demonstrated that a slight slope of rising was sufficient for native speakers to recognize Yinping, while a relative large slope of falling was necessary in recognizing Yangping. In the perception experiment using Yinping-Yangping (flat-rising) continuum in standard Mandarin (SM), the categorical degree of perception of CM native speakers was lower than that of SM speakers. CM speakers needed a larger rising slope in recognizing Yangping of SM than SM speakers, while they were more tolerant to tonal pattern in recognizing Yinping of SM. The perceptual results imply that the rising feature of Yinping in CM has not yet solidified in young CM speakers' tonal awareness. We infer that the mid-falling pattern of Yangping in CM probably drove Shangsheng, which was originally mid-high-falling, into a rising-falling tone, and that the tendency of the whole tone system setting out on the middle register probably caused Yinping to change into a rising tone from a high flat tone.

Key words　Chongqing mandarin, Categorical perception, Yinping, Yangping, Shangsheng, Flat tone, Rising tone

1. 引言

重庆话属于西南官话，共有 4 个舒声调。对于这 4 个声调的调型和调值，学界存在不同看法。在基于研究者听觉判断的调值描写中，阴平的调值大多是[55]。杨时逢[16]提到董同龢 1946 年在江北调查点（主城九区之一）发现阴平是一个由半高升至高的升调，调值为[45]，宽式标音也可记为[55]。杨海明[15]认为老派和新派重庆话的阴平调值分别为[44]和[45]。在基于声学分析的研究中，阴平一律被描写为[35]或者[45]的升调。此外，冉启斌[12]对巫溪话（重庆市东北部）阴平的调值描写也是[35]。梁磊和孟小淋[10]的结果表明，在重庆主城区中，年龄对于声调的音高有显著作用，年龄越大，阴平、阳平和上声的起点以及去声的终点音高就越高。按照他们的看法，重庆话阴平经历了从高平调到高升调或者中升调的变化。曾晓渝[18]也认为重庆话的阴平、上声和去声近 70 年来发生了一些变化。我们把前人基于听觉的调值描写和基于声学测量的调值描写分别列入表 1 和表 2。

表1：基于听觉的重庆话单字调调值描写。

作者	阴平	阳平	上声	去声
杨时逢[16]	[45]/[55]	[31]	[42]	[24]
甄尚灵[19]	[55]	[21]	[42]	[214]
黄雪贞[7]	[55]	[11]	[42]	[24]
杨海明[15]	[44]/[45]	[21]	[42]	[214]
钟维克[20]	[55]	[21]	[42]	[214]
李蓝[8]	[55]	[21]	[42]	[213]
钱曾怡等[11]	[55]	[21]	[42]	[213]
邓英树等[6]	[55]	[21]	[42]	[214]

表2：基于声学测量的重庆话单字调调值描写。

文献	阴平	阳平	上声	去声
叶军[17]	[35]	[31]	[441]	[13]
冉启斌[12]	[35]	[21]	[42]	[23]
梁磊等[10]	[45]	[31]	[341]	[213]
朱晓农[21]	{45/455}[1]	{32}	{342/442}	——
曾晓渝[18]	[45]	[31]	[341]/[441]	[214]

---

[1] 朱晓农的标调法是他本人创立的三域四度制，他所描写的[32]略等于五度制的[21]。

升调的标记性强于平调，重庆话阴平的历时变化不符合语音演变的常规，梁磊和孟小淋[10]对此现象的解释是，由于西南官话，特别是成都和重庆方言在当地是强势方言，为了凸显方言和标准语（普通话）的语音差异，原本与普通话阴平调值相同的重庆话阴平就可能刻意偏离标准语发音，从而变成了升调。而根据生成音系学的观点，来自某种语言样本之外的证据，例如外语习得、发音错误、语言游戏等语言行为，对于该语言的音系描写具有重要意义，因为这些语言行为的表现都可以用说话人母语的音系知识加以解释（Kenstowicz & Kisseberth[1]）。重庆话的阴平从高平调变成了高升或者中升调，而普通话中恰好有高平（阴平）和中升（阳平）的对立，如此，重庆话阴平的音系特征似乎也可以从母语者感知普通话阴平和阳平的特点中寻找佐证。

对于重庆话阳平的下降特征，朱晓农[21]认为这是纯低调在发音时出现的必然结果。如果把重庆话的阳平看作纯低调，那么也可以把重庆话的阴平看成高的纯平调，因为在这个方言中并不存在高平与高升或中升调的对立（参见冉启斌的分析[12]）。这样一来，重庆话阴平和阳平就是高和低而非升和降的对立。但如果母语者对阴平的升幅和阳平的降幅较为敏感，那么声调的调值描写就不应忽略它们的上升和下降，这些特征是否属于音系特征则应置于一个更抽象的层次上加以讨论。

本文的目的在于通过语音感知实验确认声学特征在母语者知觉中的敏感度，以探求重庆话阴平和阳平调值的合理描写形式，并在此基础上对重庆话声调的共时变异和历时演变原因进行讨论。本研究由 4 个部分组成：（1）15 位 40 岁以下的重庆话母语者声调的声学测量；（2）重庆话阴平—阳平连续统的范畴感知；（3）重庆话母语者对普通话阴平—阳平连续统的感知；（4）重庆话阴平和上声发生强标记化历时演变的动因。

2. 重庆话单字调的声学分析

2.1 方法

发音人 15 位，年龄在 23-38 岁，其中男性 7 位、女性 8 位。所有发音人均为大学本科及以上学历，从小生长在重庆主城区，没有长期（一年以上）在外地生活的经历，发音样本在重庆采集。

发音字表包括 12 组音节，清、浊声母各 6 组。每组内部为同声同韵、四声相配的 4 个音节。每个音节呈现 3 次，共得到 12×4×3=144 个发音项目。所有项目以随机次序呈现给发音人。

使用可录制 wav 无压缩格式的录音笔进行录音，型号为三洋（SANYO）公司的 ICR-PS511RM，频响范围 60-20,000Hz，采样率 44.1kHz。录音在安静的室内环境进行，之后进行了降噪处理。

2.2 测量和数据处理

从每个音节的韵母稳定段等间距提取 15 个时间点上的基频值。为了将绝对音高值与五度制进行对应，采用公式（1）对提取的数据进行转换，得到声调的 D 值，单位为度。

$$D= 1+4(\lg \frac{f_0}{f_{min}})/(\lg \frac{f_{max}}{f_{min}}) \quad （1）$$

f_0 表示实测基频值，f_{max} 为发音人调域最大值，f_{min} 为调域最小值。D 值是一个 1 到 5 之间的连续值，若根据这个参数进行调值描写，需要将其离散为 5 度。离散方法为：小于 1.5 的 D 值为 1 度；大/等于 1.5 而小于 2.5 的 D 值为 2 度，3 度和 4 度依次类推，大/等于 4.5 的 D 值为 5 度。

2.3 结果和分析

图 1 是以 D 值呈现的所有发音人四个声调的平均音高曲线。根据图中的数据，四个声调的调值分别为[35]、[31]、[342]和[213]。将图 1 的结果与表 2 中前人的数据进行比对，可以看到本文的结果与梁磊、孟小淋[10]基于 53 位发音人的结果最为接近。从整个声调系统看，四条音高曲线形成非常完美的两两对对称关系：中升（阴平）和中降（阳平），升降（上声）和降升（去声）。

但我们对阴平和上声调值的描写与梁、孟略有不同。梁、孟把阴平描写为[45]，这个微弱差距是两方面的原因造成的。一是他们所使用的五度离散方法与我们略有不同，他们的最小值为 0，最大值为 5，也就说，他们对调域进行了 6 级 5 段的离散。二是因为他们的发音人年龄横跨了老、中、青三个年龄段，而根据他们的结果，年龄越大，阴平调的起点就越高。本文的上声调值为[342]，而梁、孟的结果为[341]，我们所得到的上声终点平均音高为 1.58 度，归入 1 度或 2 度范畴两可，因此这个差异可以忽略。

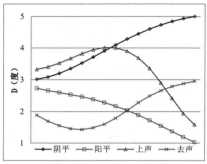

图 1： 重庆话四个单字调的音高均值。

这里需要注意听觉调查的结果与声学测量结果的系统差异。听觉调查的研究者基本上都认为重庆话的阴平是一个高平调，只有个别学者报告了高升调变体的存在，而各家的声学测量结果都表明阴平是中升或高升调。这种与研究方法有关的系统差异在阳平的结果中也有所体现：听觉调查的结果都把阳平描写为低降或低平调，而声学测量的结果多为中降调。下面将根据声学分析的结果，对重庆话阴平和阳平的感知特征进行分析。

3. 重庆话阴平和阳平的范畴感知

3.1 实验刺激

既然声学测量的结果表明，重庆话阴平和阳平的起点较为接近，都在调域中部的位置，我们就把阴平—阳平连续统设计为一个起点音高不变、终点音高逐渐下降的升—降调连续统。原始样本为一个男性重庆话母语者所发的重庆话阴平的单音节[pa]，使用语音分析软件 Praat 编辑原始样本的音高、音长和音强。连续统内所有刺激的带音段时

长均为 400ms，最高强度约为 80dB。音高改变以半音（st）为标度，参考频率为 75Hz。连续统的起点音高为 10st，相当于该发音人调域中五度制的 3 度。连续统的第一个刺激终点音高为 16st，相当于五度制中的 5 度；以 1st 为步长逐步下降，共形成 15 种刺激样本，最后一个刺激的终点音高为 2st，相当于五度制中的 1 度。也就是说，这是一个[35]-[31]的连续统，其两端是典型的阴平和阳平的音高形式。所有刺激的音高和音长参数如图 2 所示。

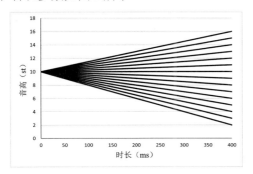

图2：重庆话阴平—阳平连续统。

3.2 被试

21 名重庆话母语者参加知觉实验，男、女分别为 7 名和 14 名，他们均为重庆市城九区出生并长大的重庆人，父母中至少有一方也为重庆市城九区出生并长大的重庆人，除在北京求学（不超过 4 年）外，无长期（1 年以上）在外地生活、学习的经历。所有被试均接受过或正在接受大学本科教育，年龄在 20-27 岁，双耳听力正常。本次实验在北京进行。

3.3 过程

3.3.1 辨认实验

在辨认实验任务中，每个音节重复 10 次，共呈现 15×10=150 个刺激，它们以随机方式播放，每个刺激播放之后，要求被试对所听到的刺激进行阴平还是阳平的二择一强迫判断（以汉字形式呈现选项）。

使用 E-Prime 程序进行辨认实验。电脑屏幕上首先出现一个注视点"+"，停留时间 500ms。注视点消失后立即播放语音刺激。播放完毕后，被试进行判断作业。判断阴平

时左手按字母键"F"，判断阳平时右手按字母键"J"。实验时对左右手的按键反应差异进行组间平衡。在进行正式实验前，先为被试提供 10 个辨认刺激进行辨认任务的训练，训练中所使用的刺激与正式实验中使用的有所区别。

3.3.2 区分实验

区分任务是判断一个刺激对中的两个样本是否相同。将相差 2 个终点音高步长的实验刺激 i 和 j 编为一个刺激对，例如终点音高为 16st 和 14st 的刺激为一个刺激对，这样共形成 13 组刺激对。每种刺激对有 4 种呈现序列：i-j、j-i、i-i 和 j-j。实验时每种序列重复呈现 4 次，因此每组共呈现 4×4=16 个刺激对，总刺激对为 16×13=208 个，它们以随机方式逐一播放。

使用 E-Prime 程序进行区分实验。电脑屏幕上首先出现一个注视点"+"，停留时间 500ms。注视点消失后，立即播放第 1 对刺激中的第 1 个语音刺激，间隔 500ms 后播放第 2 个语音刺激。一个刺激对播放完毕后，被试进行判断作业。判断两个刺激相同时用左手按字母键"F"，判断两个刺激不同时用右手按字母键"J"。实验时对左右手的按键反应差异进行组间平衡。在进行正式实验前，先为被试提供 5 个区分刺激对进行区分任务的训练，训练中所使用的刺激与正式实验中使用的有所区别。

3.4 数据处理和计算

3.4.1 辨认率

设 P_i 为某语音刺激被辨认为调类 A（例如阴平）的比率，调类 B 的辨认率就应该是 $1-P_i$。对于每一个被试来说，辨认率 P_i 的计算公式为：

$$P_i = 辨认为某声调的次数/10 \qquad (2)$$

3.4.2 范畴边界的位置

两条辨认曲线相交点所对应的因变量（辨认率位置）为 0.5，这一点所对应的自变量位置（本次实验为终点音高），就是两个声调的辨认范畴边界。但在实验设计中，自变量是均匀分布的离散数列，而理论上它本来是一个连续值，辨认率为 0.5 处的自变量值未必恰好等于离散数列中任何一项。可

以通过 logistic 回归将自变量还原为连续分布，即求出自变量和因变量之间的函数关系（参见 Xu et al.[3]）。设 X 为声调连续统内的声学自变量，辨认函数曲线的回归方程为：

$$\ln\frac{P_i}{1-p_i}=b_0+b_1X \quad (3)$$

其中，b_0 为回归常数（截距），b_1 为斜率，斜率表征了辨认结果范畴化程度的高低，斜率的绝对值越大，则范畴化程度越高。当 $P_i = 0.5$ 时，可以求出辨认函数曲线范畴边界位置 X_{cb}。

$$X_{cb} = -b_0/b_1 \quad (4)$$

3.4.3 实测和预测区分正确率

实测区分正确率（下文简称区分率）$P_{(i,j)}$ 为一组刺激对被正确区分的次数与总呈现次数（16）的比率。

根据辨认任务得到的辨认率可以预测被试在区分任务中每组刺激对上的区分率，设每组刺激对被正确区分的概率为 P^*，则计算公式为（参见 Liberman et al.[2]）：

$$P^*= \frac{1+(P_A-P_B)^2}{2} \quad (5)$$

其中 P_A 和 P_B 分别为辨认实验中的声调 A 和 B 的辨认率。

3.4.4 峰陡峭度

采用 Xu et al.[3]的方法计算区分率曲线（简称区分曲线）上的峰陡峭度 (P_{pk})，用实测区分曲线上的区分率峰值（即理论上范畴边界左右侧两个相邻刺激的区分率）P_{bc} 减去第一个刺激对（A 声调范畴内第一个刺激对）P_{fwc} 和最后一个刺激对（B 声调范畴内最后一个刺激对）P_{lwc} 的区分正确率平均值，公式为：

$$P_{pk}=P_{bc} - \frac{P_{fwc}+P_{lwc}}{2} \quad (6)$$

区分率峰值的大小表征被试对跨范畴的两个刺激的区分能力，这个参数并不能孤立地表征区分的范畴化程度，因为理论上来说被试对范畴内的相邻刺激也可能具有一定的区分能力，而表征范畴间区分能力和范畴内区分能力差异的峰陡峭度 P_{pk} 则能够体现区分范畴化程度的强弱，P_{pk} 越大，范畴化程度越高。

3.5 结果和分析

图 3 显示了阴平和阳平的辨认率均值、平均辨认率回归分析、实测区分率和预测区分率均值。下面对这些数据逐一分析。

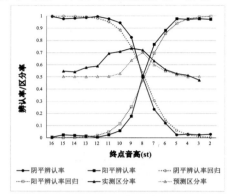

图3：重庆话阴平—阳平连续统的辨认和区分。

3.5.1 调型对辨认率的作用

统计检验（重复测量）的结果表明，终点音高（决定了音高曲线斜率）对阴平/阳平辨认率的主效应是显著的，F（14，280）=291.673，$p<0.001$。成对比较的结果表明，终点音高 16-10st 区间的所有刺激，除 16st 和 10st 之间、15st 和 10st 之间的辨认率有显著差异外（$p<0.05$），其他刺激的辨认率两两之间都没有显著差异（$p>0.05$）。终点音高 5-2st 区间的所有刺激，辨认率两两之间都没有显著差异。其余刺激的辨认率两两之间都有显著差异（$p<0.05$）。结合均值差距和统计检验的结果，可以说终点音高 16-10st 之间的辨认率差距不大，终点音高 5-2st 之间的辨认率差距也较小，辨认率在 9-7st 之间发生急剧变化，即辨认率变化呈现出典型的范畴感知的 S 型曲线。但值得注意的是，辨认率发生剧烈变化的区间并非调型转折的区间，而是降调的降幅逐渐加大的区间。

由于阴平和阳平回归分析的结果是对应的，因此只需要汇报其中任意一个。阴平辨认率回归分析的结果为：b_0=-7.495（z=1.819，p=0.069）；b_1=0.952（z=-1.767，p=0.077）。根据公式（4），X_{cb}=7.87st。阴平和阳平的范畴边界处于终点音高接近

8st 的地方，此时的调型是降幅为 2.13st 的
微降调。

从以上结果看，当起点音高处于中调
阶时，阴平的辨认并不以上升为必要条件，
中平调被辨认为阴平的比率超过了 0.9，而
微降调与阴平的拟合度甚至超过了与阳平的
拟合度。阴平和阳平的范畴边界并不在预期
中的平调而是在降幅较小的降调上。

3.5.2 调型对区分率的作用

如果被试不能区分两个刺激，那么区
分率应该在随机猜测的 0.5 左右。我们把大
于等于 0.65 的区分率定义为较高区分率。
从图 3 可以看出，终点音高 12-10st、11-9st、
10-8st、9-7st 这 4 个刺激对具有较高区分率，
统计检验的结果表明，这 4 个刺激对的区分
率两两之间没有显著差异（$p>0.10$）。而这
四个刺激对中的前三个处于辨认结果中的阴
平范畴这一侧，只有 9-7st 是跨范畴的。在
阴平范畴内的三个刺激对，每一个刺激对中
的两个刺激调型都不相同，分别为升—平、
升—降、平—降。对比实测区分率和预测区
分率可以发现，这三个刺激对的预测区分率
都与实测区分率有较大差距（0.10 以上）。
预测区分率是根据辨认率得到的，由于这三
个刺激对处于辨认结果中的阴平范畴内，因
此预测区分率就在 0.5 的水平上浮动。这三
个刺激对较高的实测区分率表明，虽然重庆
话母语者在强迫辨认中把平调甚至微降调也
归入了阴平范畴，但他们对于微升—平、平
—微降的音高变化依然有着一定的敏感度。

3.6 小结

本节的结果与声学分析的结果有同有
异。最重要的不同之处在于阴平，声学测量
的结果表明，重庆话的阴平调是一个调型类
似普通话阳平的中升调，而在感知结果中，
中平调的阴平辨认率高达 90% 以上，甚至
微降调也有被感知为阴平的倾向。两个实验
的阳平结果是彼此呼应的，声学测量的结果
表明重庆话的阳平是具有一定降幅的中降调，
在感知实验中，中起点的降调只有在降幅达
到一定程度的时候才会被母语者辨认为阳平。
如果把辨认率大于或等于 0.95 的刺激定义
为某声调的标准刺激，那么重庆话的"标准
阴平"只需要 1st 的升幅即可，而"标准阳

平"则需要降幅达到 5st。这说明重庆话的
阴平尽管在语音表达上已经演变为一个中升
调，但在母语者的语感中，上升的特征具有
一定的冗余性；而在中调阶的条件下，理想
的阳平调需要一定的降幅，否则容易与阴平
产生混淆。"标准阴平"和"标准阳平"的
音高分布见图 4。

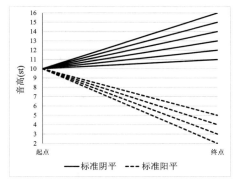

图4： 重庆话"标准"阴平和阳平的音高分布。

4. 重庆话母语者对普通话阴平—阳平连续统的感知

4.1 方法

本节的实验过程和数据处理方法与第
三节完全相同，只有刺激和被试情况不同。

4.1.1 刺激

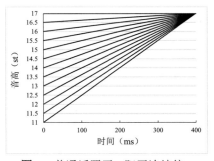

图5： 普通话阴平—阳平连续统。

原始样本是 1 位女性普通话母语者所发
的普通话阴平单音节[da]，以这个样本为基
础，使用 Praat 编辑音高、音长和音强，得
到普通话的阴平—阳平连续统，所有刺激的
带音段时长均为 400ms，最高强度为 80dB，
终点音高均为 17st，参考频率 100Hz。起点
音高最大值为 17st，以 0.5st 为步长逐步下

降到 11st，形成 13 个起点音高逐步降低的语音刺激，如图 5 所示。连续统的音高变化范围相当于五度制的[55]-[35]。

4.1.2 被试

被试分为实验组（重庆话母语者）和对照组（普通话母语者）。重庆话被试与上一个实验完全相同。对照组由 24 名北京人组成，其中男性 10 名，女性 14 名，年龄在 20-25 岁，双耳听力正常。他们均在北京市城八区出生并长大，父母中至少有一方也为北京市城八区出生并长大的北京人，无长期（一年以上）在外地生活的经历。所有被试均接受过或正在接受大学本科教育。本实验在北京完成。

4.2 结果和分析

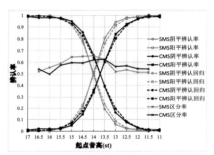

图 6：两组被试对普通话阴平—阳平连续统的辨认和区分。

图 6 显示的是两组被试的辨认率均值、辨认率回归分析结果、实测区分率均值，其中的 SMS 和 CMS 分别代表普通话母语者和重庆话母语者（下文同）。

4.2.1 辨认结果的差异

分别对两组被试的平均辨认率进行回归分析，在回归分析的基础上求出了两组被试辨认普通话阴平和阳平的范畴边界、辨认率斜率（阴平）。为观察两组被试之间的差异是否显著，又分别对斜率和范畴边界进行了独立样本的 T 检验。回归分析和统计检验的结果见表 3。统计结果表明，重庆话母语者的辨认曲线斜率绝对值小于普通话母语者，起点音高范畴边界的位置比普通话母语者低。

表 3：两组被试的普通话阴平—阳平连续统辨认率回归分析。

	b_0	b_1	X_{bc}(st)
SMS	-33.49	2.39	13.99
CMS	-27.20	1.98	13.71
t（42）		2.717	2.257
p		0.010	0.029

以上数据表明重庆话母语者对中升—高平调感知的范畴化程度不及普通话母语者。重庆话母语者的起点范畴边界比普通话母语者低，说明他们辨认普通话的阳平需要更高的升幅，而对普通话高平调的调型倾斜度则更加宽容。为进一步验证重庆话母语者对高平调和中升调的感知特点，对两组被试所有刺激辨认率的差异进行独立样本的 T 检验。结果表明，起点音高在 12.5-14st 之间（包括 12.5 和 14st）以及起点音高为 16st 时，两组被试的辨认率有显著差异（$p<0.05$），在其他起点音高位置均无显著差异（$p>0.05$）。在 12.5-14st 之间，重庆话母语者的阴平辨认率均高于普通话母语者，最大差异在起点音高为 13.5st 时（升幅为 3.5st），两组被试的辨认率相差 0.20，普通话母语者的阴平辨认率只有 0.2 左右，而重庆话母语者的阴平辨认率约为 0.4；但在起点音高为 16st 时，重庆话母语者的阴平辨认率反而比普通话母语者低，不过差距较小，仅为 0.02。

4.2.2 区分结果的差异

从图 6 中可以看到，两组被试的区分峰值位置以及大小均不相同，表 4 列出了两组被试均值的区分峰值 P_{bc}、峰值位置以及峰陡峭度 P_{pk}，这些结果是对每一个区分刺激对求所有被试的均值之后得到的。可以看到，两组被试均值的区分峰值所在的刺激对区间恰好都与各自的辨认范畴边界形成对应关系，因此可以认为两组被试的辨认和区分结果都有比较好的一致性。普通话母语者均值的 P_{bc} 和 P_{pk} 都高于重庆话母语者，但前者只相差 3 个百分点，而后者相差 6 个百分点。

表4： 区分率均值的峰值、位置和峰陡峭度。

	P_{bc}	位置	P_{pk}
SMS	0.66	14.5-13.5st	0.14
CMS	0.63	14-13st	0.08

对两组 P_{bc} 和 P_{pk} 的差异进行了独立样本的 T 检验。用于统计的观察值是每一个被试的区分峰值，但同一组内不同被试的区分峰值未必在同一个起点音高位置上，所以用这种方法得到的 P_{bc} 和 P_{pk} 的均值必然大于均值的 P_{bc} 和 P_{pk}，因为均值的 P_{bc} 和 P_{pk} 是在相同位置上对所有被试的区分率求均值之后得到的，只有当所有被试的 P_{bc} 都恰好落在同一个刺激对之内时，均值的 P_{bc} 和 P_{pk} 才会分别等于它们各自的均值。表5列出的是 T 检验的结果（*表示有显著差异，$p<0.05$）。虽然两组被试的 P_{bc} 没有显著差异，但 P_{pk} 存在显著差异，普通话母语者的 P_{pk} 更大，也就是说，普通话母语者对平调—升调连续统的区分范畴化程度更高，这个结果与辨认结果总体上是一致的。

表5： 区分率峰值和峰陡峭度的方差分析。

	均值		SMS-CMS	T(42)	p
	SMS	CMS			
P_{bc}	0.77	0.72	0.05	1.514	0.138
P_{pk}	0.25	0.18	0.07*	2.296	0.027

5. 总讨论和结论

5.1 阴平和阳平的调值描写

本文的实验结果中最值得注意的是声学测量和感知结果的不一致——重庆话阴平调的基频曲线是典型的升调，而在升—降调连续统的二择一强迫选择中，中平调甚至中调阶的微降调却被多数母语者辨认为阴平。重庆话中不存在语音表达是中调阶的声调，按照前人的看法，重庆话的阴平和阳平有可能分别是音系上的高平调和低平调（参见冉启斌[12]，朱晓农[21]），那么中平调在感知上有可能被辨认为什么声调呢？曹文[4][5]的结果表明，无论是汉语母语者还是泰语母语者，都倾向于把中平调辨认为汉语普通话的高平（阴平调）。石锋和冉启斌[13]对此现象提出的假设是，高平调比低平调在语音

表达上更加稳定，因此在知觉上也具有优势，即孤立的平调容易被感知为高平调。本文的辨认实验结果与曹文[4][5]的结果形成呼应，即重庆话母语者也不倾向于把孤立的中平调辨认为低平调。本文的感知结果同时也暗示着重庆话阴平调在音系层面可能就是一个高平调，不过高平特征在母语者的语感中并不稳定，因为随着升幅的加大，母语者对阴平的认可度越来越高。梁磊和孟小淋[10]认为重庆话阴平调的共时变异性体现在发音人年龄与声调起点之间的关系上，即发音人越年轻，上升特征越强。而从本文的结果看，即便在年轻母语者的语感中，重庆话的阴平仍处于从高平调向中升调的发展过程之中。

在重庆话中升—中降连续统的区分结果中也可以看到年轻母语者在重庆话阴平认知上的不稳定性，在辨认范畴边界的阴平一侧，被试对微升—微降区间内的刺激有着较好的区分率，即，虽然在辨认上他们倾向于把这些声调都归入同一个音位范畴，但对于这些刺激在音高曲线上的差别依然有着一定的敏感度。

重庆话母语者和普通话母语者对普通话阴平—阳平连续统范畴感知结果的差异也进一步说明了重庆话阴平调的音系特征。首先，由于重庆话中不存在平和升的对立，因此重庆话母语者对高平—中升调连续统感知的范畴化程度低于普通话母语者。其次，重庆话母语者对普通话阳平的感知需要比普通话母语者更大的升幅，这就暗示着中升调是他们新建立的语音范畴，由于他们原有高平调语音范畴中包含了升调变体，受到母语音位范畴迁移的作用，他们对普通话高平调范畴的上升特点具有较大的宽容度。

结合声学测量和感知结果，我们认为，在严式调值描写上把重庆话的阴平描写为中升调是较为妥当的做法。

与阴平的感知特点形成对比的是重庆话的阳平。在声学表现上阴平和阳平是中升和中降的对称关系；但在感知中，辨认阳平需要的降幅远远大于辨认阴平需要的升幅。不过，这个结果还不能说明下降是重庆话阳平的区别性特征，因为它与实验设计有关：声

调起点被固定于调域中部位置，而孤立的中平调在二择一的强迫选择中倾向于被辨认为阴平。朱晓农[21]认为重庆话的阳平是纯低调，也就是说下降特征是生理限制导致的冗余特征。普通话的上声同样被一些研究者认作纯低调[13][21]，但根据曹文[4]和王韫佳、李美京[14]的结果，普通话母语者并不倾向于把孤立的纯低调辨认为普通话的上声。

由于论文容量的限制，本文未能对重庆话母语者辨认孤立的低平调进行研究。但从目前学界所得到的结果看，我们认为把重庆话的阳平描写为[31]（严式描写）依然是最为妥当的。根据梁磊和孟小淋[10]以及梁磊[9]的统计，重庆话的阴平和阳平在声学上的离散度都较小，如果把阴平描写为中升调，那么就应该按照同一标准把阳平描写为中降调。前人对重庆话阳平的调值描写有[11]、[21]和[31]的差别，其中低平调的描写很可能是与上声进行对比的结果：重庆话的上声也具有下降特征，而其高音点高于阳平，降幅也大于阳平，在它的衬托之下，[31]可能就容易被听成低降调甚至低平调。

5.2 阴平和上声演变的原因

如果把重庆话的阳平看作中降调，我们可以更好地解释重庆话上声调型的演变——它很可能是阳平的中降调曲拱触发的。综合前人的田野调查结果以及梁磊、孟小淋[10]和曾晓渝[18]对重庆话声调共时变异和历时演变的观察，重庆话上声（根据本文的声学测量结果，调值为[342]）经历了纯降调→平降调→升降调（凸调）的历时演变。语音演变的正常方向是标记性减弱，而从纯降调变为凸调是标记性的增强。实际上，重庆话阴平的升调化也是强标记化的变化，如引言所述，梁、孟[10]认为阴平的变化可能是西南官话作为一种强势方言而产生的偏离普通话的结果。但这个假设并不能解释与普通话上声调型完全不同的重庆话上声为何从降调变为凸调。我们则认为，重庆话上声凸调化的动因可能是来自声调系统内部相互区分的需要。重庆话上声的高音点只比阳平的高音点高1度（参见图1），两个音高只差1度的降调在听感上容易混淆，因此半高降调[42]就在调型上产生变化。这个变化的过程可能经历了两个阶段：首先在高音区延长时间，变为平降调，以增加与[31]的区分度；第二个阶段是调头下降到音高默认区域的中调阶位置，变成一个升降调，与[31]的区分度进一步加大。如果重庆话的阳平是一个低降或低平调，那么它与高降调的区分度就会较好，不容易触发高降调向更加复杂的调型发展。

在以上假设的基础上，可以进而推测重庆话阴平的历时演变过程。如上所述，阴平在调型上的标记性也由弱变强。除了梁磊和孟小淋[10]提出的是为了刻意偏离普通话阴平调的原因之外，这个变化动因也可能来自重庆话声调系统内部。从图1中可以看到，重庆话四个声调的起点音高集中在调域的中、半低音区，而终点音高则散落在从1度到5度的区间内。重庆话的声调系统可能逐步趋向于整体上都从音高默认值，即音域中部起始，阴平和上声起点从高音区或半高音区降低到中音区，如此，四个声调之间就主要依靠不同的音高走向来互相区分。在阴平变为中升调、上声变成升降调之后，重庆话的四个声调就形成了对称性非常好的区分格局：中升对中降，中升降对低降升。

5.3 结论

综合本文的感知实验结果以及前人的田野调查和声学分析结果，我们得到如下结论：第一，部分青年重庆话母语者倾向于把孤立的中平调辨认为重庆话的阴平，这说明在青年人的语感中阴平仍然处于从平调向升调的演变过程中。第二，重庆话母语者对声调上升斜率的变化具有较高的敏感度，因此把阴平的调值描写为中升调[35]较为妥当。第三，在起点为中调阶的条件下，重庆话母语者对阳平的辨认需要较大的降幅，因此把阳平的调值描写为[31]是合适的。第四，受母语音系的影响，重庆话母语者对平调—升调连续统感知的范畴化程度不及普通话母语者，他们对高平调范畴中声调上升斜率的容忍度高于普通话母语者，这暗示着重庆话的阴平调调型尚未完全固化为中升调。第五，重庆话阴平和上声的调型向强标记方向演变的动因可能来自声调系统内部，阴平起点的降低可能是整个声调系统倾向于以默认音高

值为起点的结果，同时也可能是为了形成与阳平中降调型的升降对比。而上声从纯降调演变为中起点的升降调是为了加大与中降调阳平的区分度。

关于下降在重庆话阳平感知中的作用，本文只设计了中升—中降调连续统的范畴感知实验，所得结论还不能完全证明音高下降斜率对辨认阳平的作用。由于论文容量的限制，这个问题留待另文讨论。

6. 致谢

本研究得到教育部人文社会科学重点研究基地 2013 年重大项目（编号 13JJD740002）"汉语声调认知的实验研究——声学变异、范畴感知与连读变调"以及国家社科基金项目"汉语和非汉语母语者加工普通话声调的 ERP 研究"（批准号 11YB047）的资助。

7. 参考文献

[1] Kenstowicz, M.，Kisseberth, C. 1979. *Generative Phonology: Description and Theory*. New York: Acdemic Press.

[2] Liberman, A.M., Harris, K.S., Hoffman, H.S., Griffith, B.C. 1957. The discrimination of speech sounds within and across phoneme boundaries. *Journal of Experimental Psychology* 54, 358-368.

[3] Xu, Y., Gandour, J.T., Francis, A.L. 2006. Effects of language experience and Stimulus complexity on the categorical perception of pitch direction. *Journal of Acoustical Society of America* 120(2), 1063-1074.

[4] 曹文（2010）汉语平调的声调感知研究，《中国语文》第 6 期，536-543 页。

[5] 曹文（2010）声调感知对比研究——关于平调的报告，《世界汉语教学》24 卷第 2 期，255-262 页。

[6] 邓英树、张一舟（2010）《四川方言词汇研究》。北京：中国社会科学出版社。

[7] 黄雪贞（1986）西南官话的分区（稿），《方言》第 4 期，262-272 页。

[8] 李蓝（2009）西南官话的分区（稿），《方言》第 1 期，72-87 页。

[9] 梁磊（2014）动态与稳态——汉语声调的共时变异研究，《中国语文》第 4 期，371-384 页。

[10] 梁磊、孟小淋（2013）重庆方言单字调的共时变异。*Language and Linguistics* 第 14 卷 5 期，929-959 页。

[11] 钱曾怡（2010），《汉语官话方言研究》。济南：齐鲁书社。

[12] 冉启斌（2005）巫溪话阴平调的调值。《语言》第 5 期，282-295 页。又载于《汉语语音新探》，冉启斌，北京：中国社会科学出版社，2012：115 -130 页。

[13] 石锋、冉启斌（2011）普通话上声的本质是低平调，《中国语文》第 6 期，550-555 页。

[14] 王韫佳、李美京（2010）调型和调阶对阳平和上声知觉的作用，《心理学报》第 9 期，899-908 页。

[15] 杨海明（1995）近四十年来重庆音系的变迁，《重庆教育学院学报》第 1 期，29-57 页。

[16] 杨时逢（1984）《四川方言调查报告》，台北："中研院"历史语言研究所专刊。

[17] 叶军（2001）《汉语语句韵律的语法功能》。上海：华东师范大学出版社。

[18] 曾晓渝（2013）重庆话音系七十年比较分析，《重庆广播电视大学学报》第 2 期，3-11 页。

[19] 甄尚灵、郝锡炯、陈绍龄（1960）四川方言音系，《四川大学学报》第 3 期专号。

[20] 钟维克（2005）重庆方言音系研究，《重庆社会科学》第 6 期，118-123 页。

[21] 朱晓农（2012）降调的种类，《语言研究》第 2 期，1-16 页。

王韫佳 北京大学中文系，北京大学中国语言学研究中心，博士，教授，主要研究领域为语音学和第二语言语音习得。
E-mail: wangyunjia@pku.edu.cn

刘思维 北京语言大学预科部，博士，讲师，主要研究领域为语音学、第二语言语音习得和语言教学。
E-mail: liusiwei1119@163.com

卿 玮 重庆市人民政府驻上海办事处，硕士。
E-mail: qingwiwi@126.com

普通话元音感知影响因素探微

张 昊　及转转　石 锋

摘要 本文采用范畴感知实验研究方法，分别修改零声母单字和双字词中普通话元音 /a/ 的 F1、F2，均从/a/到/u/等步长合成 13 个刺激音，生成语音刺激连续统，通过辨认和区分实验任务，探讨影响普通话元音感知的重要因素。我们发现在零声母单字研究中，调类因素会对元音听辨产生一定影响，主要表现为在去声条件下，元音 /a/、/u/ 的范畴边界位置较其他三个调类条件有一定程度的偏移现象，即相比其他三个调类元音，去声中两元音的辨认边界位置更偏向元音 /a/ 的方向。另外，对照零声母单字、双字词条件下元音听辨实验结果，我们发现两者区分结果有显著性差异，即元音感知在语境因素影响下会表现出更明显的范畴感知的特点。综上，调类因素和语境因素是普通话元音听觉感知的重要影响因素。

关键词 元音感知，影响因素，词汇语境，调类因素

Factors Influencing the Perception of Mandarin Vowels

ZHANG Hao　JI Zhuanzhuan　SHI Feng

Abstract The categorical perception paradigm was adopted to explore the influencing factors on the perception of Mandarin vowels. Five sets of vowel continuum were synthesized from /a/ to /u/ with the first two formants serving as the acoustic cues. On one hand, this study investigated the effect of tone category on the perception of Mandarin vowels. The results indicated that the categorical boundary shifted toward the /a/ direction under the high-falling tone in comparison with other tone categories. On the other hand, this study confirmed that the lexical context could exert significant effect on the categorical perception of Mandarin vowels. More specifically, vowel perception tended to be more categorical under the lexical context, showing a prominent accuracy peak in discrimination function that was close to the position of categorical boundary. In conclusion, tone category and lexical context are two significant factors influencing the Mandarin vowel perception.

Key words Vowel perception, Influencing factors, Lexical context, Tone categories

1. 引言

在日常言语交际中，人们总是倾向于将无限多样的语音归纳为有限的类别，将连续的语音变化感知为离散的音位范畴 [1]，这种声学上同听觉上的不对称现象即为语音的范畴感知（categorical perception，CP）。范畴感知作为一种基本能力，能够帮助人们准确理解语音信号所传达的信息，提升言语交际的效率。

早在 20 世纪 50 年代末，以 Liberman 等[2]为代表的 Haskins 语音实验室，就曾对语音的范畴化知觉做出了许多有意义的探索，首次提出了包括辨认实验任务（identification task）和区分实验任务（discrimination

task）的语音范畴感知研究的经典范式。此外，他们还概括了语音范畴感知的主要特点：（1）在辨认实验中，辨认函数曲线在不同语音范畴的边界位置附近有陡峭的上升或下降；（2）在区分实验中，区分函数曲线有明显的"高峰"；（3）辨认边界位置同区分正确率峰值位置相对应，即"峰界对应"。Liberman 等为语音范畴感知研究奠定了重要的方法论及理论基础。其后，从辨认实验和区分实验两种心理语音学任务模式出发，探讨语音范畴表征的心理机制，成为语音范畴化知觉实验研究的传统。

很多研究表明塞音辅音之间、非平调的声调之间的感知结果都表现出了上述范畴感知的基本特点，是典型的范畴感知类型[2-5]。然而，元音感知类型是否同样为范畴感知，在学界至今尚无定论。Fry 等[6]最早运用范畴感知实验研究方法探讨英语元音 /i/、/ɛ/、/æ/ 的听觉感知。他们认为元音感知的模式同英语浊塞音截然不同，并以"连续感知"（continuous perception）来定义元音的感知类型，以同"范畴感知"相对立。然而，其后一些研究者对此结论提出商榷，这些学者发现元音感知也有类似"范畴感知"的特点，集中表现为不同元音的范畴辨认边界位置同区分正确率的峰值位置相对应[7-8]。另外，元音的"类范畴感知"模式（categorical-like perception）会受到语境、基频信息、任务模式、刺激音时长等多种因素的影响。语境和基频信息是两种重要的语言学因素，对这两种元音感知影响因素的深入探讨将有助于为深入研究元音感知的内在处理机制提供一定的理论基础和现实依据。

Ladefoged & Broadbent[9]曾提出相邻语境对元音听辨有重要的影响。元音的听觉感知不仅仅取决于其共振峰的绝对参数，还会受到其所处语境的影响，通过与元音系统中其他成员的相对关系来确定该元音的范畴类别。Pisoni[10]将不同类型的语境放置在元音连续统 /i/-/I/ 中，采用范畴感知实验研究方法考察语境因素对元音感知的影响，并从元音的听觉信息（auditory information）和语音信息（phonetic information）角度阐释

语境影响因素。另外，一些研究者证实元音基频（F0）变化和共振峰数值，尤其是 F0 同 F1 之间，关系密切。Fujisaki & Kawashima [11]发现在 F0 从 130Hz 到 350Hz 的变动中，/u/-/e/ 以及 /o/-/a/ 两套元音连续统在 F1 维度上的范畴边界位置均表现出一定的偏移。

然而，值得指出的是，上述研究均依托英语这种非声调语言的元音且语境均为无意义的音素组合或噪声语境。本文拟在前人研究的基础上，采用语音范畴感知的实验研究范式，探讨普通话元音/a/、/u/的听觉感知表现，深入考察调类因素以及词汇语境因素对普通话这种声调语言的元音感知的影响。

2. 实验方法

2.1 实验刺激

本研究的实验语料包括普通话基础元音 /a/、/u/ 的零声母单字词和双字词两部分（见表 1）。其中，单字语料包括普通话的四种调类情况；双字语料仅采用阴平调类，在零声母实验字后加音节"婆"作为词汇语境，组成双字实验词。请一名标准普通话男性发音人以自然平稳语速发音得到语音样本。

实验刺激均在录制的语音样本的基础上，利用 Praat[12]语音分析软件合成。语音刺激连续统共包括五套：单字四个调类各一套，双字一套。各连续统均以前两条共振峰为重要声学线索（acoustic cue），等步长减小 F1、F2 的值（F1、F2 步长分别为 41 Hz 和 51 Hz），从元音 /a/ 到 /u/，合成 13 个刺激音。五套连续统中相应元音刺激的 F1、F2 采用统一的参数值（见图 1），其他声学参数（F3、F4、F5、带宽值、基频值等）均采用所录制语音样本中各条件下元音 /a/ 的相应参数。所有刺激的音强统一为 75dB；单字条件下的刺激音长统一为 300ms，双字条件下的刺激音长统一为 750ms（300+450ms，即合成刺激时长为 300ms，后置词汇语境时长为 450ms）。

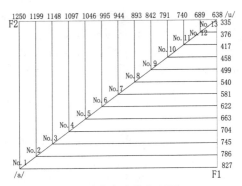

图1：语音刺激连续统直观图。

表1：实验语料。

	阴平	啊(ā)-屋
单字	阳平	啊(á)-无
	上声	啊(ǎ)-五
	去声	啊(à)-务
双字	阴平	阿婆-巫婆

2.2 实验被试

实验被试共 20 人（男女各 10 人），均为土生土长的北京人，京津两地高校学生。所有被试裸视或矫正视力正常，无听力或阅读障碍，平均年龄为 20.58 岁（标准差 = 1.21 岁）。被试均为自愿参与，在安静的语音实验室或教室环境中完成实验任务。

2.3 实验任务

实验通过 E-prime 1.1 程序实现，利用笔记本电脑呈现语音刺激和探测界面[13]，实验采用范畴感知经典范式，包括辨认实验和区分实验两种测试，每位被试均需参与这两种测试。

在辨认实验中，各个刺激音逐一呈现，采取 /a/、/u/ 范畴判断的方式，要求被试对所听到的语音刺激，在探测界面给出的两个选项中做强迫选择，并通过按键盘上的"F、J"键实现（见图2）。每个语音刺激重复 4 遍，并以随机播放的形式呈现，每位被试共需完成 260 个辨认判断任务（13 个刺激音×4次重复×5个连续统）。

图2：辨认实验探测界面示例。

在区分实验中，采取 AX 任务模式，由两个属于同一连续统的语音刺激组合成一个刺激音对的形式呈现，两个语音刺激之间间隔 500ms（ISI=500ms）。刺激音对的组合有两种方式，即相同刺激音对（1-1，2-2…12-12，13-13）和不同刺激音对（相差两个步长，有顺序刺激音对 1-3，2-4…10-12，11-13；逆序刺激音对 3-1，4-2…12-10，13-11）。实验要求被试判断刺激音对中的两个刺激音是否相同：相同按"F"键，不同按"J"键。每个刺激音对重复两遍，以随机顺序呈现，每位被试共需完成 140 个区分判断任务（35 个刺激音对×2 次重复×2 个连续统）。

两种实验任务在正式实验前均有练习环节，以确保被试理解实验任务、熟悉实验流程。正式实验中，要求被试尽可能迅速做出判断。所有被试均需完成如下实验任务：四个调类条件下零声母单字辨认实验，阴平条件下零声母单字区分实验，以及零声母双字辨认、区分实验。各实验任务的顺序在被试间实现平衡。

2.4 数据处理

计算各位被试的辨认数据和区分数据，包括：辨认边界位置、边界宽度，区分正确率。

辨认边界位置是指两条辨认函数曲线的交点（即辨认率达到 50%处）所对应的刺激序号值。边界宽度是指辨认率是 25%和 75%之间的刺激序号的差值。这两类辨认数据均使用 Probit 分析模型拟合[14]。

区分正确率的处理采用 Xu 等[15]提出的计算方法，将所有的刺激音对分成 11 组，

每组包括 AA、AB、BB、BA 四种形式，区分正确率 P 值的计算公式为：

$$P=P(\text{‘S’}/S)\times P(S)+P(\text{‘D’}/D)\times P(D) \quad (1)$$

其中，P（‘S’/S）表示相同刺激音对（AA、BB）判断的正确率，P（‘D’/D）表示不同刺激音对（AB、BA）判断的正确率；P（S）、P（D）分别表示相同刺激音对和不同刺激音对所占的比例，都为50%。

另外，根据 Jiang 等[16]介绍的方法，将区分正确率根据每位被试的辨认边界位置，分为范畴内和范畴间的区分正确率。

3. 实验结果和分析

3.1 调类影响因素

四种调类条件下元音连续统 /a/-/u/ 的零声母单字辨认实验，重在考察具有稳态特征的普通话基础元音的听辨情况，探讨调类因素对普通话元音听觉感知的影响。实验分析20名被试的辨认数据，分调类绘制出元音辨认曲线图（见图3），并拟合测算出不同调类条件下元音感知的辨认边界位置和边界宽度数值（见表2）。

表2：不同调类条件下 /a/-/u/ 辨认数据表。

调类	边界位置	边界宽度
阴平	8.8	1.9
阳平	8.5	1.7
上声	8.4	1.6
去声	8.1	1.8

由辨认曲线图可以看出，四个调类条件下元音 /a/、/u/ 的辨认曲线都呈现出经典的"X"型分布状态，两元音的辨认率在首尾刺激音（刺激音 1、13）处均达到了最大值100%，说明实验合成语音刺激的质量较高，能很好地满足听辨实验的要求。

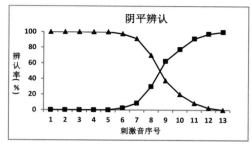

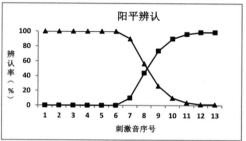

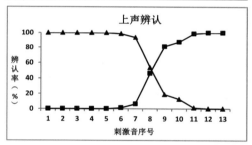

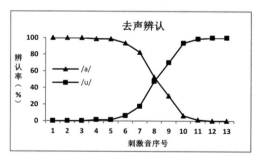

图3：不同调类条件下 /a/-/u/ 辨认曲线图。

目前，已有研究表明元音会对声调的听觉感知产生一定的影响。郑秋晨[17]分别以普通话中 /a/、/ɔ/、/ɤ/、/i/、/u/、/y/ 六个单元音为负载声调的语音基础，合成由阴平调到阳平调的语音刺激连续统，作为听辨实验的语音材料。实验结果发现，不同负载元音会对阴平、阳平调的辨认边界位置产生重要的影响。主要表现在以低元音 /a/ 作为负载

元音时，两个平调的边界位置同其他五个元音条件下的差异显著，作者认为相比其他元音而言，/a/ 较低的内在音高是造成感知边界位置差异的主要原因。

相反，调类因素是否也会对元音感知产生重要影响？不同调类间的区别主要表现为基频曲线（pitch contour）的差异。普通话的四个调类中，去声基频曲线从调域最高值骤降到最低值（本实验中去声元音连续统基频值由 170Hz 降到 90Hz），其变化幅度、曲线斜率最大；阳平是一种中升调，基频曲线有一定的斜率但并非十分陡峭，变化幅度并不是很大（本实验中阳平元音连续统基频值由 120Hz 升至 160Hz）；阴平是一种高平调（本实验中基频值保持在 160Hz 左右），上声在本质上是一种低平调[18-19]（本实验中基频值从 95Hz 先降至 75Hz，最后升至 120Hz），这两种调类的基频曲线较为平稳，波动不是很大。另外，在自然发音状态下，去声的时长明显短于其他三类声调[20]。去声在声学特征上的特殊性，可能会使去声条件下的元音感知同其他三种调类下的元音感知有所差异。在本实验研究中，普通话元音 /a/、/u/ 的范畴边界位置虽然都在刺激 8、9 之间，但是在边界位置的具体刺激音序号数值上有所差异（在阴平、阳平、上声、去声情况下分别为 8.8、8.5、8.4、8.1），尤其是在阴平和去声调类情况之间，两元音的边界位置差异较为明显。而两元音的辨认边界宽度在不同调类情况下的差异很小，仅在 1.6-1.9 个刺激音步长之间。

为了验证调类因素对元音感知的影响，我们以调类为组内变量（within-subject factor），并分别以边界位置和边界宽度为因变量（dependent variable），进行重复度量的方差分析（repeated ANOVA）。统计结果显示边界位置在不同调类间的差异呈现出边缘性显著（$F_{(3, 57)}=2.69$，$p=0.054$），然而边界宽度在各调类间并没有表现出显著差异（$F_{(3, 57)}=0.54$，$p=0.66$）。事后成对比较（pairwise comparison）检验结果表明元音/a/、/u/ 边界位置的刺激音序号，在去声情况下（8.8）

要比阴平下（8.1）小，但这种差异水平仅表现为边缘性显著（$p=0.062$）。

以上分析说明去声状态下的元音辨认边界位置同阴平下的边界位置相比，有较为明显的前移现象，但是这种差异仅表现为统计学意义上的边缘性显著。不同调类间的元音边界位置差异未能达到 $p<0.05$ 意义上的显著性水平，究其原因可能在于被试辨认实验试次数量太少使得实验数据量过小，从而造成被试间个体差异较大。

3.2 语境影响因素

零声母单字、双字词条件下元音连续统 /a/-/u/ 的辨认和区分表现的差异，有助于考察词汇语境因素对普通话元音听觉感知的影响。实验分析 20 名被试的听辨数据，分情况绘制出元音辨认区分曲线图（见图4）。

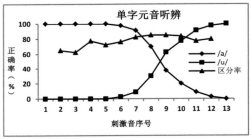

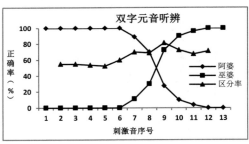

图 4：单、双字条件下 /a/-/u/ 辨认区分曲线图。

由辨认区分曲线图可知，单、双字条件下元音连续统 /a/-/u/ 的边界位置都在刺激音 8、9 之间，差异不大；然而前者辨认曲线的陡峭程度不如后者。从听辨数据表（见表3）可知，在辨认边界位置上，双字条件下两元音的边界位置较单字而言表现出轻微的前移（在单、双字条件下分别为 8.8、8.5）；

在边界宽度上，双字条件下元音听辨的边界宽度数值略小，即辨认曲线的陡峭程度略高（在单、双字条件下分别为 1.9、1.5）。配对样本 T 检验分析结果表明，边界位置、边界宽度上的差异并未达到统计学意义上的显著（$t_1 = -0.92$，$p_1 = 0.37$，$df = 19$，$t_2 = 0.49$，$p_2 = 0.63$，$df = 19$）。

在区分正确率曲线上，双字条件下的元音区分曲线有非常显著的峰值，且同辨认边界位置有很好的对应关系，即"峰界对应"；而单字条件下的元音区分曲线非常平缓，没有表现出明显的峰值。为更深入分析单、双字条件下元音连续统 /a/-/u/ 的区分数据的差异，我们将区分正确率分为范畴内和范畴间两类，如图 5 所示。

表 3：单、双字条件下 /a/-/u/ 听辨数据表。

类别	边界位置	边界宽度	区分峰值
单字	8.8	1.9	85%
双字	8.5	1.5	81.3%

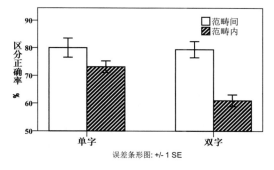

误差条形图：+/- 1 SE

图 5：范畴内、范畴间区分正确率对比图。

采用两因素重复度量方差分析（two-way repeated ANOVA），以元音刺激连续统（单字、双字两套）和区分率类别（范畴内、范畴间两种）作为组内变量，并选用格林豪斯—盖斯尔检验校正结果（Greenhouse-Geisser correction）。统计结果表明，区分率类别具有主效应（$F (1，19) = 30.13$，$p < 0.001$）；连续统与区分率类别间有交互效应（$F (1，19) = 9.22$，$p = 0.007$）；而元音刺激连续统没有表现出主效应（$F (1，19) = 3.28$，$p = 0.086$）。采用邦费罗尼校正（Bonferroni）多重比较的事后检验分析

结果表明，在单字元音连续统中，范畴内区分率（73.17%）和范畴间区分率（80.02%）没有显著差异（$F (1，19) = 3.86$，$p = 0.064$）；而在双字元音连续统中，范畴内区分率（60.95%）和范畴间区分率（79.38%）有显著差异（$F (1，19) = 28.43$，$p < 0.001$），前者明显低于后者。

4. 总结和讨论

本文运用语音范畴感知研究的经典范式，旨在考察普通话基础元音 /a/、/u/ 的听觉感知情况，并重点探讨了调类和词汇语境两种语言学因素对普通话元音感知的影响，为深入研究语音的内在处理机制以及言语声学和听觉之间的关系奠定一定的基础。

文章着重比较了零声母单字情况下，普通话基础元音连续统 /a/-/u/，在阴平、阳平、上声、去声四种不同负载调类之间，在听觉感知上的差异。虽然在各调类条件之间，两元音的辨认边界宽度差别并不明显，但范畴边界位置的差异表现为边缘性显著。去声条件下元音边界位置较其他三种调类而言，尤其是相比阴平元音，有一定的偏移现象，边界位置向元音 /a/ 的方向偏移。也就是说，相比阴平元音刺激，普通话母语者在去声元音刺激连续统 /a/-/u/ 中，更多地将听到的语音刺激判断为元音 /u/。

已有研究表明，基频信息会对元音感知产生一定的影响，且主要表现在 F1 维度的辨认边界位置上[11]。Gottfried 和 Chew[21] 认为元音的 F0 和 F1 之间有紧密的关系，并主张元音的 F0 经历整个八度音阶的变化（a full octave change），会导致该元音 F1 赫兹值的 10%左右的增幅。在普通话四个调类中，去声的基频曲线斜率最大，基频值的变化速率最快。在本研究中，去声元音连续统的 F0 从最高值 170Hz 骤降到最低值 90Hz。参照石锋等[22]从赫兹到半音的转换公式：

$$St=12 \times lg（f/fr）/lg2 \qquad (2)$$

其中"f"表示需要转换的赫兹数值，"fr"表示参考频率，设为 55 赫兹。去声调域横跨 11 个半音左右。因而，去声基频的这种动态属性会使得去声元音的 F1 值高于其他三种调类的元音。如元音连续统直观图（见图 1）所示，F1 值越大，元音刺激越倾向于 /a/。然而，各调类元音连续统中，序号相同的元音刺激均采用统一的 F1 参数，去声元音的高 F1 值会使得去声元音连续统 /a/-/u/ 相比调类情况，尤其相比阴平而言，范畴边界位置更偏向元音 /a/ 的方向。

另外，我们还考察了同为阴平负载调类，元音连续统 /a/-/u/ 在零声母单字、双字词条件下的辨认和区分表现的差异，探讨有无后置词汇语境因素对元音感知的影响。参照 Liberman 等[2]归纳的语音范畴化感知的基本特征，我们发现，单字条件下元音感知的范畴性程度较低，主要表现为范畴边界位置附近的辨认曲线变化较为平缓，并未表现出陡升陡降的走势；区分正确率曲线较为平缓，并未显示出显著的区分峰值，范畴内、范畴间的区分正确率差异小。相比而言，双字词条件下元音感知的范畴性程度较高，主要表现为范畴边界位置附近的辨认曲线变化更为陡峭；区分正确率曲线有非常明显的峰值，且同辨认边界位置相对应，另外，范畴内区分正确率显著小于范畴间区分正确率。也就是说，在有后置词汇语境时，元音感知呈现出明显的区分峰值，且同辨认边界位置表现出很好的"峰界对应"；在没有后置词汇语境时，元音感知缺乏明显的区分峰值。总之，词汇语境因素会使元音感知更具范畴性。对此，我们认为可以从元音感知中听觉信息和语音信息的调用的角度加以阐释。

Pisoni[10]主张语音感知包括听觉信息和语音信息两种不同记忆信息类型的激活和调用，并进一步论证了在语音知觉处理时，短时记忆中的听觉信息比语音信息激活地更早且消退得更快。对元音刺激音对的区分判断主要依赖听觉短时记忆信息[10]，借助这一信息类型，被试可以直接比较刺激音对中语音刺激间的声学信息差异，因而被试对语音差异的敏感度较高，使得范畴内区分正确率远高于 50% 的水平。然而，听觉信息的消退更快，语境因素会干扰甚至阻断被试在元音区分任务中对听觉记忆信息的检索和调用，而更多地依赖语音信息做出判断，从而使范畴内刺激音对的区分正确率下降。范畴间刺激音对中的元音刺激，由于分跨不同的元音范畴，即便仅依靠语音信息来区分，也可以维持在很高的正确率水平。综上，语境因素会阻碍元音刺激的听觉信息的检索，使范畴内元音刺激音对的区分正确率下降，进而使得元音感知表现出更多的范畴性特征。

声调是汉语的特色之一，同时也是汉语语音必需的超音段特征，我们很难抛开调类影响因素而仅谈元音感知。另外，在言语交际中有各式各样的语境信息，我们的语音研究应该立足于日常生活中的"活的语言"，绝非仅限于"实验室语音"，因而语境影响因素同样是元音感知研究重点考察的方面。本研究是仅就这两方面影响因素进行的比较初级的探讨，今后还需更为全面系统的探索。

5. 致谢

本文研究得到了国家社科重大项目"普通话语音标准和感知参数数据库建设"（编号：13&ZD134）的经费支持。在研究和写作过程中还得到了中国科学院深圳先进技术研究院陈飞先生的指导。另外，感谢两位匿名审稿专家的中肯意见。

6. 参考文献

[1] 王士元、彭刚（2006）《语言、语音与技术》。上海：上海教育出版社。

[2] Liberman, A. M., Harris, K. S., Hoffman, H. S., Griffith, B. C. 1957. The discrimination of speech sounds within and across phoneme boundaries. *Journal of Experimental Psychology*. 54, 358-368.

[3] Slawinski, E. B., Lau, N. L. 1996. Categorical perception of [ba] and [pa]: Integration of acoustical cues. *Journal of the Acoustical Society of America*. 100, 2693.

[4] Wang, S. Y. 1976. Language change. *Annals of the New York Academy of Sciences*. 280, 61–72.

[5] Peng. G., Zheng. H. Y., Gong. T., et al. 2010. The influence of language experience on

[6] Fry, D. B., Abramson, A. S., Eimas, P. D., Liberman, A. M. 1962. The identification and discrimination of synthetic vowels. *Language and Speech*. 5, 171-189.

[7] Fujisaki, H., Kawashima, T. 1970. Some experiments on speech perception and a model for the perceptual mechanism. *Annual Report of the Engineering Research Institute*. 2, 207-214.

[8] Pisoni, D. B. 1973. Auditory and phonetic memory codes in the discrimination of consonants and vowels. *Perception and Psychophysics*. 2, 253-260.

[9] Ladefoged, P., Broadbent, D. E. 1957. Information conveyed by vowels. *Journal of the Acoustical Society of America*. 29, 98-104.

[10] Pisoni, D. B. 1975. Auditory short-term memory and vowel perception. *Memory and Cognition*. 1, 7-18.

[11] Fujisaki. H., Kawashima. T. 1968. The roles of pitch and higher formants in the perception of vowels. *IEEE Transactions on Audio & Electroacoustics*. AU16, 73-77.

[12] Boersma, P., Weenink, D. Praat: Doing phonetics by computer (Version 6.0). http://www. praat. org/ visited 10-Mar-16.

[13] 曾祥炎、陈军（2009）《E-Prime 实验设计技术》。广州：暨南大学出版社。

[14] Finney, D. J. 1971. *Probit Analysis*. Cambridge UK: Cambridge University Press.

[15] Xu, Y., Gandour, J. T., Francis, A. L. 2006. Effects of language experience and stimulus complexity on the categorical perception of pitch direction. *Journal of the Acoustical Society of America*. 2, 1063-1074.

[16] Jiang. C., Hamm. J. P., Lim. V. K., et al. 2012. Impaired categorical perception of lexical tones in Mandarin-speaking congenital amusics. *Memory and Cognition*. 40, 1109-1121.

categorical perception of pitch contours. *Journal of Phonetics*. 38, 616-624.

[17] 郑秋晨（2014）汉语元音对声调感知边界的影响。《心理学报》第 9 期，1223-1231 页。

[18] 赵元任（1980）《语言问题》。北京：商务印书馆。

[19] 石锋、冉启斌（2011）普通话上声的本质是低平调——对《汉语平调的声调感知研究》的再分析。《中国语文》第 6 期，550-555 页。

[20] 石锋、廖荣蓉（1994）北京话的声调格局。载《语音丛稿》（石锋主编），北京：北京语言学院出版社。

[21] Gottfried. T. L., Chew. S. L. 1986. Intelligibility of vowels sung by a countertenor. *Journal of the Acoustical Society of America*. 79, 124-130.

[22] 石锋、王萍、梁磊（2009）汉语普通话陈述句语调的起伏度。《南开语言学刊》第 2 期，4-13 页。

张 昊 中国科学院深圳先进技术研究院研究助理，硕士，研究兴趣包括实验音系学和心理语言学。
E-mail: raino1027@163.com

及转转 北京语言大学语言科学院研究生，硕士在读，研究兴趣为实验语言学和病理语言学。
E-mail: qq1234jizhuan@126.com

石 锋 南开大学文学院教授，北京语言大学银龄学者，博士生导师，主要研究领域为实验语言学、演化语言学、语言接触与语言习得。
E-mail: shifeng@nankai.edu.cn

普通话清辅音声母的发音同一性研究

熊子瑜

摘要 影响声母音色的主要因素是发音部位和发音方法，它们共同决定着声母的发音姿态及其变化过程，形成不同的声母音位。后接韵母，特别是韵母的起首元音，也会对某些声母的发音姿态及其变化过程产生一定影响，并可能会导致同一个声母在不同的语音环境下形成不同的音位变体。本文从普通话声母和韵母的发音特点出发，讨论韵母对声母发音姿态的影响方式及其作用条件。主要观点包括：（1）当声母的发音初始姿态与韵母的发音初始姿态不发生冲突时，会优先使用韵母的发音初始姿态，此时韵母起首的舌位和唇形等特征会逆向作用于声母，产生所谓的逆同化作用，并因此可能会造成同一个声母形成不同的音位变体。例如，普通话声母 h/x/处于元音/a/和/u/之前时会有较大的音色差异，属于不同的音位变体，发音上不具有同一性。（2）当声母具有送气特征时，声母和韵母之间在发音姿态上的调整过程会在送气阶段完成，并因此可能会造成同一个声母形成不同的音位变体。例如，普通话声母 ch/tʂʰ/处于元音/a/、/ɻ/、/u/之前时会有较大的音色差异，属于不同的音位变体，发音上不具有同一性。

关键词 普通话，声母，发音姿态，发音同一性，音位变体

The Articulatory Identity of Voiceless Initials in Mandarin

XIONG Ziyu

Abstract The main factors affecting the quality of initials are the places and manners of articulation, which co-determine the articulatory gesture and change, and result in different consonant phonemes. The following finals also have certain effect on the initial articulatory gesture, and will change the articulatory process of some initials, leading to distinct allophone for the same initials. This paper observed the effect of finals on the articulation of initials with methods of spectrogram analysis and perception experiment of identity of articulation.The results of the study can be summarized as, firstly, articulatory gesture of the final will be taken into priority when it has no conflict with that of the initial. Tongue position and the shape of lip will act on initials, creating a different allophone for the same initial. For instance, initial h/x/ in Mandarin is of considerable difference in quality when followed by /a/ and /u/, which are of different identities. Secondly, when the initial is aspirated, the process of adjustment to articulatory gesture between initials and finals can be finished in the section of aspiration, creating adifferent allophone from the same initial. For instance, initial ch/tʂʰ/ in Mandarin is of considerable difference in quality followed by /a/、/ɻ/、/u/, which are of different identities.

Key words Mandarin, Initial, Articulatory gesture, Identity of articulation, Allophone

1. 引言

　　语音的音色特征主要决定于发音时的声道共鸣特性。而声道共鸣特性又主要取决于发音器官的姿态及其变化过程，如元音的舌位高低、前后以及发音时的唇形圆展，辅音的发音部位和发音方法等，均会影响到声道共鸣特性。所以通常从发音部位和发音方法两个维度来区分和描写不同的辅音，从舌位的高低、前后，以及唇形圆展等维度来区分和描写不同的元音。

　　普通话一共有 21 个辅音声母，其中有 4 个浊辅音声母，17 个清辅音声母，这些辅音声母在发音、声学和听感上各具特点，构成普通话的声母音位系统。除了主要受控于自身的发音部位和发音方法之外，部分辅音声母的语音性质还可能会受到后接韵母的影响而发生显著变化，并有可能产生听感上的差异，形成不同的音位变体。例如，已有证据表明：①声母 h 是普通话里变体最多的擦音，有什么样的后接元音，就会有什么样的 /x/ 变体[7]。②当一个辅音处于圆唇元音之前时通常也会出现圆唇特征，如英语单词 tea 里的/t/可能是展唇的，而 two 里的/t/则可能是比较圆唇的[1]。③后接元音的舌位会影响到送气塞擦音声母的语音声学表现：若后接元音为开元音，则通常会以喉擦音作为送气；若后接元音为闭元音，送气段则会表现为同部位擦音的语音延长[7]。若能细致研究诸如此类的语音变化现象，则可从另外一个侧面揭示各类辅音的一些发音特点，如哪些辅音具有发音上的稳定性，哪些辅音具有发音上的可变性，有无相关规律可循。语音学界通常从协同发音的角度去分析这些语音变化现象，并采用逆同化或特征扩展之类的概念来解释后接韵母对声母发音的影响，这些年来在此领域已经取得了一些重要的研究成果[1][4][6][7][9][10][11]。如冉启斌等通过音轨方程的斜率考察了普通话不送气塞音声母的协同发音作用，结果表明，双唇音和舌根音均大于舌尖音，更容易受到后接韵母的影响[6]。张磊采用类似的方法，基于更多发音人的语音材料，对普通话 12 个辅音声母的音轨方程斜率进行了细致的测算和分析，其研究结果表明：辅音声母/k/、/x/

的音轨斜率大于 1，受后接元音影响程度非常大；/p/、/f/的音轨斜率大于 0.8，受后接元音影响程度比较大；/t/、/l/、/tʂ/的音轨斜率大于 0.5，受到后接元音一定程度的影响；/tɕ/、/ɕ/、/ʂ/的音轨斜率小于 0.5 大于 0.4，受到后接元音的影响程度较小，具有较强程度的抗协同发音能力；/ts/、/s/的音轨斜率小于 0.4，受到后接元音的影响程度非常小，抗协同发音能很强[11]。通过这些研究可以看出，不同发音部位的辅音声母受到后接韵母的影响程度不尽相同。如冉启斌（2006）和张磊（2012）的研究结果都表明：与舌尖音相比，舌根音和双唇音更容易受到后接韵母的影响。

　　但就目前的研究现状来看，学界对单念条件下普通话声母所表现出的各类音变现象仍然缺少一个比较系统的解释，甚至于对哪些声母会因为后接韵母的影响而发生听感上的语音变化也还没有形成一个比较全面的认识。本文将从语音产出的角度，并结合语音声学特性分析和发音同一性测试等方法，考察普通话清辅音声母在单念条件下的音变问题，旨在探讨后接韵母对声母发音的影响方式及其作用条件，试图揭示普通话声母的一些音变规律。

　　在笔者看来，这项工作不仅具有一定的理论价值，而且具有现实的应用价值。比如说，在训练语音声学模型时，不具有发音同一性的音段成分应该分开训练声学模型，否则会降低声学模型的精度；在进行语音拼接合成时，具有发音同一性的音段成分才可以互相替换着使用，否则会造成听感上的不自然。为了能够解决因为协同发音现象而导致的语音变化，学界提出了双音子和三音子模型[1]，以充分反映上下文语音环境对发音的影响，这一方法在业界也得到了广泛的应用，并通常采用声母和韵母作为最小单元来建立双音子和三音子模型。但这种三音子模型的数量会非常庞大，很容易就会产生数据稀疏问题。如果我们能够找出声韵母之间的协同发音规律，把那些具有发音同一性的双音子或三音子合并起来处理，则无疑会大幅减少双音子或三音子模型的数量。

2. 发音同一性测试

要实际测算后接韵母对声母发音的影响程度，不能仅根据音轨方程斜率等语音声学数据来分析，还应该进一步考虑这些语音变化是否会对听感产生显著影响。所以我们需要有一套可行的方法来确定哪些声母会因为后接韵母的不同而导致其发音不同，并因此出现了不同的音位变体。

本文采取发音同一性测试的方法来考察同一个声母到底包含有几个不同的音位变体，并基于以下条件来加以判断：同一个声母的不同音位变体之间在听感上应具有较为明显的区分性。但是，如果我们去调查或询问被试"tā、tī、tū"这几个音节的声母是否相同，大多数被试通常都会认为它们是相同的，即便反复播放这几个音节的声音给被试去听，他们仍然会认为这几个音节的声母是相同的。这种依靠语感、内省以及自然音节听辨的方式不能满足发音同一性的测试需求，难以找出同一个声母的不同音位变体来。所以本文采取以下方式进行测试：对两个具有同一声母的音节进行声母波形互换，并拼接合成出新的音节，然后请被试对合成音节进行听辨，如果大多数被试认为合成音节在听感上比较自然而且近似于原始音节，则说明这两个音节的声母具有发音同一性，否则就认为这两个音节的声母不具有发音上的同一性，属于同一个声母的不同音位变体。这一方法本文称之为"发音同一性测试"。如果替换之后的声母和韵母在发音姿态上能够相互匹配，则听起来会很自然而且接近于原始音节，如果二者不太匹配，被试很容易就会感知出问题来。举例说明如下，我们先从音节"tī"中取出声母的声音片段，然后将它与音节"tā"的韵母拼接起来，合成出一个新的声音，并播放给一些被试去听辨，如果大多数被试认为合成的声音听起来比较自然而且与原始音节"tā"比较接近，则说明"tī"和"tā"的声母具有发音同一性，进而可以说明韵母元音/a/和/i/对声母 t 的发音影响是相同的，否则就说明"tī"和"tā"的声母属于同一声母 t 的不同音位变体，进而可以说明韵母元音/a/和/i/对声母 t 的影响是不同的。简言之，如果两个音节的声母能

够互相替换而且不影响听感，则可认为这两个声母具有发音上的同一性，否则认为它们是同一个声母的不同音位变体。

表 1：清辅音声母的发音同一性测试结果。

普通话清辅音声母	测试用的原始音节	生成的刺激音个数	声母听辨合计次数	发音同一性的分数
b	ba3 bu3 bi3	6	30	28
d	da3 du3 di3	6	30	30
g	ga3 gu3	2	10	4
p	pa4 pu4 pi4	6	30	0
t	ta3 tu3 ti3	6	30	0
k	ka3 ku3	2	10	0
z	za3 zu3 zi3	6	30	30
zh	zha3 zhu3 zhi3	6	30	29
j	ji3 ju3	2	10	7
c	ca1 cu1 ci1	6	30	0
ch	cha3 chu3 chi3	6	30	0
q	qi3 qu3	2	10	6
s	sa4 su4 si4	6	30	28
sh	sha3 shu3 shi3	6	30	29
x	xi3 xu3	2	10	7
h	ha3 hu3	2	10	0
f	fa3 fu3	2	10	9

本研究从普通话单音节语音数据库中选取了一位青年女性发音人的朗读材料，然后采取 Praat 脚本程序基于声韵母切分边界

进行声母替换和拼接操作，合成出 74 个语音刺激信号，并邀请到 5 位被试对这些合成音节的自然度和相似度进行强制打分，1 为听感自然且近似于原始音节，0 为听起来不太自然或者跟原始音节有明显区别。发音同一性的分数越高则表明声母发音越稳定，受后接韵母的影响越弱。

根据表 1 的发音同一性测试结果，可大致看出：有些清辅音声母的发音会受到后接韵母的显著影响，如 p、t、k、c、ch、h、g 等声母；而另外一些清辅音声母的发音几乎不受后接韵母的影响，如 b、d、z、zh、s、sh、f 等声母；还有一些清辅音声母会在一定程度上受到后接韵母的影响，但受影响的程度相对较弱，如 j、q、x 等声母。为何这些声母在发音的稳定性上会表现出如此大的差异，本文接下来将尝试从各类声母的发音特点入手对此加以简要解释。

3. 普通话清辅音声母的发音特点

要考察韵母对声母发音的影响，我们需要大致了解普通话各类声母的发音特点及其发音过程，这样才有可能找出某些系统性的规律来解释各类音变现象的成因，而不仅仅是去孤立地分析某种语音变化现象。

3.1 清辅音声母的发音方法分析

根据《语音学教程》[5]中所给出的分类方案，普通话的这些清辅音声母按照其发音方法可以分为三类，分别是塞音、塞擦音和擦音，其中塞音和塞擦音声母又可分别细分为送气和不送气，所以概括起来一共有五种不同类型的发音方法：不送气塞音声母、送气塞音声母、不送气塞擦音声母、送气塞擦音声母和擦音声母。如果把这些清辅音声母的发音过程再进行切分，则可以分解出四种不同的发音状态：闭塞、爆破、摩擦和送气。虽然普通话中的塞音和塞擦音声母在闭塞状态下通常是不发声的，但在有些方言里，声母在闭塞状态下可能会出现声带振动的情况。为便于行文和区分，本文将这四种发音状态下所发出的声音片段分别称之为声带音、爆破音、摩擦音和送气音，然后再按照发音过程和音段构成情况对这几类清辅音声母进

行分析，结果如表 2 所示，其中"+"表示有，"-"表示无。

由于普通话的声母在闭塞阶段不会出现声带音，所以本文只讨论其他三类音段成分的主要发音特点。（1）爆破音：成阻时，主动发音器官要接触被动发音器官，形成气流阻塞，爆破时气流瞬间冲出而成音。（2）摩擦音：发音时，主动发音器官应贴近被动发音器官，形成并保持一定的气流阻碍，使气流摩擦而成音。（3）送气音：发音时通常需要解除气流通道中原有的阻塞或阻碍，使气流能够比较顺畅地呼出，呼出的气流往往会在软腭或更靠后的位置产生轻微摩擦，形成所谓的喉擦音。我们从这三类音段成分的发音方式和发音特点可以看出：在发爆破音和摩擦音时，主动发音器官需要参与成阻过程，接触或贴近被动发音器官，因此要保持一个相对稳定的发音姿态，在此阶段一般不会受到后接韵母或元音的影响而发生明显的位置变化；只有在发送气音的时候，为了解除阻塞或阻碍，主动发音器官才有可能离开被动发音器官，朝着韵母起首的元音舌位去进行调整，所以才可能会受到后接元音的舌位影响。基于这一考虑，我们根据有无送气特征将普通话的这些清辅音声母分成两大类：一类是含有送气特征的清辅音声母，分别是 p、t、k、c、ch、q；另一类是不含有送气特征的清辅音声母，分别是 b、d、g、z、zh、j、f、s、sh、x、h。

表 2：清辅音声母的发音方法及其音段构成。

发音方法		声母列表	声带音	爆破音	摩擦音	送气音
塞音	不送气	b d g	-	+	-	-
	送气	p t k	-	+	-	+
塞擦音	不送气	z zh j	-	+	+	-
	送气	c ch q	-	+	+	+
擦音		s sh x h f	-	-	+	-

总之，只有当清辅音声母包含有送气特征时，声母和韵母之间的发音姿态调整过程才会在声母内部完成，否则，声母和韵母之间的发音姿态调整过程只能留到韵母起首阶段去实现。如果调整过程主要发生在声母阶段，则必然会导致声母音色发生变化，如果调整过程主要发生在韵母起首，则必然会导致韵母音色发生变化。如果按照这一分析框架，p、t、k 和 c、ch、q 等声母的发音同一性应该都很低，容易受到后接韵母的影响。

对比表 1 中的感知结果，可以看出：p、t、k、c、ch 等送气音声母的发音同一性的确都比较低，表明它们受到后接韵母的影响而发生了显著的音色变化；但声母 q 却与此不太一致，其发音同一性相对较高，表明它受后接韵母的影响程度要弱一些。究其原因在于：（1）声母 q 虽然被分析和描写为送气音声母，但由于它只能后接高元音/i/或/y/，声韵母之间的发音姿态基本上不用做太大的调整，并使得这一声母不具有典型的送气音特征；（2）后接元音/i/和/y/的舌位相同，差别主要在于有无圆唇特征，所以它们对声母 q 的影响也仅表现为有无圆唇的差异。这两个方面的因素综合起来，导致声母 q 的发音同一性会比其他 5 个送气音声母要高一些。

3.2 清辅音声母的发音部位分析

根据《语音学教程》[5]中所给出的分类方案，普通话的这些清辅音声母可按照其发音部位区分成六类：双唇音、唇齿音、舌尖音、卷舌音、舌面音、舌根音。这些声母有的在发音时需要使用舌尖或舌面等主动发音器官来构成阻碍，有些却不需要。元音在发音时也用到舌尖或舌面等发音器官来构造特定的舌位，以形成特定的共振峰模式，区分不同的元音音色。这二者之间有时会出现舌位不匹配的现象，如发"dā"这个音节的时候，声母阶段舌尖要顶住上齿龈，所以在舌位上具有"高+前"的特征，而韵母元音[a]的目标舌位却具有"低+后"的特征，所以在声母和韵母之间必然就会出现一个舌位后缩且下移的发音姿态调整过程，在此调整过程之中，声道共鸣特性也会随之发生相应变化，进而会导致语音产生变化。

为了便于考察韵母的起始舌位是否会对声母的发音过程产生影响，本文按照声母起始阶段的舌位目标值是否基本固定这一线索将普通话的这些清辅音声母分成三大类：

一是舌位目标值基本固定的声母，高低和前后两个维度都不能太偏离既定的目标位置，主要包括那些由舌尖或舌面参与成阻的清辅音声母，如 d、t、z、c、s、zh、ch、sh、j、q、x 等。发这类清辅音声母时，舌位的初始目标值主要受控于各个声母的发音部位和发音方法，所以基本上是固定的，不会因为后接韵母的不同而发生太大变化。

二是初始舌位在高低维度上比较固定而在前后维度上相对自由的声母，包括 b、p、f 等 3 个声母。这是由于它们在发音时需要唇、齿等发音部位参与成阻，所以这几个声母在发音时的开口度是基本固定的，不能有太大的变化。例如，发"bī"和"bā"这两个音节，都需要从双唇闭塞开始，不会因为后接韵母的不同而导致声母段的开口度有所变化。另外，由于这几个声母无须舌尖或舌面参与成阻过程，所以其舌位在前后维度上并没有明确的目标值，是相对自由的，既可以靠前一些，也可以靠后一些，除了与个人的发音习惯有关之外，其前后维度还会在一定程度上受到后接元音的舌位影响。陈肖霞（1997）的研究数据表明：在"腊八、蜡笔"这两个词语之中，前音节第二共振峰的末尾走势会有所不同，在"腊八"中为降势，在"蜡笔"中为升势，而在"发达、大地"这两个词语中，前音节第二共振峰的末尾走势却完全相同的，都呈升势[3]。这一组对比正好可以用来说明，声母 b 在舌位的前后维度上没有明确的目标值，所以第二个音节的韵母能够跨越其声母 b 去影响前一个音节的韵母特性；而声母 d 在舌位的前后、高低等维度上都具有明确的目标值，所以对前音节韵母的第二共振峰产生了完全相同的发音影响，并因此抑制了第二个音节韵母对第一个音节韵母的发音影响。

三是初始舌位在前后维度上比较固定而在高低维度上相对自由的声母，包括 g、k、h 等 3 个声母。这是由于它们在发音时需要舌根部位来参与成阻过程，所以其初始舌位在前后维度上通常需要靠后一些，以形

成一定的阻塞或阻碍。另外，由于这几个声母无须舌尖或舌面来参与成阻过程，所以其舌位在高低维度上并没有明确的目标值，是相对自由的，既可以高一些，也可以低一些，除了与个人的发音习惯有关之外，其高低维度还会在一定程度上受到后接元音的舌位影响。

根据以上分析，我们大致整理出这三类辅音声母的成阻部位及其相应的舌位自由度之间的对应关系，另外还增加了圆展维度来标示声母发音时的唇形是否可以变化，其结果如表 3 所示。"+"表示具有一定的自由度，即声母自身的发音部位和发音方法基本上不会控制该维度的目标值，因此该目标值才有可能会受到其他因素的影响而发生变化。"-"表示不太自由，即声母自身的发音部位和发音方法已基本上控制住了该维度的目标值，因此该目标值不太可能再受其他因素的影响而发生变化。

表3：清辅音声母的舌位与唇形的变化自由度。

成阻部位	舌位前后维度	舌位高低维度	唇形圆展维度
唇部成阻的声母：b、p、f	+ 容许变化	- 比较固定	+ 容许变化
舌尖或舌面成阻的声母：d、t、z、c、s、zh、ch、sh、j、q、x	- 比较固定	- 比较固定	+ 容许变化
舌根成阻的声母：g、k、h	- 比较固定	+ 容许变化	+ 容许变化

总之，对于那些需要舌尖或舌面参与成阻的清辅音声母而言，其发音初始姿态受到后接元音的影响通常会较小。对于那些需要唇部参与成阻的清辅音声母而言，后接元音的舌位前后属性可能会对声母的发音初始姿态产生一定影响。对于那些需要舌根参与成阻的清辅音声母而言，后接元音的舌位高低属性可能会对声母的发音初始姿态产生一定影响。如果按照这一分析框架，g、k、h

和 b、p、f 等声母的发音同一性应该都很低，容易受到后接韵母的影响。

对比表 1 的感知结果，可以看出：声母 h、k、p 的发音同一性的确都比较低，但需要注意的是，声母 k、p 的音色变化主要是由于送气段的舌位变化引起的；声母 g 的发音同一性本来也应该比较低，但由于其爆破段的时长比较短，音色上的些许变化不太容易被察觉出来，所以导致其发音同一性会比声母 h 要高出一些来；有问题的是 b 和 f 这两个声母，如果按照上面的分析框架，它们的发音同一性也应该比较低，但感知结果却与此相反。究其原因主要是因为，声道共鸣特性的变化主要是由于前腔的体积和形状变化所引起的，前腔是指收紧部位往前的共鸣区域，而这两个辅音都属于唇部成阻，所以其频谱特性受后接韵母的影响相对较小，另外声母 b 的爆破段很短、声母 f 的能量比较弱，这些也可能是导致听感上无显著差别的重要原因，从而使这两个声母的发音同一性反而变得相对较高。

4. 韵母对清辅音声母的发音影响

在上一小节，我们结合本文研究的目标，对普通话清辅音声母的发音方法和发音部位进行了较为细致的分析，并在此基础上探讨了声母的发音部位和发音方法对其发音初始姿态的控制问题，以及声母和韵母之间的发音姿态调整过程一般会在什么阶段去实现的问题。基于以上分析，本文认为后接韵母对声母发音的影响主要包括以下两种方式。

一、当韵母的发音初始姿态和声母的发音初始姿态不发生冲突时，会优先使用韵母的发音初始姿态，否则会优先使用声母的发音初始姿态。因此，某些声母的发音初始姿态有可能会因为后接韵母的不同而发生明显变化，进而影响其声道共鸣特性，导致音色发生一定变化，并有可能会形成不同的音位变体。例如，当后接韵母的主元音或介音为/u/或/y/时，声母在发音时往往会出现圆唇现象。之所以会这样，是因为普通话的声母本身不区分是否圆唇，所以优先使用了韵母的圆唇特征。再比如说，普通话声母 h 是一个软腭擦音，成阻部位在舌根，当它后接

/a/和/u/等元音时，其语音声学特性会表现出明显差异。之所以会这样，是因为在发声母 h 时，并不需要舌面或舌尖等发音器官参与成阻过程，所以其舌位在一开始就可以大致调整到后接元音的初始状态，因此，/a/和/u/在舌位上的高低和前后差异就影响了声母 h 的语音表现。这正如《实验语音学概要》[7]在第 133 页所指出的："/x/的过渡音征都是平的，这充分说明这类辅音的发音部位和后接元音（或介音）在很大程度上是协调一致的（协同发音）。因此，结果是元音不受辅音的顺同化影响，辅音却随元音而定型"。图 1 和图 2 给出了这两个音节的语音图谱，我们从中可以对比观察这两个音节声母 h 的语音差异。

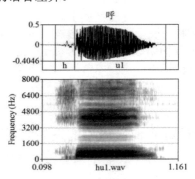

图 1： "呼"的声母语音特性。

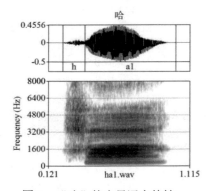

图 2： "哈"的声母语音特性。

对比图 1 和图 2 的声母段语音声学表现，可以直观地看出：（1）虽然都是声母 h，但二者存在较为明显的语音差异，这表明后接元音的不同对声母 h 的语音表现产生了显著影响。（2）声母 h 的共振峰模式与后接元音的共振峰模式较为一致，这说明声母和韵母的发音姿态是基本一致的。（3）后接韵母对声母 h 的发音影响贯穿于整个声母的发音过程，这表明后接元音对该声母的发音初始姿态产生了显著影响，并一直保持到声母结束位置。（4）韵母起首的共振峰没有出现弯头现象，声母的共振峰也没有出现明显变化，这表明在声母开始发音时，就已经调整到了后接元音的舌位状态。另外，发音同一性测试结果表明，这两个声母是不能互相替换的，互换之后会导致语音在听感上非常不自然，因此需要把它们看成同一个音位的不同变体形式。

二、当声母的发音姿态和韵母起首的发音姿态不匹配时，则需要有一个发音姿态的调整过程。这一调整过程有可能在声母内部完成，也有可能要留到韵母起首阶段才能够完成，关键是看声母有无送气特征。如果辅音声母不含送气特征，则这一调整过程就会留到韵母起首阶段去完成；如果辅音声母含有送气特征，则这一调整过程通常会在送气阶段完成，并因此会导致声母发生语音变化。究其原因是，在闭塞阶段、爆破阶段或摩擦阶段，如果舌尖或舌面等主动发音器官需要去参与气流成阻或持阻过程，则不允许有太大的舌位动程，除非舌位动程不会对气流摩擦过程产生太大影响；而只有在送气阶段，需要打开气流通道呼出气流，这些主动发音器官不再担负成阻或持阻任务时，才可以朝着后接元音的舌位去进行调整，从而会导致声母的音色发生变化，并有可能形成不同的音位变体。

《实验语音学概要》[7]对送气音的发音过程和声学表现有着详细说明，"如果送气，塞音在放开时就接上声带颤动，塞擦音则又有两种不同程序：一种是后接元音为开元音，则放开后接上一段喉擦音作为送气；另一种是，后接元音为闭元音，则辅音阻碍只是松开一些而使送气音延长一些，使原来的同部位擦音再延长一些。"《语音学教程》[5]也有类似表述，"当辅音的发音部位是在舌面前或者舌尖位置，同时后接元音的舌位也比较靠前，送气气流的部位就与辅音的发音部位相同了，比如[tɕʰi][tsʰ][tʂ]这几个音节中，辅音送气气流的来源就跟同部位擦音一致。"这两个观点均认为送气有着两种

不同的声学表现，一表现为喉擦音，二表现为同部位擦音的语音延长。略有区别的是，《实验语音学概要》认为后接闭元音时表现为同部位擦音延长，《语音学教程》认为后接前元音时表现为同部位擦音延长。

下面给出了"chā、chī、chū"三个音节的字音图谱，见图3－图5。我们可以从中对比分析普通话声母 ch 在不同元音之前的语音表现差异：（1）在后接低元音/a/时，具有较为典型的送气音特征，送气段的成阻部位处于软腭或更靠后的位置，也即所谓的喉擦音。由于摩擦段和送气段的成阻部位不同，而且摩擦程度不同，所以其频谱特性表现出明显不同。（2）在后接同部位的舌尖元音ʅ时，送气段表现为同部位擦音的语音延长，此时完全看不出摩擦段和送气段的语音区别。（3）在后接后高元音/u/时，送气段的气流摩擦程度较强，而且也看不出典型的送气音特征。但从语谱图来看，其声母段的摩擦乱纹又与后接ʅ元音时的情况有所不同。究其原因主要在于，当后接元音/u/时，在摩擦阶段引起气流摩擦的阻碍会在送气阶段因为舌位后缩而被解除，舌位后缩这一动作可以从语图低频部分的能量变化来加以观察。舌位后缩会解除原先的气流阻碍，那么送气段所看到的较强摩擦则可能是来源于唇部的收紧点。也就是说，送气阶段所表现出来的较强摩擦并非原阻碍点所引起的，而是由于声母圆唇加上开口度较小所引起的。舌位后缩之后还可能会导致喉部气流摩擦，但与后接/a/元音相比，此时的喉部气流摩擦会更弱一些。另外，由于唇部摩擦与喉部摩擦同时出现，而且唇部摩擦程度较强，喉部摩擦程度较弱，所以唇部摩擦几乎完全遮蔽了相应的喉部摩擦，导致其送气音特征不明显。这三个声母的语音差异可概括如表4所示。

表4：送气塞擦音声母的语音表现。

声母	爆破段	摩擦段	送气段
chā	爆破音	摩擦音	喉擦音
chī	爆破音	摩擦音	同部位的摩擦音延长
chū	爆破音	摩擦音	圆唇摩擦＋较弱的喉擦音

另外，根据图3和图5还可以看出，"chā、chū"这两个音节的韵母起始阶段没有出现较为明显的共振峰弯头，这表明元音舌位已经在声母的送气阶段就基本调整到位了，因此后接元音的不同势必会影响到送气段的语音声学表现。发音同一性测试结果表明，这三个声母是不能互相替换的，互换之后会导致语音在听感上非常不自然。

为了对比，我们也给出同部位擦音声母 sh 的字音材料，见图6－图8。从中可以看出"shā、shū"这两个音节的韵母起首阶段都存在着较为明显的共振峰弯头现象，这表明元音舌位调整过程主要发生在韵母的起首阶段。发音同一性测试结果也证实了这一点，这两个声母可以互换而不影响听感。

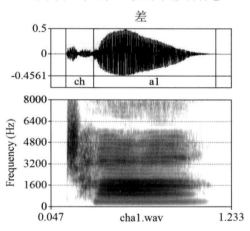

图3："差"字的语音图谱。

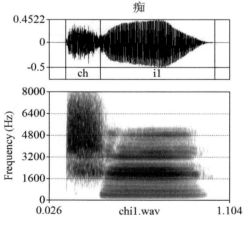

图4："痴"字的语音图谱。

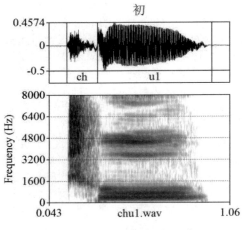

图5： "初"字的语音图谱。

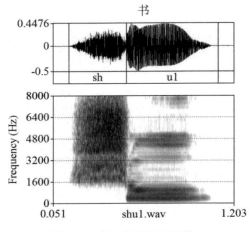

图8： "书"字的语音图谱。

通过以上字音材料的对比分析，我们可以大致确定：在音节 chā 和 chū 的发音过程中，声韵母之间的发音姿态调整过程主要发生在送气阶段，而在音节 shā 和 shū 的发音过程中，声韵母之间的发音姿态调整过程主要发生在韵母起始阶段。这种差别导致，含有送气特征的声母更容易受到韵母的影响而发生语音变化，并有可能会形成不同的音位变体。王茂林等[7]在研究普通话双音节 CV#CV 结构中前元音对后元音的发音影响时发现，如果后音节的声母具有送气特征，则会对协同发音具有明显的抑制作用。究其原因也就在于，第二个音节的韵母发音姿态调整过程主要在声母送气段实现，所以不会对该音节的第二共振峰产生明显影响。

5. 结论

本文从发音生理、语音声学和感知测试等角度，初步分析了普通话清辅音声母的发音过程和语音特性，并以发音姿态是否匹配或冲突为切入点，探讨了语音环境对声母发音的影响方式和作用条件。主要观点概括如下：（1）韵母对声母发音初始姿态的影响，主要包括三个方面：第一，唇形圆展特征的逆同化，可作用于普通话所有清声母，并会在一定程度上影响到 j、q、x 等声母的发音同一性，而对其他清辅音声母的发音同一性则无显著影响；第二，舌位高低特征的逆同化，一般只作用于舌根音声母 g、k、h，但由于声母 g 的爆破段时长较短，所以

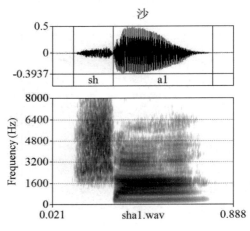

图6： "沙"字的语音图谱。

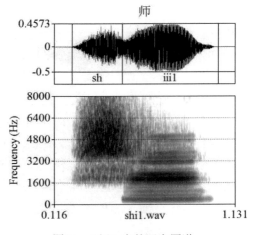

图7： "师"字的语音图谱。

其影响对听感的作用相对较弱；第三，舌位前后特征的逆同化，一般只作用于双唇和唇齿音声母 b、p、f，但由于这几个声母属于唇部成阻，所以韵母舌位的影响并不会对声母频谱特性产生太大作用，不过应注意到声母 p 在送气阶段的成阻部位会有一些变化。（2）韵母对送气音的影响。当声母具有送气特征时，声韵母之间的发音姿态调整过程会主要发生在送气阶段，并导致送气音的音色发生变化。

这一分析框架结合了普通话声韵母的发音特点和发音生理基础，具有一定的依据和可推广性。但是否可靠，还需要进一步通过语音和感知等方面的实验数据来加以验证。

6. 致谢

本文研究得到了中国社会科学院语言研究所语音与言语科学重点实验室的创新工程项目支持。

7. 参考文献

[1] Patricia, A. K., 曹剑芬译（1990）协同发音和时域调节。《国外语言学》第 4 期，第 48 页。

[2] 曹剑芬（1996）普通话语音的环境音变与双音子和三音子结构。《语言文字应用》第 2 期，58-63 页。

[3] 陈肖霞（1997）普通话语段协同发音研究。《中国语文》第 5 期，345-350 页。

[4] 李英浩、孔江平（2011）普通话双音节 V1#C2V2 音节间的逆向协同发音。《清华大学学报》第 9 期，1220-1225 页。

[5] 林焘、王理嘉（2013）《语音学教程（增订版）》。北京：北京大学出版社。

[6] 冉启斌、石锋（2006）从音轨方程考察普通话不送气塞音声母的协同发音。《南开语言学刊》第 2 期，45-54 页。

[7] 王茂林、严唯娜、熊子瑜（2011）汉语双音节词 VCV 序列协同发音。《清华大学学报》第 9 期，1244-1248 页。

[8] 吴宗济、林茂灿（1989）《实验语音学概要》。北京：高等教育出版社。

[9] 吴宗济、孙国华（1990）普通话清擦音协同发音的声学模式。中国社会科学院语言研究所语音室《语音研究报告》。

[10] 吴宗济（2004）普通话 CVCV 结构中不送气塞音协同发音的实验研究。载于《吴宗济语言学论文集》。北京：商务印书馆。

[11] 张磊（2012）普通话音节中协同发音的声学研究。华东师范大学博士学位论文。

熊子瑜 中国社会科学院语言研究所，副研究员，博士，研究兴趣包括基于语料库的语音分析和建模研究。
E-mail:xiongziyu@163.com

韵母区别特征声学参数匹配

李　戈　　刘亚丽　　孟子厚

摘要 本文给基于言语知觉特性的韵母区别特征，寻找可操作的特征的声学参数。在遵循韵母聚类逻辑且保证区别特征系统完备性的前提下，对非介音韵母的判别决策树进行调整；然后从韵母的头腹尾结构入手，利用 MFCC 和美尔滤波器能量这两类参数为韵母区别特征匹配声学参数并确定参数特性；对匹配参数的判别准确率进行测试，得到韵母区别特征的平均正检率为 87.1%，误判率为 14.1%。集内集外测试效果差别较小，参数匹配有效。本文结果可以为区别特征在普通话客观评测中的应用提供参考。

关键词 韵母，区别特征，普通话评测

Matching Acoustic Parameters for Distinctive Feature of Mandarin Finals

LI Ge LIU Yali   MENG Zihou

Abstract According to Mandarin finals distinctive feature systems based on speech perception characteristics, the article aims to parameterize distinctive features of Mandarin finals. Under the premise of following clustering logic and ensuring completeness of Mandarin finals distinctive feature system, discrimination tree is adjusted. Based on the composition structure of Mandarin finals, acoustic parameters are extracted for Mandarin finals distinctive features in form of MFCC and Mel-filter energy, and parameter characteristics are determined. Recognition accuracy of acoustic parameters is tested, and the average recognition accuracy of Mandarin finals is about 87%. There is a minimal difference between testing results of different sample collections, and the acoustic parameters are effective. This work laid theoretical foundation for computer aided speech evaluation based on distinctive features.

Key words Mandarin final, Distinctive feature, Speech evaluation

1. 引言

区别于统计模型为算法核心的语音客观评测方法，现阶段学者们纷纷转换研究思路，在客观评测算法的研究中引入基于言语本质的区别特征的理论。普通话评测过程中语音错误或缺陷往往发生在最小对立体之间，而这一特点和区别特征的概念相契合。所以，借助区别特征理论实现汉语普通话发音水平客观评测，不但可以加快搜索速度，提高语音判别的准确率，也能够提高系统的鲁棒性，还可以为受试者提供具体的发音的缺陷或错误。

现阶段尽管已有学者提出了一些区别特征体系[7][8]，但真正有声学参数支持、保持二元对立关系、能够应用于言语工程的区别特征体系还少有人研究。近年来，中国传媒大学传播声学研究所着重于基于区别特征理论的汉语普通话客观评测方法的研究[1][4][5][6][9]，积累的大量前期工作为发音质

量评测提供基于语音本质特征的新方法提供了理论参考。

考虑到韵母在汉语的音节结构中占主要部分，并且在评测中涉及的语音错误和语音缺陷相对于声母、声调来说更为复杂。虽然文献[4]对其提出的区别特征进行了初步参数化，不过所选取的参数都是从相应分类器中选取，某些韵母区别特征没有相应的分类器与之对应，并且该分类器结构缺乏足够的语音学基础。从严谨的角度，仍需重新赋予每对区别特征新的参数形式。

本文在上述研究工作的基础上，以基于言语知觉特性的汉语普通话声韵调区别特征系统为依据，重点探索韵母区别特征的有无在声学线索上的表现，进而为韵母区别特征匹配声学参数，为汉语普通话的解析化评测方法提供参数支持。

2. 韵母判别树的调整

在文献[9]所给出的非介音韵母判别决策树中，区别特征"后的"对应的两类韵母在韵腹元音上未能表现出完全的区分对立，因此在遵循韵母聚类逻辑且不影响系统完备性的前提下对其进行调整。按照基于言语知觉特性的普通话非介音韵母区别特征矩阵表[9]，区别特征"圆唇的"可以将 o/ou/ong 和 e/ei/en/eng 两类韵母区分，区别特征"开尾的"可以将 e 和 ei/en/eng 进行区分，因此，将原判决树中区别特征"后的"调整为"圆唇的"和"开尾的"。图 1 给出调整后的非介音韵母判别决策树，该判别决策树结构层次更清晰，且利于声学参数的匹配。介音韵母区别特征判别决策树不需要调整。

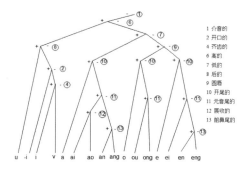

1 介音的
2 开口的
3 齐齿的
6 高的
7 低的
8 后的
9 圆唇
10 开尾的
11 元音尾的
12 展收的
13 前鼻尾的

图1：调整后非介音韵母判别决策树
（图中 v 即拼音 ü）。

3. 韵母区别特征参数匹配

3.1 样本采集和处理

语料库是中国传媒大学录制的语音库，发音人为播音专业学生，女生 212 人，男生 126 人，年龄分布在 19-21 岁之间。汉语普通话系统 39 个韵母中，除去只出现在叹词中的边际音 ê，儿化音 er，且考虑到声韵母配合关系不同而暂且只使用舌尖前-i[ɿ]、舌尖后-i[ʅ]暂不考虑，韵母 ueng 只有一种零声母的音节形式 weng，且在音节表中按照实际发音与韵母 ong 排在同一行[2]。因此本次实验所用韵母为 35 个，参考《普通话水平测试员实用手册》按四中呼型列于表 1。

对每个语音信号进行人工听辨，剔除有发音错误或者缺陷的样本，切去语音开始前的静音部分。其中 50%的语音样本信号用于寻找与特征对应的参数，以及做集内测试。另外 50%用来做集外测试。

表 1：35 个韵母。

开口呼	-i a ai ao an ang o ou ong e ei en eng
合口呼	u ua uai uan uang uei uen
齐齿呼	i ia ian iao iang ie iou in ing
撮口呼	ü üan iong üe ün

3.2 韵母分段说明

基于言语知觉特性的韵母区别特征系统中，每个区别特征涉及韵母的不同组成部分。

（1）与韵头相关：开口的、合口的、齐齿的、撮口的；

（2）与韵腹相关：高的、低的、后的、圆唇的；

（3）与韵尾相关：开尾的、元音尾的、展收的、前鼻尾的。

按上述分类，为区别特征匹配声学参数时对韵母信号进行分段处理。采用 16ms 帧长对语音信号进行分帧。虽然韵母发音时长较长，但在分段区间内各语音帧之间差异不大，故使用各帧的声学参数平均值并归一化后的结果代表韵母的总体特征。其中，对于介音韵母，韵头相关区别特征参数匹配时选取语音信号前 10%语音帧；韵腹相关区别特征参数匹配选取 30%-60%语音帧；韵尾相关区别特征参数匹配选取 80%-100%语音帧。而对于非介音韵母，语音起始便是韵腹，所以相关区别特征仅选取前 40%语音帧即可。具体分段说明如表 2 所示。

表 2：韵母分段说明表。

	韵头	韵腹	韵尾
介音韵母	0-10%	30%-60%	80%-100%
非介音韵母	0-40%	0-40%	80%-100%

3.3 参数匹配过程

本文选取 MFCC 和美尔滤波器能量这两类声学参数。MFCC 参数包含一维对数能量和 12 维符合人耳听觉特性的参数，舍去第一维的对数能量参数，Mi（i=1，2…12）代表其余的 12 维 MFCC 值。美尔滤波器能量共有 40 维，包含有 13 个线性滤波器和 27 个对数滤波器，Fi（i=1，2…40）代表第 i 维的美尔滤波器输出值。

参数计算过程以区别特征"合口的"为例，该特征所要区分的是合口呼韵母与非合口呼韵母（齐齿呼和撮口呼），图 2 给出了合口呼韵母和非合口呼韵母前 10%语音段 MFCC 参数值。由图 2 可见，合口呼韵母在 M1 到 M3 的走势上与非合口呼韵母有明显区别：合口呼韵母从 M1 到 M3 急剧下降，而非合口呼韵母则表现出整体上升趋势。因此将 M1-M3 作为区别特征"合口的"的特征参数，记作 K3。

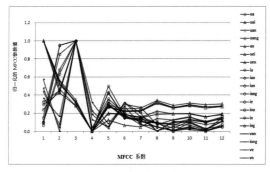

图 2：韵母前 10%语音段 MFCC 值。

计算合口呼韵母和非合口呼韵母所有样本的 K3 值。统计发现，这两类韵母 K3 值的概率密度分布符合正态分布，如图 3 所示。将两类韵母 K3 值概率密度分布曲线的交点 0.18 作为判别阈限，即一个语音样本的 K3 值若大于 0.18，则认为该语音样本含有"合口的"这一特征，反之，则不含该特征。

同样的方法可确定出其余区别特征的声学参数及参数特性。

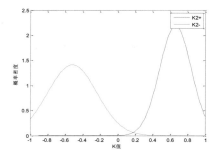

图 3：K3 值的概率分布。

4. 声学参数匹配结果

4.1 区别特征声学参数及参数特性

表3和表4分别给出了介音韵母和非介音韵母区别特征参数匹配结果。

表3：介音韵母区别特征参数匹配结果。

区别特征	特征参数	参数特性
合口的	K3=M1-M3	k3>0.18
撮口的	K5=M2-M1	k5>0.06
高的	K6_1=F13-F26	k6<-0.23
低的	K7_1=(F9+F10+F11)/3	k7>0.45
后的	K8_1=M2-M3	k8>-0.28
开尾的	K10_1=F17-F4	k10_1>0.19
	K10_2=F19-F4	k10_2>0.11
	K10_3=(F23+F24+F25)/3	k10_3>0.49
	K10_4=(M10+M11+M12)/3	k10_4>0.30
元音尾的	K11_1=M3-M1	k11_1>-1.5
	K11_2=M3-M1	k11_2>0.14
	K11_3=M2-M3	k11_3>0.05
前鼻尾的	K13_1=M4-M5	k13_1>-0.08
	K13_2=(F17+F18+F19)/3	k13_2<0.45

由表3可见，韵头相关和韵腹相关的5对区别特征分别对应一个声学参数。而区别特征"开尾的"匹配了声学参数 K10_1、K10_2、K10_3 和 K10_4，这四个参数分别对应判别树中从左至右的四个节点，即每个声学参数涉及一对韵母的区分。类似的，区

别特征"元音尾的"和"前鼻尾的"也是一个特征匹配多个声学参数。

表4：非介音韵母区别特征参数匹配结果。

区别特征	特征参数	参数特性
开口的	K2=M1-M3	K2>-0.3
齐齿的	K4=M2-M1	K4>0.14
高的	K6_2=(M10+M11+M12)/3	K6<0.35
低的	K7_2=(F5+F6+F7)/3	K7<0.66
后的	K8_2=(F9+F10)/2	K8>0.47
圆唇的	K9=(F18+F19+F20)/3	K9<0.43
开尾的	K10_5=M5-M3	K10>0.05
元音尾的	K11_4=(F30+F31-F18-F19)/2	K11_4>0
	K11_5=F10-F24	K11_5>0.41
	K11_6=F30-F17	K11_6>0.17
展收的	K12=M3-M1	K12>-0.38
前鼻尾的	K13_3=(F20+F21+F22)/3	K13_3>0.55

在表4所给出的结果中，区别特征"元音尾的"对应三个声学参数 K11_4、K11_5 和 K11_6，这三个参数分别对应非介音韵母判别树中从左至右的三个节点。

另外，区别特征"前鼻尾的"所对应韵母 an/ang, en/eng, in/ing，在韵尾语音段声学参数表现差异较小，因此在为其匹配参数时选用韵腹部分的语音帧。发前、后鼻音时，鼻腔和口腔的耦合程度不一样，这种差异会对前面元音的发音产生影响。例如，前鼻音 an 中的 a 发音是前低元音，而 ang 中的 a 发音是后低元音，这或许可以解释为何韵尾相关区别特征对应声学参数在韵腹语音段。

由上述的结果可以发现，"开尾的"、"元音尾的"、"前鼻尾的"三对区别特征的声学参数结果不太精简，存在一个特征匹配多个声学参数的情况。这三对区别特征都与韵尾相关且在判别决策树的下层，分类情况较为精细且对声学参数的区分效果有更高的要求。另外韵尾相关区别特征涉及鼻韵母的区分，而鼻韵母发音时鼻腔与口腔耦合共

振，发音过程较为复杂。因此在实际操作中为了保证韵母区分的可靠性，一定的参数冗余是必要的。

4.2 准确率测试结果

对各区别特征的参数特性分别进行集内和集外测试，得到区别特征参数化后的判别结果，如表5所示。

表5： 韵母区别特征参数化后判别结果。

区别特征	集内测试（%）		集外测试（%）	
	正检率	误判率	正检率	误判率
开口的	92.3	9.0	88.9	7.9
合口的	99.5	1.5	99.1	2.6
齐齿的	87.5	4.8	86.7	3.0
撮口的	76.0	14.2	72.0	12.9
高的	83.5	17.2	85.5	17.1
低的	82.7	15.3	82.2	17.1
后的	92.1	11.8	91.2	10.7
圆唇的	90.7	15.4	92.8	17.7
开尾的	89.8	14.5	86.2	13.3
元音尾的	86.5	15.7	85.4	15.5
展收的	88.9	4.2	96.0	4.8
前鼻尾的	81.8	20.9	81.1	15.2

由表5可见，除了区别特征"撮口呼"检测结果稍差，其余区别特征的正检率均在80%以上，误判率在 20%以内。区别特征"合口呼"的正检率甚至达到 99%以上，误判率在 3%以内。且各区别特征集内测试和集外测试结果相当，差别不大。

表6： 集内集外平均判别结果。

	集内（%）	集外（%）
平均正检率	87.1	86.2
平均误判率	14.1	13.2

表6给出韵母各区别特征的平均检测结果，集内和集外测试的平均正检率均在86%以上，平均误判率在15%以内。

综上所述，利用本文为韵母区别特征匹配的声学参数，通过对树状图中每个节点处参数特性的判定，实现对每个韵母的唯一确定。检测结果中除了区别特征"撮口的"的检测结果不太理想，其余区别特征都有较高的正检率和较低的误判率。且集内集外测试结果区别不大。说明本文为韵母区别特征匹配的声学参数是有效的。

5. 讨论和分析

为 12 对韵母区别特征寻找对应的声学参数，并且在孤立韵母状态下韵母区别特征平均正检率达到 87%以上，说明，借助区别特征理论可以实现汉语普通话发音水平的客观评测。当然，目前在语音客观评测占据主导地位的基于统计模型算法的普通话评测技术，已有研究实现了韵母总体评测精度甚至达到了 95.8%[3]，但遗憾的是，该识别率无法给出语言本质上的解释。换句话说，无法明晰其语言学上的意义。

相比之下，基于区别特征理论的普通话发音客观评测方法最为突出的特点便是通过韵母区别特征的判别决策树可以很好地锁定普通话评测过程中受试者的发音错误和发音缺陷，这对于普通话学习者的发音训练也有实际的指导意义。

尽管本文为韵母区别特征匹配了较为完备有效的声学参数，但是仍有个别区别特征的检测效果不太理想，比如"撮口的"。原因可能在于文中只使用了 MFCC 和 Mel能量两类声学参数，考虑到"撮口的"所对应的 i 韵头和 ü 韵头在听感上具有较大相似性，可以继续尝试结合了人耳听觉因素Bark 谱等其他参数。另外对于韵母区别特征的检测只是在孤立韵母的情况下，要把区别特征系统真正用到语音技术当中，下一步要实现在语流中对区别特征的检测。总体而言，在汉语普通话发音客观评测方法的研究上，转换研究思路借助区别特征理论实现发音缺陷或错误的检测是可行的。

6. 致谢

本文研究得到了国家自然科学基金资助项目（编号：NSFC11174257）的经费支持。

7. 参考文献

[1] 冯晓亮 （2010）面向普通话辅音检测的区别特征参数测量。《声学技术》，29（3）。

[2] 宋欣桥 （2000）《普通话水平测试员实用手册》。北京：商务印书馆。

[3] 汤霖，彭土有，尹俊勋 （2012）普通话水平客观测试中的韵母测试研究。《湘潭大学自然科学学报》，34（1）。

[4] 王孟杰（2009）面向发音评测的普通话韵母区别特征研究。北京：中国传媒大学，博士学位论文。

[5] 徐益华 （2015）自然音节状态下声母区别特征检测。北京：中国传媒大学,硕士学位论文。

[6] 徐慧（2009）普通话鼻韵母区别特征参数分析。北京：中国传媒大学，硕士学位论文。

[7] 张家騄 （2005）汉语普通话区别特征体系。《声学学报》，30(6): 506-514。

[8] 张家騄 （2006）汉语普通话区别特征体系树状图。《声学学报》，31(3): 193-198。

[9] 章斯宇 （2011）基于言语知觉特性的普通话区别特征系统研究。北京：中国传媒大学，博士学位论文。

李　戈　中国传媒大学传播声学研究所，硕士，主要方向为普通话评测和语音区别特征。
E-mail: zixueabc2007@126.com

刘亚丽　中国传媒大学传播声学研究所，博士，主要研究领域为基于听觉的语音分析和研究。
E-mail: yl_liu@cuc.edu.cn

孟子厚　中国传媒大学传播声学研究所，研究员，研究领域为语言声学、音乐声学室内声学仿真及信息处理等。
E-mail: mzh@cuc.edu.cn

儿韵的构音方式和实际音值

杨 青 曹 文

摘要 本文结合产出实验和听辨实验，考察了不同声调儿韵的实际音值和构音方式。产出实验部分，我们分析了儿韵的共振峰目标值、变化幅度和变化轨迹，并与儿化韵 ər 和 ar 进行对比。听辨实验部分，我们改变了起始音段和主要音段的时长，借助听感判断，考察了儿韵起始音段和主要音段的音值。主要得出以下结论：（1）儿韵的构音方式可以分为三种：发音同时卷舌，发音后卷舌和发音前卷舌，前两者更普遍；儿韵的构音方式因人而异，不受声调的影响；（2）儿韵共振峰所反映的舌位动程变化较大；阳平和上声儿韵的动程大于去声；（3）阳平儿韵、上声儿韵发音的开口度小于 ar，大于 ər，前程音段的音值可以描述为中元音/ə/；（4）去声儿韵"二"与儿化韵 ar 在产出和听感上都无差异，其前程音段开口度较大，音值可以描述为低元音/a/。

关键词 儿韵，卷舌元音，共振峰，构音方式

The Articulation and Timbre of Mandarin "er" syllables

YANG Qing CAO Wen

Abstract By combining production experiment and perception experiment, this research looked into the articulation and timbre of mandarin er syllables *"儿 er2", "耳 er3", "二 er4"*. In the production experiment, we extracted the F1,F2,F3 data of *"儿 er2", "耳 er3", "二 er4"*, compared with "er-hua" er /ɚ/ and ar /aɚ/. In the perception experiment, we changed the duration of the beginning and the ending of *er2, er3, er4*, and instructed subjects to choose between ər and ar. The results shows that: (1) The articulation of er syllables can be divided into 3 types: the retroflex begins before the pronunciation, the retroflex begins after the pronunciation, the retroflex and the pronunciation begin simultaneously. Despite the influence of different tones, the articulation of er syllables vary between speakers. (2) The tongue movements during the pronunciation proves that er syllables *"儿 er2", "耳 er3", "二 er4"* are diphthongs. *"儿 er2"* and *"耳 er3"* have longer tongue movements than *"二 er4"*. (3) There is no significant difference between *"儿 er2", "耳 er3"*. The beginning and the ending are both perceived as er /ɚ/, but the vowel is lower than er /ɚ/. (4) As for the fourth tone syllable er4, it has significant differences with the second tone syllable er2 and the third tone syllable er3, no significant differences between ar /aɚ/. The onset of the fourth tone syllable er are perceived as /aɚ/, but the main vowel is still perceived as /ɚ/.

Key words Mandarin "er" syllables, Retroflex vowels, Formant, Articulation

1. 引言

汉语普通话的卷舌元音主要有两种表现形式：儿韵和儿化韵。儿韵是指汉语普通话中以"儿系列字"为代表的卷舌元音音节，如"儿、二、而、耳、迩"等。目前，针对普通话卷舌元音的语音学研究成果主要集中在儿化韵领域，包括儿化韵的发音生理[13]、韵类归并[6][12]、声学表现和构音方

式[4][5][9]等，儿韵的研究则尚存争议和不足。

关于儿韵的构音方式，即儿韵的卷舌发音方法，也有两种说法：（1）儿韵为拼合型构音方式，即先发平舌元音再带卷舌元音[9]；（2）儿韵既存在拼合型构音方式，也存在发音的同时卷舌的化合型构音方式[4][10]。

关于儿韵的实际音值主要有以下三种说法：（1）儿韵是带有卷舌音色彩的央元音 e [ə]，教科书多以此说法为准[10]；（2）儿韵是复合元音，开口度由大变小，起始元音接近/a/，主要元音接近/ə/[2][14]；（3）儿韵是复合元音，阳平、上声儿韵主要元音为/ə/，去声儿韵主要元音为/a/[3][5]。

以上对儿韵的考察，多以研究者个人的听感判断为准。本研究采用产出实验和感知实验的方法，考察了儿韵"儿"、"耳"、"二"的实际音值和构音方式，并对不同声调的儿韵进行了对比分析。希望通过考察不同声调儿韵的实际音值、发音方法及其对应的声学模式，能为对外汉语语音教学，提高卷舌元音的语音识别度、合成自然度提供一定的参考依据。

2. 产出实验

2.1 实验方法

2.1.1 发音人

本研究所用语料来自北京语言大学"中国发音人单音节语音语料库"。10 名发音人（编号 S1 至 S10），均为普通话水平一级乙等的女性，年龄在 20-30 岁。

2.1.2 实验材料

本实验考察的儿韵为阳平"儿"、上声"耳"、去声"二"。目前，学界对于儿化韵音值认识基本达成一致，单韵母 i 的儿化韵为/ər/，单韵母 a 的儿化韵为/ar/。[11][13]因此，我们选择了"枝儿"zhir 和"渣儿"zhar 的儿化韵（下文写为 ər、ar）作为两个对比项，二者声母都为塞擦音 zh，声调都为阴平。

2.1.3 实验材料

本实验使用 praat 语音分析软件对儿韵"儿"、"耳"、"二"和对比项 ər、ar 稳定段的 F1、F2、F3 依次取时长规整后起点至末点的 10 个点进行测量和平均。测量、平均后，（1）观察"儿"、"耳"、"二"的 F3 在语图中的变化速率和变化趋势，考察卷舌的发音方式；（2）计算 F1、F2、F3 前半段（取值点 1 至 5）、后半段（取值点 5 至 10）及整体（取值点 1 至 10）的共振峰变化幅度，考察"儿"、"耳"、"二"的共振峰动程。计算公式为：

Δ起中=（起点值-中点值）/起点值

Δ中末=（中点值-末点值）/中点值

Δ起末=（起点值-末点值）/起点值

（3）比较"儿"、"耳"、"二"与 ər、ar 的 F1、F2、F3 目标值。

2.2 实验结果

2.2.1 儿化韵的构音方式

卷舌音不同的发音方式主要体现在 F3 频率轨迹的差异上。通过观察 10 名发音人"儿"、"耳"、"二"的语图，我们发现普通话的儿韵主要存在三种发音方式：（1）发音同时卷舌，即卷舌动作和声带振动同时进行。表现在语图上，F3 从发音起始就呈现出明显的下降段。如图 1。（2）发音后再卷舌，即在卷舌动作发生前先发起始元音。表现在语图上，F3 在发音起始有一段略升、不升不降或微降的准备段，之后才有明显的下降段。如图 2。（3）发音前先卷舌，即声带振动前已经完成卷舌的动作。表现在语图上，F3 没有明显的下降段，下降幅度很小。如图 3。

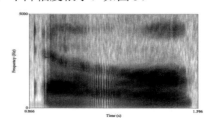

图 1：S1"耳"的语图。

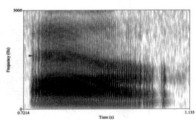

图2：S3"二"的语图。

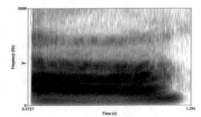

图3：S2"耳"的语图。

表1：10名发音人儿韵的发音方式。

	儿	耳	二
S1	A	A	A
S2	C	C	C
S3	B	A	B
S4	B	B	B
S5	A	B	A
S6	A	A	A
S7	B	B	B
S8	B	B	B
S9	A	A	B
S10	A	A	A

我们用 A、B、C 指代上述第一、二、三种发音方式。表 1 统计了 10 名发音人"儿"、"耳"、"二"的发音方式。通过表 1 可以看出，儿韵的发音方式通常不受声调的影响，因人而异。10 名发音人中只有 S2 采用了发音前先卷舌的发音方法，说明儿韵的发音以发音同时卷舌和发音后卷舌为主。

2.2.2 儿韵的共振峰动程

从表 2 可以看出：（1）"儿"、"耳"、"二"共振峰反映的动程变化方向一致。F1 由高降低，变化幅度较大；F2 由低升高，变化幅度不大；F3 明显由高降低，卷舌程度较高。（2）"儿"、"耳"、"二"的共振峰变化幅度和轨迹存在差异。"儿"和"耳"的 F1 变化幅度为 48%、42%，"二"的变化幅度为 24%，明显小于二者；"儿"的 F2 变化幅度较大，

"耳"和"二"很小，且呈现了"降一升"的变化轨迹；"儿"、"耳"、"二"的卷舌程度差别不大，不过"儿"、"耳"的 F3 前半段变化幅度明显大于后半段，"二"则前后两段相差不大。本实验考察的儿韵为阳平"儿"、上声"耳"、去声"二"。目前，学界对于儿化韵音值认识基本达成一致，单韵母 ï 的儿化韵为/ər/，单韵母 a 的儿化韵为/ar/[9][11]。因此，我们选择了"枝儿"zhir 和"渣儿"zhar 的儿化韵（下文写为 ər、ar）作为两个对比项，二者声母都为塞擦音 zh，声调都为阴平。

表2：儿韵的起、中、末点共振峰变化幅度。

	共振峰	Δ起中	Δ中末	Δ起末
儿	F1	8%	44%	48%
	F2	-4%	-10%	-14%
	F3	24%	7%	30%
耳	F1	9%	36%	42%
	F2	4%	-5%	-1%
	F3	23%	13%	33%
二	F1	-1%	25%	24%
	F2	3%	-7%	-3%
	F3	15%	19%	32%

2.2.3 "儿"、"耳"的音值

对"儿"和"耳"的 F1、F2、F3 十个测量点进行配对样本 T 检验，统计检验的结果显示 p=0.621，"儿"与"耳"的共振峰无显著差异，因此一起与 ər、ar 进行对比分析。

对"儿"、"耳"和 ər、ar 的 F1、F2、F3 十个测量点进行配对样本 T 检验，统计检验的结果显示，"儿"、"耳"与 ər、ar 的共振峰分别都存在显著差异。

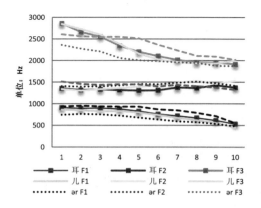

图4："儿"、"耳"与 ər、ar 的共振峰对比。

通过图 4 观察共振峰目标值，可以更直观地看出："儿"、"耳"的 F1 都介于 ər 与 ar 之间，低于 ar，高于 ər，这说明发音时的开口度小于 ar，大于 ər；"儿"、"耳"的 F2 在起始处略低于 ər 和 ar，在末尾处略升，差异不大；"儿"、"耳"的 F3 后半段与 ər 重合，但前半段差异明显，这说明"儿"、"耳"与 ər 的卷舌程度接近，发音方法可能存在着不同。

2.2.4 "二"的音值

对"二"和"儿"、"耳"的 F1、F2、F3 十个测量点进行配对样本 T 检验，统计检验的结果显示二者都是 p=0.000，即"二"与"儿"、"耳"的共振峰都存在显著的差异，因此单独进行分析。

对"二"和 ər 的共振峰进行配对样本 T 检验，p=0.000，二者存在显著差异。对"二"和 ar 的共振峰进行配对样本 T 检验，p=0.922，二者无显著差异。

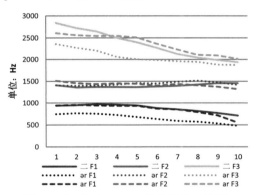

图 5："二"与 ər、ar 的共振峰对比图。

观察图 5 也可以看出，"二"的 F1 与 ar 接近重合，明显高于 ər，"二"的 F3 的中后段与 ar 接近重合，与 ər 差别明显。这说明 er4 与 ar 的音值无显著差异。

3. 感知实验

从上述产出实验的结果中，我们知道"儿"、"耳"、"二"存在明显的共振峰动程。下面我们通过感知实验，考察"儿"、"耳"、"二"的前程音段与后程音段在听感上是否存在差异。

3.1 声音文件

3.1.1 实验材料

本实验使用 praat 软件对 10 名发音人的"儿"、"耳"、"二"分别进行两种合成：（1）将前程音段（音节时长的前 40%）增长至原音节时长的 90%，后程音段（音节时长的 60%）缩短至原音节时长的 10%，得到刺激项 er-A；（2）将前程音段缩短至原音节时长的 10%，后程音段增长至原音节时长的 90%，得到刺激项 er-B。另外，使用 praat 软件将 10 名发音人的 "枝儿" zhir 和"渣儿" zhar 的声母和过渡段切除，作为听辨对比项。实验共有 80（10×3×2+10×2）个刺激项。

3.1.2 被试和实验步骤

本实验的被试为 5 名接受过语音学训练的北京语言大学研究生。实验将 80 个刺激项随机排列，每个刺激项间隔 3 秒，请被试选择所听到的刺激项是 ər 还是 ar。

3.2 实验结果

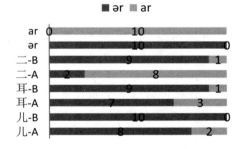

图 6：10 名发音人 er-A、er-B 被判断为 ər 和 ar 的人数。

从图 6 可以看出：（1）"儿"-A，10 名发音人中有 2 名被听成了 ar，"儿"-B 全部被听成 ər。这表明从听感上，"儿"的前程音段和后程音段都更接近 ər，但也存在小部分人的"儿"前程音段在听感上更接近 ar；（2）"耳"与"儿"情况相似；（3）"二"-A，10 名发音人中有 8 名被听成了 ar，"二"-B 有 1 名被听成了 ar。这说明从听感上，er4 的前程音段与 ar 一致。

4. 结论与讨论

根据产出实验的结果得知："儿"、"耳"的共振峰目标值无显著差别，其 F1 都低于 ər，高于 ar；"二"的共振峰目标值与"儿"、"耳"差异显著，与 ar 无显著差异；根据听辨实验的结果得知："儿"、"耳"的前程音段多被感知为 ər，个别情况下被感知为 ar，"二"的前程音段则多被感知为 ar。我们认为，上述产出实验与听辨实验的结果能够相互佐证。"儿"、"耳"发音时开口度小于 ar，略大于 ər，在听感上与 ər 保持一致，说明阳平、上声儿韵的音值可以归并为音位 /ə/，前程音段发音的开口度接近中元音 /ə/。"二"被感知为 ar，其前程音段的开口度较大，接近低元音 /a/。

综合以上结果与讨论，我们得出以下结论：

（1）儿韵的构音方式可以分为三种：发音同时卷舌，发音后卷舌和发音前卷舌，前两者更普遍。儿韵的构音方式因人而异，不受声调的影响。

（2）阳平儿韵"儿"、上声儿韵"耳"的共振峰动程较大，去声"二"相对较小。

（3）阳平儿韵"儿"、上声儿韵"耳"发音时开口度小于 ar，大于 ər，前程音段的音值接近中元音 /ə/。去声儿韵"二"与儿化韵 ar 在产出和听感上都无差异，前程音段的开口度较大，接近低元音 /a/。

本文的研究成果是基于 10 名女发音人的样本得到的，结果的可靠性还需要在性别平衡的大样本中进行验证。

5. 致谢

本文研究得到了教育部人文社科基地重大项目（编号：11JJD740003）的资助。

感谢匿名审稿专家的审稿意见，对本文有重要指导意义。

6. 参考文献

[1] Delattre, P., Donald, C. F. 1968. A dialect study of American R's by X-Ray motion picture. *Linguistics*. 44, 29-68.

[2] 董少文（1955）《语音常识》。北京：文化教育出版社，31-32 页。

[3] 冯蒸（1990）现代"新派"北京话有 /ər/ 和 /ar/ 两个卷舌元音音位说，《汉字文化》第 3 期，41-44 页。

[4] 劲松（2005）"儿化"语音研究中的几个理论问题。载《语言研究的务实与创新——庆祝胡明扬教授八十华诞学术论文集》（中国人民大学中文系编）。北京：外语教学与研究出版社，157-179 页。

[5] 李思敬（1986）《汉语"儿"[ɚ] 音史研究》。北京：商务印书馆。

[6] 李思敬（1990）汉语普通话儿化音两种构音方式的语音实验。载《王力先生纪念论文集》（《王先生纪念论文集》编委会编）。北京：商务印书馆，130-145 页。

[7] 李延瑞（1996）论普通话儿化韵及儿化音位，《语文研究》第 2 期，21-26 页。

[8] 刘思维、王韫佳、于晓梦、覃夕航、卿伟（2015）普通话阴声韵中 /o/ 和 /e/ 音值的实验研究。载《中国语言学第八辑》（郭锡良、鲁国尧编）。北京：北京大学出版社，133-150 页。刘振平（2008）儿韵和儿化韵的实验分析。《汉语学习》第 12 期，73-78 页。

[9] 林焘、王理嘉（1992）《语音学教程》。北京：北京大学出版社。

[10] 石锋（2003）北京话儿化韵的声学表现，《南开语言学刊》第 00 期，11-19 页。

[11] 孙国华（1994）普通话卷舌元音的声学模式及感知，《应用声学》第 4 期，25-29 页。

[12] 王理嘉、何宁基（1985）北京话儿化韵的听辨实验和声学分析。载《北京语音实验录》（王理嘉、何宁基等著）。北京：北京大学出版社，27-72 页。

[13] 周殿福、吴宗济（1963）《普通话发音图谱》。北京：商务印书馆。

杨青 北京语言大学研究生，研究兴趣是实验语音学和第二语言习得。
E-mail: qingyeung@yeah.net

曹文 北京语言大学教授，现主要研究领域为应用语音学。
E-mail: tsao@blcu.edu.cn

构音障碍话者与正常话者发音的比较分析

原 梦　王洪翠　王龙标　党建武

摘要 言语障碍话者是指由于脑神经中枢、周围神经或末梢器官受损造成无法正确发音的特殊人群，在临床表现中脑瘫是其中之一。TORGO 数据库采集了正常话者和脑瘫引起的构音障碍话者的发音数据。本文对 TORGO 数据库进行了详细的标注、整理，对构音障碍话者和正常话者语音数据及电磁式发音动作数据进行了整合。从声学分析和发音运动分析两方面对比了构音障碍话者和正常话者的发音特点。在声学分析方面，利用 Mel 频率倒谱系数对音频数据进行特征提取，在此基础上，从连续语音中提取特定音素，利用隐马尔可夫模型从声学模型参数对说话人发特定音素进行分析。在发音运动方面，从连续语音中提取特定音素，对说话人发特定音素的发音空间位置变化情况开展研究。实验表明使用隐马尔可夫模型的方法可以有效区分正常话者和构音障碍话者；两者在发音运动方面也有显著差异，从侧面印证了人的发音机理。

关键词 言语障碍，发音空间运动，语音分析

Comparative Analysis of Articulation between Disorder and Normal Speakers

YUAN Meng　WANG Hongcui　WANG Longbiao　DANG Jianwu

Abstract Speech disorder speakers refer to people whose pronunciation is incorrect due to the brain central or peripheral nervous damage disease, in which cerebral palsy is one cause for speech disorder. The damage influences the control of the speech organs without impacting the comprehension ability. We refined the TORGO database by relabeling data, and conducted acoustic and articulatory analyses. On the acoustic analysis, we use the Mel Frequency Cepstrum Coefficient to extract feature parameters from the audio data. On this basis, we further extract specific phonemes from continuous speech and adopt the Hidden Markov Model method to analyze the parameters of acoustic model. The experiment results indicate that Hidden Markov Model method can effectively investigate the pronunciation mechanism of disorder speakers and normal speakers. On the analysis of moving trajectory, we analyze speaker's articular movements for several specific phonemes out of continuous speech. The results showed that the disorder speakers' tongue swings back and forth when they pronounce since they cannot control the tongue stably.

Key words Dysarthria, Articulatory movement, Speech analysis

1. 引言

言语障碍是由于先天性和外伤性神经运动障碍使人无法正常发音。这些损伤会影响说话人对发音器官的正常控制，但对于其他人话语可以正常理解，也可以产生有意义的且语法正确的语言。脑瘫作为言语障碍的一种，在北美儿童中约占 0.5%，其中 88%在成年后依旧具有言语障碍[1]。在我国，脑瘫的发病率为 0.186%-0.4%，并且发生率仍

有上升趋势[2]，目前，医学角度对言语障碍的评估主要是 Frenchay 构音障碍评定法[3]和中国康复研究中心制定的构音障碍评定法，这些方法依赖于医生的主观判断，缺少量化度量[4]。在对障碍话者的语音研究中多以声学特征为主要分析对象，缺乏对于发音器官运动情况的分析[5]。因此，对于言语障碍的康复缺少客观、可视化的指导。

2. 数据处理

本文中我们采用的是 TORGO 数据库。该数据库采集利用完全自动化校准的 3DAG500 电磁式发音运动记录系统（EMA）采集运动空间数据和同步的声学数据。音频的采样率为 16 000Hz，位置信息的采样率为 200Hz。TORGO 数据库中包含了大约 23 个小时的英语语音数据，这些数据是从 8 个患有脑瘫或者肌萎缩侧索硬化症的言语障碍话者和 7 个正常话者获取的[6]。语料由非词短（要求说话者重复/ iy-p-ah /，/ ah-p-iy /，/ p-ah-t-ah-k-ah /）、短语和限制句、非限制句组成。

2.1 数据标注

本文中的语音研究基于音素级，利用 praat 软件对音频信号进行手工标注。我们分别标注了两个构音障碍话者（两名女性）和两个正常话者（一名女性、一名男性）的数据。标注的音素标号是基于语音识别中常用的 Arpabet 标号，共有 39 个。标注好后对文件进行转码，提取标注信息，包括音素名、起止时间。

表 1: 标注数据的详细信息。

标号	DF01	DF02	NF01	NM02
类型	构音障碍		正常	
性别	女性	女性	女性	男性
语句数	146	236	383	615
音素数	1 425	2 296	3 925	5 263

2.2 特征提取

Mel 频率倒谱系数(MFCC)是基于人耳听觉频域特性，将线性幅度谱映射到基于听觉感知的 Mel 非线性幅度谱中，再转换到倒谱上。有以下步骤：

步骤 1——预加重：将一组语音信号 s(n)通过高通滤波器。

高通滤波器关系可以表示为：

$$H(z) = 1 - az^{-1}([a \in [0.9,1]) \tag{1}$$

经过预加重后的信号 $s'(n)$ 表示为：

$$s'(n) = s(n) - as(n-1) \tag{2}$$

本文中 a 值取 0.95。

步骤 2——加窗：本文中取 20ms 为一帧，由于帧边界处频谱能量的可能存在泄漏情况，对每一帧都进行加窗处理，本文中我们选用汉宁窗。

步骤 3——快速傅里叶变换（FFT）：对每一帧进行 FFT 变换，从时域数据转变为频域数据，并计算其谱线能量。

步骤 4——Mel 滤波：把求出的每帧谱线能量通过 Mel 滤波器，并计算在 Mel 滤波器中的能量。

步骤 5——计算 DCT 倒谱：把 Mel 滤波器的能量取对数后计算 DCT，就可以得到 Mel 频率倒谱系数 MFCC。

本文中提取 MFCC 为 14 阶，未提取其一阶差分系数和二阶差分系数。特征值维度为 14 阶。

3. 声学分析

我们选择单元音 ɔ、ɑ、i、u、ɛ、ɪ、ʊ、ʌ/ə、æ 和双元音 eɪ、aɪ、oʊ、aʊ、ɔɪ 作为实验研究的音素。训练高斯混合隐马尔可夫模型（GMM-HMM）来区别正常话者和构音障碍话者，分别对将对应音素的 MFCC 特征值作为模型的观察序列，采用 10 倍交叉验证的方式，对于每个音素都训练出正常话者的 GMM-HMM 模型和构音障碍话者的 GMM-HMM 模型。在本文中，我们的高斯混合模型中使用 8 个模型，训练迭代次数为 10 次。隐马尔科夫模型是无跨越的从左向右模型，它的状态数为 3 个，训练的迭代次数为 10 次。

准确率、敏感性和特异性作为评测分类

表 2: 单元音识别结果。

标号	AO	AA	IY	UW	EH	IH	UH	AH	AE
IPA	ɔ	ɑ	i	u	ɛ	ɪ	ʊ	ʌ/ə	æ
准确率	84.10%	92.53%	95.25%	88.26%	88.73%	93.23%	66.67%	91.82%	90.53%
特异性	100%	100%	99.24%	98.65%	100%	96.97%	85.19%	95.73%	99.47%
敏感性	41.54%	69.88%	98.17%	64.62%	61.67%	85.25%	25%	82.61%	68.83%

结果的指标。构音障碍话者代表正样本，正常话者代表负样本。准确率是真正数与真负数的和除以所有测试样品的数量。敏感性指标可以反映出构音障碍话者被诊断为正常话者的概率。特异性指标反映了正常话者被诊断为构音障碍话者的概率。

$$准确率 = \frac{真正数 + 真负数}{样本总数} \quad (3)$$

$$特异性 = \frac{真负数}{真负数 + 假正数} \quad (4)$$

$$敏感性 = \frac{真正数}{真正数 + 假负数} \quad (5)$$

表 3: 双元音识别结果。

标号	AY	OW	AW
IPA	aɪ	oʊ	aʊ
准确率	92.54%	87.66%	72.22%
特异性	99.46%	99.40%	100%
敏感性	76.83%	59.42%	0%
标号	OY	EY	
IPA	ɔɪ	eɪ	
准确率	76.19%	90.94%	
特异性	100%	100%	
敏感性	0%	64.06%	

表 2 给出了单元音音素识别结果，表 3 给出了双元音音素识别结果。这两个表中，由于"UH"、"AW"、"OY"这三个音素障碍话者的训练样本数低于 10 个，数量太少，模型训练不充分，造成敏感性结果较差。

4. 发音运动分析

在这个数据库中，为采集空间数据，传感器线圈的三个点被贴到舌表面，即舌尖（TT - 舌尖后 1 厘米处）、舌中（TM - 舌尖传感器后 2 厘米）和舌后（TB - 舌中传感器后 3 厘米），所有传感器测量声带运动通常都在矢状切面上，本文中我们选用 TT、TM、TB 这三点关键点矢状切面上的位置信息来进行分析。

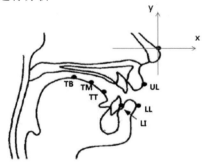

图 1: 关键点传感器位置分布。

空间分析是从正常话者和构音障碍话者的发音中提取特定音素，研究出其在发音过程中舌头位置的变化情况，为了能够清楚地看到发音过程中舌头的变化过程，我们首先用舌头上三点传感器的采样值进行研究，发音时候的空间分布由空间舌头的关键点和时间信息的动态特性表示。

从表 2 中，我们发现标号为"AO"与"EH"单元音音素的声学分析对于区别正常话者和构音障碍话者的效果不显著，我们要探究在发音运动方面是否能区别正常话者

和构音障碍话者。单元音音素"AO"、"EH"，对应的国际音标表示为"ɔ"、"ɛ"。

观察发音位置时，一个元音通常能够用声道中的收缩位置表示，我们通过传感器的值观察正常话者和构音障碍话者在发这些音时候的舌面高度情况。为了使结果具有可比较性，我们分析女性构音障碍话者 DF02，并以女性正常话者 NF01 发音进行对比。同时，我们为了消除连续语音中选定研究的音素受到前一音素的影响，我们选择出前一音素是静音时刻，也就是说选出以此元音音素开始的语料进行分析，同时，也保证正常话者和构音障碍话者后一音素相同，在分析"AO"时，后一音素为"L"，对应的国际音标表示为"l"；在分析"EH"时，后一音素为"V"，对应的国际音标表示为"v"。

图中的横轴代表的是口腔从前到后的水平方向，纵轴代表的是舌位的高度。黑色粗线是舌头上三个观测点的位置变化，由左至右分别为舌根、舌中、舌尖，同时以鼻尖传感器的值基准点，所有舌头传感器的值需要减去鼻尖传感器的值，差值之后的第一个点为原点，其他差值点与原点的相对位置进行画图，黑色细线为每一帧的三个观测点的连线情况，代表此时舌头的轮廓。

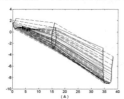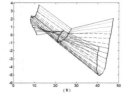

图2： 正常话者发"AO"舌面变化图。

再来看构音障碍话者 DF02 发"AO"音的情况。

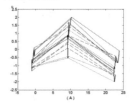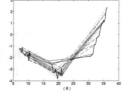

图3： 构音障碍话者发"AO"舌面变化图。

构音障碍话者和正常话者发"AO"相比，对于舌头控制得不好，对于 DF02 来说，这名患者的舌头运动从图3（A）和图3（B）中间黑色粗线条可以明显看出运动波动非常大，前一时刻的位置和下一时刻的位置相差非常远，图3（A）出现很明显的来回抖动现象。正常话者的抖动情况氛围十分小，如图2（A）和（B）黑色粗线条的变化基本呈现平稳状态。同时，在图2中正常话者在发此音素时，由横轴可看出舌头的运动范围广泛灵活，舌头的位置趋势为由舌根到舌尖降低，但是在图3中构音障碍话者的发音则呈现出较为混乱的状态，图3（A）舌头呈现出倒U状，图3（B）舌头呈现出U状。

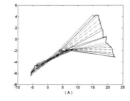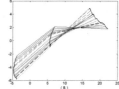

图4： 正常话者发"EH"舌面变化图。

再来看构音障碍话者 DF02 发"EH"音的情况。

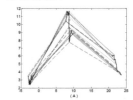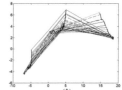

图5： 构音障碍话者发"EH"舌面变化图。

从这个音素的分析中我们可以得出与上一图相同的结论。即，从图5（A）和图5（B）中间黑色线条可以看出构音障碍话者在舌头前一位置和下一位置的即黑色粗线条波动非常大，出现明显的来回抖动现象，但是图4（A）和图4（B）中正常话者的黑色粗线条抖动情况范围十分小，变化基本呈现平稳状态。同时我们可以看到，图4中正常话者在发此音素时舌头的位置趋势为由舌根到舌尖增高，但图5中构音障碍话者在发此音素时，舌头呈现的状态是倒U状。

与此同时，对比图2与图4，我们可以发现，对于正常话者来说，在发不同音素时，舌头的形状和轮廓是不同的。但对于构音障

碍话者来说，图 3 与图 5 在发不同音素时，舌头的位置和轮廓无规律。

5. 结语

本文通过对 TROGO 数据库的标注整理，对构音障碍话者的数据和正常话者的声学数据和 EMA 数据进行了整合，可以作为今后同类研究的基础。在此基础上，从声学分析和空间运动分析两方面对比构音障碍话者和正常话者的数据。

在声学分析上，我们在数据预处理阶运用了 Mel 频率倒谱系数对音频数据提取特征，将这些特征作为观察数据训练出正常话者和构音障碍话者的元音的 HMM 模型，并对模型进行测试。

在发音运动分析上，其结果显示构音障碍话者和正常话者在发特定音素时，正常话者的舌头在发音时会有轻微抖动现象，但是构音障碍话者的舌头发音时有剧烈的上下抖动现象，且变化范围很大；正常话者的舌头发相同音素时，舌头的位置状态基本相同，但是构音障碍话者的舌头位置状态不稳定，呈现多种类型。

正常话者在发不同音素时，发音运动形状和轮廓区别很大，构音障碍话者在发不同音素时，发音运动形状和轮廓很难区别。

由于标注数据较少，HMM 模型在某些音素上效果不好；现阶段只是将声学分析和空间分析隔离开进行，接下来，我们希望能建立合适的模型将声学数据和空间分析结合起来；此外，我们目前的分析是元音中的部分音素，对于元音中的其他音素和辅音都还要做进一步的分析。

6. 致谢

本研究得到国家重点基础研究发展计划（973 计划）项目（编号：2013CB329301）和国家自然科学重点基金项目（编号：61233009 和编号 61303109）的经费支持。

7. 参考文献

[1] Hasegawa-Johnson, M., Gunderson, J., Huang, T. 2006. *Audiovisual Phonologic-Feature-Based Recognition of Dysarthric Speech*. Johnson.

[2] 林庆、李松（2004）《小儿脑性瘫痪》第 2 版。北京：北京医科大学出版社。

[3] Pamla, M., Endreby. 1983. Frenchay Dysarthria Assessment. California: College-Hill Press, 34~ 53

[4] Selouani, S. A., Dahmani H., Amami R., et al. 2012, Using speech rhythm knowledge to improve dysarthric speech recognition. *International Journal of Speech Technology*, 15(1): 57-64.

[5] Rudzicz, F. 2011. Articulatory knowledge in the recognition of dysarthricspeech. *IEEE Tran- sactions on, Audio, Speech, and Language Processing*, 19(4): 947-960.

[6] Kent, R.D., Rosen, K. 2004. Motor control perspectives on motor speech disorders. In: Maassen B., Kent R.D., Peters H., van Lieshout P., Hulstijn W. (eds.) *Speech Motor Control in Normal and Disordered Speech*, Oxford University Press, Oxford, chap.12, 285-311.

原 梦 天津大学天津市认知计算与应用重点实验室，在读硕士，主要研究领域为病理语音处理。
E-mail: yuanmeng@tju.edu.cn

王洪翠 天津大学天津市认知计算与应用重点实验室讲师，博士，主要研究领域为语音信息处理。
E-mail: hcwang@tju.edu.cn

王龙标 天津大学天津市认知计算与应用重点实验室教授，博士，主要研究领域为语音识别，声学信号处理。
E-mail: longbiao_wang@tju.edu.cn

党建武 天津大学天津市认知计算与应用重点实验室教授，博士，主要研究领域为人的语音生成和感知机理、语音认识的研究、语音个人特性的识别与合成、言语康复的研究。
E-mail:dangjianwu@tju.edu.cn

Daniel-IPA 元音系统唇形参数数学模型的探讨及其在汉语韵母系统定量与动态分析中的应用

黄小干　冯巧丽　陈琳慧　马　艳　叶梓瑜　黄加加

摘要 根据国际语音学会IPA制定的标准，国际音标元音的区别特征由两个参数确定：一是舌位；二是唇形。IPA 语音系统是一个定性而非定量的系统，基于 IPA 系统的语音研究至今仍局限于定性与静态的层面。语音学家 Abercrombie 指出：言语的自然发音过程本质上是连续的动态过程。我们知道高等数学微积分是定量研究自然界连续现象的有力工具。通过对言语自然发音的生理过程进行数学建模，探讨语音定量与动态研究的方法是本文的目的。通过对自然发音过程舌头的位移进行数学建模，我们已实现了对 Daniel-IPA 元音自然发音过程舌位参数定量与动态的研究。本文将通过类似的途径探讨元音自然发音过程唇形参数的数学模型，为实现元音发音过程唇形变化的定量与动态研究提供一种可行的方法。我们将首先回顾基音素/o/的概念定义及其主要性质，建立唇形参数数学坐标系 CSLP；然后根据元音自然发音过程唇形变化的三程序在该坐标系中建立唇形参数数学模型，从而实现对 Daniel-IPA 系统元音自然发音过程唇形变化定量与动态的研究。作为实际应用范例，我们将试为汉语韵母系统构建唇形参数数学模型，并展示其在汉语韵母自然发音过程中对唇形变化进行定量与动态分析的应用。

关键词 IPA 元音系统，唇形参数，基音素[o]，音素坐标系 CSLP，数学建模

Mathematical Modeling for Labial Parameter of Daniel-IPA Vowel System and Practical Uses in Quantitative & Dynamic Research on Chinese Phonetic Transcription

HUANG Xiaogan　FENG Qiaoli　CHEN Linhui
MA Yan　YE Ziyu　HUANG Jiajia

Abstract According to the criterion of the IPA, the distinctive features of the IPA vowels are decided by two parameters: one is the tongue position and the other is the labial shape. The IPA vowel system is a qualitative other than quantitative system, so all articulatory researches based on the IPA system could be only limited in qualitative and static level. Phonetician Abercrombie once pointed out that articulatory process of human utterance is naturally continue and dynamic. It is known that advanced calculus of mathematics is an effective and powerful tool in insight into natural continue phenomenon. This paper aims at exploring qualitative and dynamic researching approaches in speech production through mathematical modeling for the physiological process of natural utterance. We have achieved the approach of quantitative and dynamic researches in tongue parameters through mathematical modeling for the tongue displacement in natural articulation. Taking the similar method and procedure, in this paper, we are exploring a mathematical model for the labial parameter of vowels in natural utterance to realize a practicable approach on researching continue changes of labial shapes. Firstly, we review the concept and the dominant properties of the /o/ phoneme, then create an coordinate system of labial parameters - CSLP, and then establish a mathematical model for the labial parameter based on the 3-Procedures of vowel utterance in natural manner to achieve a qualitative

and dynamic researching approach for the vowels of the IPA system. As an actual application of this achievement, we set up a mathematical model of labial parameters for Chinese vowel system, and illustrate quantitative and dynamic analyses on the labial changes during the articulations in natural manner.

Key words IPA vowel system, Labial parameter, o-phoneme, The CSLP, Mathematical modeling

1. 引言

任何一种语言都存在一套体现该语言语音特征的元音系统。根据国际语音协会 IPA 制定的标准，元音音素的区别特征（distinctive feature）由调音器官舌头与嘴唇在口腔内的几何参数即舌位与唇形确定[10]。我们知道，IPA 语音系统是一个定性而非定量的系统，基于 IPA 系统的语音研究只局限于定性与静态的层面[15]。语音学家 Abercrombie 指出：言语实际上不是一连串分离的动作，只不过在实际描写中只能把它如此处理而已[21][18]。众所周知，微积分（Calculus）是分析研究具有连续性质(Continuity)的自然现象有力的数学工具[8]。通过对言语自然发音过程建立数学模型，从而实现对其进行定量与动态研究是本文的目的。通过对 IPA 元音系统自然发音过程进行数学建模，我们已实现了对元音自然发音过程舌位参数定量与动态的研究[15]。本文转向探讨第二个参数"唇形"的数学建模。

2. 元音唇形区别特征参数分析

在 IPA 元音系统中，同一舌位依照唇形的圆展会有一对具有区别特征的元音，如图 1（a）的 IPA 元音图所示。例如，舌位线左侧的[i, e, ɛ, a]与右侧的[y, ø, œ, ɶ]为前元音组对应的展唇元音与圆唇元音。

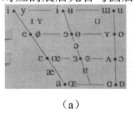 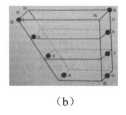

|（a）|（b）|

图 1: 与唇形相关的元音图，其中(a)为 IPA 元音图，(b)为元音三维空间图。

语音学家 Ladefoged 则把三个基础定位

元音/i, ɑ, u/的/i/定性为展唇, /ɑ/自然唇形, /u/充分圆唇，它们的圆唇度逐渐增加，如图 1(b)所示的元音三维空间图[13]。这都只是定性的描写，它无法解决许多实际问题。例如，用国际音标不能区分同一音标标注的不同语种的元音唇形圆展度的区别，而圆展度会影响第二共振峰 F_2、第三共振峰 F_3 的值从而使得舌位相同圆展度不同的元音具有不同的区别特征[9][6]。举一个典型的例子，构成日语和西班牙语的元音系统都是 5 个元音，分别为[a, i, ɯ, e, o]和[a, e, i, o, u]，所采用的标音符号所指的舌位完全一样，唇形差别只有后高元音[ɯ]（日语）为展唇，[u]（西班牙语）为圆唇，但是它们的唇形在发音过程中无论在外观还是声学属性上，都是两组音质完全不同的元音，最明显的是：发音过程中，日语元音唇形不变，而西班牙元音与俄语元音类似，发音过程中的唇形是动态变化的[17]。现代语音实验技术的发展使得唇形的三维几何测量精度达到 0.15 毫米[2]，这为发音过程唇形变化定量与动态描述奠定了物质基础。为了能深入地研究唇形区别特征的本质，下面我们尝试探讨元音自然发音过程唇形参数的数学模型，为元音发音唇形变化定量与动态研究提供一种方法。

3. 元音唇形的概念定义

元音的区别特征(distinctive feature) 取决于声道的结构（vocal track configuration），声道的结构主要取决于发音时可控的舌位与唇形。在发音器官语音学中，嘴唇是位于声道上部末端的柔软且极具弹性的复杂器官，在唇肌内部多种肌纤维的协调作用下(图 2（a）)[2][19]，从嘴唇的外观上来看(图 2（b）摄自本文作者马艳)：开口可以从小到大，形状可以从圆到扁，或反向连续地进行各种动态的改变[2]，如图 2 所示。

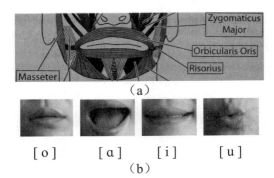

[o]　　[ɑ]　　[i]　　[u]

（b）

图2: 嘴唇肌纤维（a）与外观（b）示意图。

在元音自然发音过程中，从正面看双唇有开口的大小（取决于舌位的高低）和双唇的圆展的变化；从侧面看伴随有双唇的前后运动。前者改变声道前腔的横截面；后者改变声道前腔的长度。两者都会导致具有区别特征的音质的改变。IPA 对舌位的定义为声道的矢状面上舌面的近腭点在元音空间的位置；对唇形则只有圆、展的描述（rounding or un-rounding)[10]。这仅仅是一种粗糙定性的描述。Stevens 的语音量子理论[7]与 Ladefoged 的声学实验都证明了嘴唇开口的大小（即面积）与唇形的圆展度（即双唇纵横向开度的比值）是元音区别特征最重要的参数[9]。为了给元音自然发音过程的唇形参数建立数学模型，必须为唇形的概念下一个抽象的科学定义。就一般人看来"实际唇形"是生活中的概念，世界上没有两个人的"实际唇形"是一样的，"实际唇形"不是语音学意义下的术语。科学定义一个术语的概念是后续科研的前提。如何定义一个科学术语取决于研究者的科研领域与研究目的。就本研究而言，我们尝试探讨"Daniel-IPA 元音系统唇形参数数学模型"，目的是为唇形参数的定量研究提出一种相对简单而实用研究方法。这里"唇形"的本质是声道（vocal track）开放端的形状。只有在抽象的数学术语定义的前提下，唇形参数才可能被量化。为此，我们定义"唇形"的概念如下：在元音发音时，嘴唇口裂在冠状面上投影的形状称为唇形，如图 3 中的粗实线所示。L 为唇形的长，W 为唇形的宽。如此定义的好处在于能同时满足两方面要求：既可基本体现唇形的区别特征又为后续唇形参数坐标系的建立提供了坐标面（参阅第 5 节）。

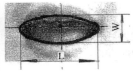

图3: 唇形与唇形参数 L，W 的定义。

4. 基音素/O/的概念及其主要性质回顾

15 年前，在研究俄语的声尾现象时，我们发现一个奇特的音素，并在看护体弱病人的工作中观察到它的真实存在[17]。 这些年来陆续发现它的一些重要的发音与声学性质，这里我们扼要地概括一下。

基音素的概念定义：令所有发音器官处于完全放松状态，在保持这种音姿不变的条件下令声带振动，此时发出的音所代表的音素称为基音素，以符号[o]表示。相应的基音素集合称为基音位/o/。图 4（中）是由作者发音的基音素[o]的声波波形图，这个简单的波形表明基音素是元音而非辅音；图 4（左）是基音素[o]声道中剖面的 MRI 影像图，根据 Maureen Stone 的描述: the figure shows a high-resolution sagittal MRI image of the vocal track at rest. 即，声道处于休息放松的状态，也是发音器官肌肉不主动激活时的状态[11]；图 4（右）是基音素[o]唇形的正面外观图（摄自作者马艳）。

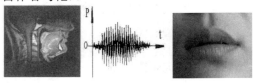

图4: 基音位/o/声道中剖面的 MRI 影像图(左); 基音位/o/的声波波形图(中); 与基音位/o/的唇形正面外观图(右)。

我们已经证明了基音素/o/在元音定义域(或称元音空间 vowel space)中的四个基本性质[16]:

（1）中心性:基音素/o/是一个中性元音。即其舌位在元音区间中,非前非后，非高非低。

（2）唯一性:对于任意一种言语的元音系统，无论其元音数量多少，必定存在一个

而且只存在一个基音位/o/。

（3）倾向性：语言元音系统中的所有元音，都有趋向基音位/o/的倾向[14]。

（4）量子性：基音素/o/是元音系统中最稳定的量子元音[11][12][14][17]。

基音素/o/具有的这四个性质：中心性、唯一性、倾向性和量子性，使其在语言音素定量与动态研究中成为理想的参照点。

5. 元音唇形参数坐标系的建立

在论文《语言音素定量与动态研究数学模型的探讨》中[14]，我们以声道的矢状剖面为坐标面，以基音素[o]的舌位为原点，以水平开口方向为 X 轴，以过原点垂直于 X 轴的矢量为 Y 轴建立了舌位参数坐标系 CSTP（Coordinate System of Tongue Parameter），如图 5（左）所示。采取类似的方法，我们以第 2 节唇形定义的冠状面为坐标面，以基音素[o]唇形口裂角连线的中点在该冠状面的投影为原点，以过原点，方向向右的矢量为 X 轴，过原点垂直于 X 轴的矢量为 Y 轴，建立一个直角坐标系，我们称其为元音唇形参数坐标系 CSLP（Coordinate System of Labial Parameter），如图 5（右）所示：

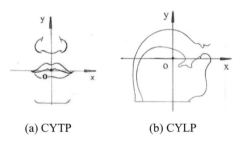

(a) CYTP   (b) CYLP

图5： 元音舌位参数坐标系 CSTP（左），
与唇形参数坐标系 CSLP（右）。

根据不同的研究目的，研究者对"人类嘴唇的形状"或"实际唇形"会下不同定义。潘晓声等语音学家在《再论圆唇的定义》一文中就收集列举了不下五种定义。与潘晓声等语音学家的看法不同，我们认为：这些定义在实现相应的科研目的中起着至关重要的作用，推动着语音科学研究的不断发展，朱晓农在这方面有精辟的论述[21]。本文对于唇形的定义"嘴唇口裂在冠状面上投影的形状"

只是在众多语音科学家如 Bryan Gick 等[2]描述的基础上增加了一个限制的条件"在冠状面上投影的形状"。但正因为这一限制的条件，我们得以把复杂的"实际唇形"抽象出一个数学意义下的几何面，并且在这个面上建立这个唇形参数坐标系 CSLP。使得对于具有区别特征的唇形参数的定量研究变得很简单（如后续第 6 节所演示的那样）。这或许是本课题得到的研究方法的一点优越之处吧。

6. Daniel-IPA 元音系统唇形参数在唇形坐标系 CSLP 中的数学建模

与构建 Daniel-IPA 元音系统舌位参数在舌位坐标系 CSTP 中的数学建模过程类似，下面我们为唇形参数在唇形坐标系 CSLP 中构建数学模型：即寻找一个合适的函数方程，并确定方程中变量的定义域。

确定 IPA 元音系统中任一元音自然发音过程中唇形变化定量与动态函数表达式：

细致的观测与分析实验表明，元音自然发音过程中，发音器官嘴唇的变化虽然复杂，但在任一瞬间，决定唇形的变量只需两个：一是开口的大小即面积；二是开口的形状即口裂嘴角间的距离 L 与双唇对称中线上开口的间距 W 确定的外观类似椭圆的圆展度。对于具有这样特性事件的数学模型有多种选择，在保证所需精度的前提下，根据数学建模模型选择的模型拟合原则[4]，我们可选标准椭圆方程来为唇形参数建立数学模型[20]。

$$x^2/a^2 + y^2/b^2 = 1 \ (a>b>0) \quad (4-1)$$

其中 a = L/2 与 b = W/2 为椭圆的半长轴和半短轴。

在元音系统舌位参数定义域 D 中[15]，设要发任意一个元音[k]，自然包括到目前为止国际语音协会 IPA 根据音位与元音的定义[3][1]公布的所有 28 个元音音位[10]。根据发音器官神经生物学理论[2]，发音过程中发音器官嘴唇的变化过程可分三个阶段，也称为三程序：首先，双唇在唇颊肌纤维合力作用下开始拉伸（唇形变扁）或收缩（唇形变圆）[19]，唇形在/o/音位启动，向/k/音位唇形以最省功的过程改变，同时声带开始振动发

音；然后双唇到达/k/音位唇形，此时声音音强达到峰值并持续音素[k]所需的时长；随后双唇肌纤维开始松弛，同时声带振动停止（若[k]为无音尾元音）或声带振动开始减弱（若[k]为有音尾元音）[15]，唇形沿原变化形态反向返回，最后回到/o/音位唇形状态。基于元音自然发音过程唇形变化的上述特征，对于任意一个具有区别特征的元音[k]的唇形，可用半长轴与半短轴分别为 a 与 b 的标准椭圆方程来描述发音过程[20]。

$$x^2/a_k^2 + y^2/b_k^2 = 1 \quad (4\text{-}2\text{-}1)$$

$$S_k = \pi\, a_k\, b_k \quad (4\text{-}2\text{-}2)$$

$$\mu_k = b_k / a_k \quad (4\text{-}2\text{-}3)$$

$$(a_k \in a_{极小} < a_k < a_{极大},\ b_k \in b_{极小} < b_k < b_{极大}) \quad (4\text{-}2\text{-}4)$$

这个函数组即为 IPA 元音系统中任一元音自然发音过程中唇形参数的一个数学模型。其中：（4-2-1）式是唇形的曲线函数；（4-2-2）式是描述唇形开口大小的面积函数；（4-2-3）式是描述唇形圆展程度的形状函数；（4-2-4）式为唇形参数的定义域，变量 a 与 b 的极值满足舌位参数在舌位音素坐标系 CYTP 中的定义域 D[14]。如图 6 所示。

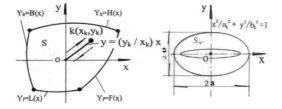

图6: D-IPA 元音系统舌位参数在舌位坐标系 CSTP 的数学模型(左)，与唇形参数在唇形坐标系 CSLP 的数学模型(右)。

7. D-IPA 元音系统唇形参数数学模型在元音自然发音过程中定量与动态研究的应用举例

例 1：前面我们提到，"唇形"通过开口的大小与圆展程度间接地影响着口腔端声道的形状与长短，从而使得元音具有区别特征。为了研究汉语韵母系统中元音唇形与相应的声学属性间的关系，假设需要了解每个韵母发音时开口的准确大小与唇形的圆展程度。

我们定义前者为唇形的面积 S；后者为唇形的圆展度 μ，于是有如下的命题。

命题：在 D-IPA 元音系统中，（1）求汉语拼音方案元音系统唇形参数的数学模型。（2）求任意一个汉语韵母/K/在自然发音过程中唇形的面积的变化量。（3）定量分析任意一个汉语韵母/K/在自然发音过程中唇形圆展度的变化量。

解 1：根据命题的描述，我们可以在 D-IPA 元音系统中建立汉语拼音韵母唇形的数学模型，步骤如下。

设选择一位标准的汉语发音者。在舌位测量实验条件下[15]，采用视点追踪技术（Optical Point Tracking）[2]测得汉语拼音方案的六个韵母/a, o, e, i, u, ü/ 的唇形参数长/短轴分量值 $2a_{[k]}/2b_{[k]}$ 分别为：$2a_{[a]}/2b_{[a]}$；$2a_{[o]}/2b_{[o]}$，$2a_{[e]}/2b_{[e]}$，$2a_{[i]}/2b_{[i]}$，$2a_{[u]}/2b_{[u]}$，$2a_{[ü]}/2b_{[ü]}$。

代入函数式（4-2）得到汉语拼音方案这六个韵母的唇形参数在唇形坐标系 CYLP 函数组：

$$x^2/a_k^2 + y^2/b_k^2 = 1 \quad (5\text{-}1)$$

$$(a_k,\ b_k) \in /k/= /a, o, e, i, u, ü/$$

$$S_{/k/} = \pi\, a_k\, b_k \quad (5\text{-}2)$$

$$\mu_{/k/} = b_k / a_k \quad (5\text{-}3)$$

方程组(5-X)即为汉语拼音方案元音系统唇形参数的一个数学模型。

解毕。

解 2：元音自然发音过程遵循上述的从基音素/O/到目标音素/K/往返的三程序。根据命题的描述，即要求汉语韵母/K/自然发音过程中唇形面积 S 的改变量。为此，只需把唇形参数的长/短轴分量 (a_o, b_o)，(a_k, b_k) 的值分别代入（5-2）式即可。

例：以作者为实验对象，求汉语韵母/a/在自然发音过程中唇形的面积的改变量。

解：设实际测得其唇形在基音素[o]和音素[a]的两组参数值为

$$a_o\,(2a_o,\ 2b_o) = a_o(41mm, 3mm),$$

$$a_a\,(2a_a,\ 2b_a) = a_a(46mm,\ 20mm)$$

则相应的基音素[o]和音素[a]的面积为

$S_{/o/}=\pi\, a_ob_o\approx3.1416\times20.5\times1.5\approx96.6\,(mm^2)$

$S_{/\alpha/}=\pi\, a_ob_a\approx3.1416\times23\times10\approx722.6(mm^2)$

唇形面积的改变量为

$\Delta\, S_{/\alpha/}=S_{/\alpha/}-S_{/o/}=722.6-96.6=629(mm^2)$

解毕。

解 3：元音自然发音过程遵循上述的从基音素/O/到目标音素/K/往返的三程序。根据命题的描述，即要求定量分析任意一个汉语韵母/K/在自然发音过程中唇形圆展度 $\mu=b/a$ 的变化过程。以作者为实验对象，测得其唇形圆展度 μ 的两组参数值为

$\mu_{[O]}=3/41\approx0.073$ 　　　$\mu_{[\alpha]}=20/46\approx0.435$

唇形圆展度的改变量为

$\Delta\,\mu_{/\alpha/}=\mu_{[\alpha]}-\mu_{[O]}\approx0.435-0.073\approx0.362=36.2\%$

解 2 与解 3 的结果表明，韵母/α/在自然发音的过程中，声道开口端唇形的面积增加了 629 平方毫米，唇形的圆度增加了 36.2%。

这一演示过程表明：对语言发音的唇形参数是可以进行定量与动态研究的，这为实现 IPA 元音系统自然发音过程的定量与动态的研究提供一种选择。至于该研究范例所获得的这些数据的用途，取决于不同的研究目的。我们将用这种方法获得的数据探讨一个实际教学中遇到的课题：定量比较中、日、英三种语言唇形变化幅度的差异。

8.结语

为了给自然的言语发音过程唇形的变化提供一种定量与动态的研究方法，本文首先定义了唇形的概念，回顾了作为参照点的基音素[o]的主要性质，在这个基础上建立了唇形参数坐标系 CSLP；然后根据唇形变化的主要特征应用数学建模的模型拟合原理，以椭圆曲线为具有区别特征的唇形参数建立了一个数学模型，为 IPA 元音系统唇形变化定量与动态研究提供了一种选择。并以汉语韵母系统为例展示其实际的应用。

我们知道，元音的声学区别特征早已实现了定量与动态的研究。比如，在以元音第一，第二共振峰 F1，F2 构建的坐标系中研究元音的各种性质。本研究为具有区别特征的舌位与唇形生理参数建立了可定量与动态的

研究的数学模型，这为定量与动态探讨元音在发音器官中的生理参数与对应声学参数的关系奠定了基础。Kenneth N. Stevens 与鲍怀翘等著名的语音学家创立和丰富了语音的量子理论，在这个范畴中深入地探讨元音的生理参数与声学参数间的关系是我们后续要进行的科研工作。

9. 参考文献

[1] Bickford, A. C., Floyd, R. 2006. *Articulatory Phonetics: Tools for Analyzing the World's Languages.* Dallas, Texas: SIL International. 32-33，49-50.

[2] Gick, B., Wilson, I., & Derrick, D. 2013. *Articulatory phonetics.* Wiley & Sons, 597-598., 198-199，193，192-195，15-19，143-144.

[3] Entwistle, W. J., & Jones, D. 2009. *The Phoneme: Its Nature and Use.* Cambridge University Press, UK, 9 -10.

[4] Giordano, F. R., Weir, M. D., Fox, W. P. 2003. *Mathematical Modeling.* China Machine Press, 97-99.

[5] Kalat, J. W. Translators: Su, Y. 2011. *Biological Psychology.* Posts Telecom Press, 246.

[6] Baart, J. L. G. 2010. *A Field Manual of Acoustic Phonetics.* Dallas, Texas: SIL International, 59 – 60.

[7] Stevens, K. N. 2000. *Acoustic Phonetics.* The MIT Press, Cambridge, Massachusetts London, England, 148 -152.

[8] Fitzpatrick, P. M. 2003. *Advanced Calculus.* China Machine Press, 42-65.

[9] Ladefoged, P., Johnson, K. 2011. *A Course in Phonetics, Sixth Edition.* Wads Worth Cengage Learning, 217-222.

[10] Vajda, E. J. 2009. *Handbook of the International Phonetic Association: a Guide to the Use of the International Phonetic Alphabet, by the International Phonetic Association.* Cambridge University Press, 10 -13，202.

[11] Hardcastle, W. J., Laver, J., Gibbon, F. E. 2010. *The Handbook of Phonetic Sciences, Second Edition.* Blackwell Publishing Ltd., 15 -16, 424-430.

[12] 鲍怀翘、林茂灿（2014）《实验语音学概要》。北京：北京大学出版社，432-440 页。

[13] 彼得·赖福吉（张维佳译）（2011）《语音学教程》。北京：北京大学出版社，211-213 页。

[14] 黄小干、黄加加（2012）Mathematical modeling for quantitative & dynamic research on linguistic phones。上海：同济大学，第十届中国语音学学术会议。

[15] 黄小干、马艳等（2014）D-IPA 元音系统在 CSOLP 中的数学建模及其在汉语韵母系统定量与动态研究中的应用。新疆：新疆大学，第十一届中国语音学学术会议, 139 -143 页。

[16] 黄小干、马艳等（2014）Mathematical modeling for daniel-IPA vowel system in CSOLP and actual application in quantitative & dynamic research on Chinese diphthongs 北京：北京语言大学，第十七届中国语言学学术年会。《中国语言学学报》第 17 期（中译文）。

[17] 黄小干、庞莉莉等 （2002）俄语元音加权英语元音注音法探讨，《四川教育学院学报》。

[18] 彭泽润、李葆嘉（2007）《语言理论》。长沙：中南大学出版社，147-148，169 页。

[19] 皮昕主审（2014）《口腔解剖生理学》。北京：人民卫生出版社。122-123 页。

[20] 数学手册编写组（1979）《数学手册》。北京：人民教育出版社，353-354 页。

[21] 朱晓农（2010）《语音学》。北京：商务印书馆，15，6-10 页。

黄小干　广东海洋大学，研究生，副教授，主要研究领域为语言音素的定量与动态属性、语音量子理论。
E-mail:zjtvhxg@sohu.com

冯巧丽　广东海洋大学，硕士，讲师，研究领域为语音习得、应用语言学。
E-mail: lily3381@qq.com

陈琳慧　华南农业大学，硕士，讲师。

马　艳　华南师范大学，硕士，学生。

叶梓瑜　广东湛江市二十五小学，学生。

黄加加　广东工业大学，双学士，学生。

北京话双音节中鼻音韵尾鼻化度的大样本统计分析

谭力超 时秀娟 石 锋

摘要 本文运用 Kay Nasometer II 6400 鼻音计对北京话双音节中鼻音韵尾的鼻化度进行了大样本考察，并运用 spss 对其进行统计，得到了北京话的鼻音韵尾在五种双音节词组合中的鼻化度。结果表明，和孤立音节相比，双音节中鼻音韵尾的弱化倾向更突出，鼻音韵尾/-n/先于/-ŋ/脱落。在五种双音节词组合方式中的鼻尾鼻化度都有不同表现。且鼻音韵尾前接不同元音时鼻化度也不同，央低元音/a/后的鼻尾鼻化度最低，前高元音/i/后的鼻尾鼻化度最高，低元音后的鼻音韵尾更容易消变。从性别分组上看，女性在双音节词中鼻音韵尾的鼻化度要高于男性。

关键词 北京话，双音节，鼻尾，鼻化度

A Large Sample Statistical Analysis of Nasality of the Nasal Endings for Disyllabic words in Beijing Dialect

TAN Lichao SHI Xiujuan SHI Feng

Abstract The nasality of nasal endings for disyllabic words in Beijing dialect is analysed by Kay Nasometer II 6400. Statistical analysis is conducted in SPSS, and we obtain the nasal endings' nasality in five combinations of disyllabic words. The results show that the nasal endings in disyllabic words are weaker than those in monosyllabic words. And the nasal ending /-n/ is weaken easily than the nasal ending /-ŋ/. The nasality of nasal endings is different in five combinations of disyllabic words. The nasality of nasal ending varies with different vowels. The nasality of nasals preceding with /a/ is the lowest and that of /i/ is the highest. The nasal endings followed with low vowels are weaken more easily. In terms of gender effect, the nasality of nasal endings produced by females is higher than that of males.

Key words Beijing Dialect, Disyllabic Word, Nasal Ending, Nasality

1. 引言

汉语的鼻音韵尾并不像有的语言中元音后的鼻辅音那样完整。王力[9]早在《汉语讲话》中指出："严格地说，汉语元音后面的辅音只算半个。"他以"难"/nan/为例说："/a/后面的/n/只念一半（前半），它并不像/a/前面的/n/那样完整。""实际上，汉语一个音节至多只能包括一个半辅音。"可见，汉语的鼻音韵尾是不充分的，并在一定程度上具有弱化的倾向。

语流中的鼻音韵尾相比单字音来说，弱化的程度要表现得更为明显。许毅[13]考察普通话音联的声学特性，他认为声母/n/呈现为一个"纯鼻音"，韵尾/n/呈现为一个"半鼻音"，并指出纯鼻音和半鼻音各自的声学特征。许毅用实验的方法证实了王力先生的结论。吴宗济等[12]进一步

认为"元音鼻化是普通话鼻韵母的必要特征"，"鼻韵母的鼻尾在许多情况下是会脱落的，这个时候，所谓'鼻音音色'就全部靠元音的鼻化来体现了"，"鼻尾本身并不是普通话鼻韵母的必要特征"。王志洁[11]用鼻音计测量了普通话作韵尾的鼻音与作声母的鼻音在"鼻音度"（nasality）上的差别，进一步证实了普通话鼻韵尾能量明显减弱的特点。梁建芬[2]对大样本语流考察发现后续音节声母是擦音或零声母时，鼻韵尾往往会脱落。

时秀娟等[5]对北京话响音鼻化度进行了考察，得到了北京话 4 个通音声母和 7 个单元音及 5 个鼻尾前接元音的鼻化度数据，找出了元音内在鼻化度与舌位的关系规律，并提出鼻化对比度、鼻音与口音的临界值与断裂带的概念。在双音节研究方面，时秀娟[7]对 4 位发音人北京话双音节中的元音、通音声母、鼻音韵尾的鼻化度进行了考察，得出了各种双音节组合中响音的鼻化度规律，其中在鼻音韵尾方面，主要考察了 4 种双音节组合中鼻尾的整体鼻化度。杨晓辉[14]将发音人增至 10 人，并综合考察了北京话语流中响音的鼻化度，其中在双音节的鼻音韵尾方面，增加了鼻音韵尾后接清声母这一组合，并测量了 5 种双音节组合中的鼻音韵尾在不同元音后的鼻化度。但前人对双音节中鼻尾的研究更多只是局限在规律的描述上，在解释规律产生的原因部分比较欠缺，本文将对这一部分进行补充和完善。并增加鼻尾在各种双音节组合形式中的主体分布和极限分布图，归纳出鼻尾鼻化度与鼻音临界值的位置关系，为下一阶段的研究——确定双音节中鼻音、鼻化音、口音之间界限的过渡段位置，建立双音节中鼻音与非鼻音的准动态对比格局做准备。

本文将以既有研究成果作为理论依据，对北京话双音节中鼻音韵尾鼻化度进行大样本统计分析，与前人对双音节中鼻尾鼻化度的研究结果进行对比，进一步总结并完善北京话双音节中鼻音韵尾鼻化度的规律。

2. 实验概述

2.1 语料及发音人

本文所用的发音词表为汉语普通话双音节词表，包括以下组合：（1）前字为鼻音尾、后字为零声母元音尾组合，记作 (c)vN(-n,-ŋ)+v；（2）前字为鼻音尾、后字为零声母鼻音尾组合，记作 (c)vN(-n,-ŋ)+(c)vN(-n,-ŋ)；（3）前字为鼻音尾、后字为清声母元音尾组合，记作 (c)vN(-n,-ŋ)+(c)v(c 包括塞音,擦音,塞擦音)；（4）前字为鼻音尾、后字为鼻音声母元音尾组合，记作 (c)vN(-n,-ŋ)+(m,n)v；（5）前字为鼻音尾、后字为通音声母/l, r/元音尾组合，记作 (c)vN(-n,-ŋ)+(l,r)v。

发音人为 34 名老北京人，父母双方均为北京人，本人生长于北京。年龄在 20-29 岁之间，男女各 17 人。发音人口音纯正，无口鼻咽喉障碍。发音人用自然语速朗读发音字表进行录音。

2.2 录音及实验仪器

录音地点为北京语言大学语音实验室，录音及分析仪器为 Kay Nasometer II 6400 鼻音计。发音人戴上鼻音计的口鼻分音装置，有一块隔板挡在口与鼻之间，将口腔声音与鼻腔声音分开。录音时鼻音计分为口、鼻两个通道同步进行采样获取语音。

2.3 鼻化度

鼻音计能够自动测算口音能量及鼻音能量，实时计算鼻化度（Nasalance）。鼻化度就是语音发音时鼻音化的程度。鼻化度的数值称为 N 值。N 值的计算公式为：

$$N = 100 \times n / (n + o) \qquad (1)$$

其中 n 表示鼻音能量（nasal acoustic energy），o 表示口音能量（oral acoustic energy）。此公式实际上表示的是鼻音能量在整个口音、鼻音能量之和中所占的比例。计算出的数值在 0-100 之间，数值越大，表明鼻音能量越强，鼻化度越高；反之则鼻音能量越弱，鼻化度越低。鼻化度曲线是在以鼻化度为纵轴（标度在 0-100

之间）、时间为横轴的二维平面图中显示
的由鼻化度数据样点连成的曲线。

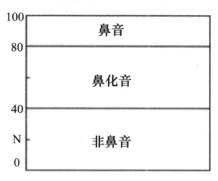

图1：鼻音与非鼻音临界值示意图。

时秀娟等[5]研究表明，鼻音与非鼻音
具有各自的鼻化度临界值，临界值之间形成
一个区分鼻音与非鼻音对立的断裂带。鼻化
元音则是分布在临界值之间的断裂带上。鼻
音的鼻化度具有相对性。鼻音的临界值为 N
值 80 左右，非鼻音的临界值在 N 值 40 左
右。在这两个临界值之间存在断裂带，鼻化
元音的 N 值分布在两个临界值之间。口音
和鼻音在发音生理上并不是截然二分的，它
们之间存在连续性。如图 1 所示。

2.4 数据处理

利用鼻音计将样品的鼻化度数据提取出
来后，首先用 Excel 进行初步统计，再利用
SPSS 的茎叶图法剔除离群值，再将所得到
的有效样品进行进一步的统计分析，即计算
平均值、标准差，以及独立样本 T 检验。

3. 双音节中鼻音韵尾的鼻化度

3.1 "(c)vN(-n,-ŋ)+v"组合中鼻音韵尾的鼻化度

在北京话双音节词录音语料中选取
(c)vN(-n,-ŋ)+v 组合中鼻音韵尾/-n/、/-ŋ/的稳
定段进行测量，得到的鼻化度数据见表
1.1、表 1.2。

表 1.1：前字鼻尾的鼻化度。

音节组合	平均值	最大值	最小值
v(n)+v	67(17.6)	97	24
v(ng)+v	79(13.8)	96	30

表 1.2：前字鼻尾在不同元音后的鼻化度。

音节组合	鼻化度	音节组合	鼻化度
a(n)+a	50(10.2)	a(ng)+a	75(13.1)
e(n)+e	65(14.7)	e(ng)+e	83(10.0)
i(n)+i	88(5.4)	i(ng)+i	91(4.1)
u(n)+u	57(13.6)	o(ng)+u	64(14.9)
y(n)+y	75(11.5)	y(ng)+y	81(6.8)

由表 1.1 看到，当前字为鼻音尾后字为
零声母元音尾时，双音节中前字后鼻尾/-ŋ/
的鼻化度较大程度地高于前鼻尾/-n/，差值
达到了 13。

由表 1.2 可以发现，前鼻尾/-n/和后鼻
尾/-ŋ/都是在元音/i/后的鼻化度最高，前鼻
尾/-n/在元音/a/后的鼻化度最低，后鼻尾/-ŋ/
则在/u/后的鼻化度最低。具体的鼻尾鼻化
度大小排序为：i(n)>y(n)>e(n)>u(n)>a(n)，
i(ng)>e(ng) >y(ng)>a(ng)>o(ng)。

3.2 "(c)vN(-n,-ŋ)+ (c)vN(-n,-ŋ)"组合中鼻音韵尾的鼻化度

在北京话双音节词录音语料中选取
(c)vN(-n,-ŋ)+ (c)vN(-n,-ŋ)组合中鼻音韵尾/-
n/、/-ŋ/的稳定段进行测量，得到的鼻化度
数据见表 2.1、表 2.2。

表 2.1：前字鼻尾的鼻化度。

音节组合	平均值	最大值	最小值
v(n)+vn	71(12.5)	94	36
vn+v(n)	86(13.7)	97	44
v(ng)+vn	91(4.6)	97	71
vn+v(ng)	87(8.6)	97	54

表 2.2：鼻尾在不同元音后的鼻化。

音节组合	鼻化度	音节组合	鼻化度
a(n)+un	71(12.8)	an+u(n)	78(17.2)
e(n)+un	68(13.6)	en+u(n)	93(4.0)
i(n)+un	73(10.7)	in+u(n)	92(4.7)
u(n)+un	72(12.9)	un+u(n)	75(18.4)
y(n)+un	71(12.4)	yn+u(n)	90(9.2)

（续表）

音节组合	鼻化度	音节组合	鼻化度
a(ng)+ung	88(5.0)	ang+u(ng)	80(10.6)
e(ng)+ung	93(2.5)	eng+u(ng)	92(4.1)
i(ng)+ung	94(1.8)	ing+u(ng)	91(4.0)
u(ng)+ung	92(3.2)	ung+u(ng)	91(4.1)
y(ng)+ung	87(5.5)	yng+u(ng)	82(9.7)

由表 2.1 看到，在前字为鼻音尾后字为零声母鼻音尾的组合中，当前、后字鼻尾都是前鼻尾/-n/时，前字鼻尾明显弱化，后字鼻尾鼻化度要高于前字鼻尾，且差值较大，达到了 15，后字鼻尾发的比较完整。当前、后字鼻尾都是后鼻尾/-ŋ/时，则表现出与前鼻尾/-n/音节相反的情况，在后鼻尾/-ŋ/音节中，后字鼻尾的鼻化度低于前字鼻尾，差值不大，仅为 4。但两种音节也有相似之处，即处在相同位置的鼻音韵尾（前字或后字），都是后鼻尾的鼻化度高于前鼻尾。

从表 2.2 看到，前字前鼻尾/-n/具体的鼻化度大小排序为：i(n)>u(n)>y(n)>a(n)>e(n)，前字后鼻尾/-ŋ/的排序为：i(ng)>e(ng)>o(ng)>a(ng)>y(ng)。前字鼻尾/-n/、/-ŋ/都是在元音/i/后的鼻化度最高，在元音/a/之后的鼻化度较低。

3.3 "(c)vN(-n,-ŋ)+(c)v"(c 包括塞音，擦音,塞擦音)组合中鼻音韵尾的鼻化度

在北京话双音节词录音语料中选取(c)vN(-n,-ŋ)+(c)v 组合中鼻音韵尾/-n/、/-ŋ/的稳定段进行测量，得到的鼻化度数据见表3.1、表3.2.1-表3.2.3。

表 3.1：前字鼻尾的鼻化度。

音节组合	平均值	最大值	最小值
v(n)+塞音	92(2.8)	96	83
v(n)+擦音	73(9.9)	94	48
v(n)+塞擦音	93(2.1)	97	81
v(ng)+塞音	92(3.2)	96	80
v(ng)+擦音	85(8.4)	96	48
v(ng)+塞擦音	90(3.6)	96	80

鼻尾在不同元音后的统计部分，我们将鼻尾在不同清辅音声母前分成三种情况进行分开统计，分别是塞音、塞擦音、擦音，数据见表 3.2.1、表 3.2.2、表 3.2.3。

表 3.2.1：鼻尾在不同元音后的鼻化度(塞音)。

音节组合	鼻化度	音节组合	鼻化度
a(n)+ba	91(3.3)	a(ng)+ba	91(3.5)
e(n)+ke	93(2.6)	e(ng)+ke	92(2.7)
i(n)+bi	94(1.5)	i(ng)+bi	92(3.5)
u(n)+bu	91(2.8)	u(ng)+bu	92(2.0)
y(n)+bu	92(2.7)	y(ng)+bu	90(3.7)

表 3.2.2：鼻尾在不同元音后鼻化度(塞擦音)。

音节组合	鼻化度	音节组合	鼻化度
a(n)+sha	66(9.4)	a(ng)+sha	85(5.6)
e(n)+she	72(8.8)	e(ng)+she	88(5.1)
i(n)+xi	81(6.4)	i(ng)+xi	90(3.5)
u(n)+fu	71(10.8)	u(ng)+fu	77(11.8)
y(n)+xy	75(7.5)	y(ng)+xy	84(5.8)

表 3.2.3：鼻尾在不同元音后的鼻化度(擦音)。

音节组合	鼻化度	音节组合	鼻化度
a(n)+za	92(3.2)	a(ng)+za	91(3.9)
i(n)+ji	94(1.4)	/	/
u(n)+zhu	93(1.6)	u(ng)+zhu	91(2.8)
y(n)+jy	94(0.9)	y(ng)+qy	89(3.7)

由表 3.1 看到，在前字为鼻音尾后字为清声母元音尾的组合中，在塞音、塞擦音前的鼻尾鼻化度要较大程度地高于在擦音前的鼻尾鼻化度，塞音、塞擦音前的鼻尾鼻化度都在 90 以上，鼻尾得到完整保留，而擦音前的鼻尾则表现出了明显的弱化。当后字为塞音、塞擦音时，前字前鼻尾/-n/的鼻化度略高于后鼻尾/-ŋ/，而当后字为擦音时，则表现为前字后鼻尾/-ŋ/的鼻化度较大程度地高于前鼻尾/-n/，差值达到了 12。

由表 3.2.1—表 3.2.3 可以看到，当前字为前鼻尾/-n/时，后字不论是塞音、擦音还是塞擦音，前鼻尾/-n/在元音/a/后的鼻化度都为最低，在元音/i/后的鼻化度都为最高。

后接塞音声母时具体的鼻尾鼻化度大小排序为：i(n)>e(n)>y(n)>u(n)=a(n)，i(ng)=e(ng)=o(ng) =a(ng) >y(ng)。后接擦音声母时具体的鼻尾鼻化度大小排序为：i(n)>y(n)>e(n)>u(n)>a(n)，i(ng)>e(ng)>a(ng)>y(ng)>o(ng)。后接塞擦音声母时具体的鼻尾鼻化度大小排序为：i(n)=y(n)>u(n)>a(n)，a(ng)=o(ng) >y(ng)。

3.4 "(c)vN(-n,-ŋ)+(m,n)v" 组合中鼻音韵尾的鼻化度

在北京话双音节词录音语料中选取(c)vN(-n,-ŋ)+(m,n)v 组合中双鼻音 /nm/、/nn/、/ŋm/、/ŋn/的稳定段进行测量，得到的鼻化度数据见表 4.1、表 4.2。

表 4.1： 前字鼻尾的鼻化度。

音节组合	平均值	最大值	最小值
v(n+m)v	93(2.6)	97	85
v(n+n)v	94(1.8)	97	87
v(ng+m)v	92(2.2)	96	86
v(ng+n)v	93(2.2)	96	86

表 4.2： 前字鼻尾在不同元音后的鼻化度。

音节组合	鼻化度	音节组合	鼻化度
a(n+m)a	93(2.0)	a(n+n)a	94(1.6)
e(n+m)a	93(2.6)	e(n+n)u	94(1.4)
i(n+m)a	92(2.7)	i(n+n)a	94(1.8)
u(n+m)i	93(2.5)	u(n+n)a	93(2.3)
y(n+m)a	92(3.0)	y(n+n)i	95(0.9)
音节组合	鼻化度	音节组合	鼻化度
a(ng+m)a	93(1.9)	a(ng+n)a	93(1.9)
e(ng+m)a	93(1.7)	e(ng+n)i	94(1.6)
i(ng+m)a	93(1.8)	i(ng+n)a	95(1.1)
o(ng+m)i	91(2.1)	o(ng+n)a	92(2.5)
y(ng+m)a	91(2.4)	y(ng+n)i	92(2.1)

许毅[13]曾考察前字以鼻尾/n/收尾，后字又以/n/起首，两字交界处有两个/n/相连的情况，在宽带频谱图中可以看到两字交界处有一个较长的纯鼻音。所以前字以鼻尾/-n/、/-ŋ/收尾，后字又以鼻音/m/、/n/起首，两字交界处有两个鼻音相连，我们将其

定义为双鼻音，共有四种组合形式/nm/、/nn/、/ŋm/、/ŋn/，双鼻音鼻化度曲线加长，鼻化度增高。

我们从表 4.1 可以看到，四个双鼻音的鼻化度都较高，且标准差小，都集中在较高的鼻化度 N 值区域内，其中双鼻音/nn/的鼻化度最高，且标准差最小。四个双鼻音的鼻化度都达到 90 以上，没有出现弱化现象。

从鼻化度曲线上来看，双鼻音/nm/和/nn/更多地表现为一条直线，没有上下的过渡，鼻音比较平稳，而双鼻音/ŋm/、/ŋn/，则多为一条起伏的曲线，或者是中间带有折点的曲线，这就影响了鼻化度的大小。以下是四种双鼻音组合的鼻化度曲线图。

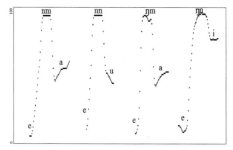

图 2： (c)vN(-n,-ŋ)+(m,n)v组合中双鼻音鼻化度曲线图例（例词"奔马、愤怒、藤麻、坑你"）。

从图 2 可以直观地看到，/nm/和/nn/为一条平滑的直线，没有上下的过渡，而/ŋm/和/ŋn/，则为一条起伏的曲线，或是带有凹槽。鼻化度曲线出现过渡或凹槽，自然会使得鼻化度降低。所以/nm/、/nn/的鼻化度分别高于/ŋm/、/ŋn/。从单字音得到的实验结果可以看到，鼻音声母/n/的鼻化度高于/m/，所以双鼻音/nn/的鼻化度自然要高于/nm/，所以在四种双鼻音组合中，/nn/的鼻化度最高。

3.5 "(c)vN(-n,-ŋ)+(l,r)v" 组合中鼻音韵尾的鼻化度

在北京话双音节词录音语料中选取(c)vN(-n,-ŋ)+(l,r)v 组合中鼻音韵尾/-n/、/-ŋ/的稳定段进行测量，得到的鼻化度数据见表 5.1、表 5.2。

表 5.1： 前字鼻尾的鼻化度。

音节组合	平均值	最大值	最小值
v(n)+lv	79(9.7)	94	47
v(n)+rv	70(9.8)	90	42
v(ng)+lv	87(7.0)	96	53
v(ng)+rv	83(9.2)	94	49

表 5.2： 前字鼻尾在不同元音后的鼻化度。

音节组合	鼻化度	音节组合	鼻化度
a(n)+li	74(9.2)	a(n)+ri	67(11.2)
e(n)+li	74(11.6)	e(n)+ri	74(9.1)
i(n)+li	85(7.0)	i(n)+ru	69(8.4)
u(n)+li	80(7.5)	u(n)+re	74(7.7)
y(n)+li	84(6.5)	y(n)+ru	68(10.2)
音节组合	鼻化度	音节组合	鼻化度
a(ng)+lao	81(10.4)	a(ng)+ruo	80(11.6)
e(ng)+lu	89(4.2)	e(ng)+re	86(7.3)
i(ng)+la	92(3.0)	i(ng)+ru	87(7.0)
o(ng)+li	86(5.0)	o(ng)+re	82(6.9)
y(ng)+li	86(4.7)	y(ng)+ru	78(9.1)

由表 5.1 看到，在前字为鼻音尾后字为通音声母/l、r/元音尾的组合中，后鼻尾/-ŋ/的鼻化度都较大程度地高于前鼻尾/-n/，差值都达到了 10 左右。当后字为/l/声母时，前字鼻尾的鼻化度要高于当后字为/r/声母时。从单字音的实验结果可以看到，/l/声母的鼻化度要高于/r/声母，所以/l/声母前的鼻尾鼻化度自然要高于/r/声母前的鼻尾。

从表 5.2 可以看到，当后字为/l/声母时，鼻尾在不同元音后的具体排序为：i(n)>y(n)>u(n)>e(n)=a(n)，i(ng)>e(ng)>y(ng)=o(ng)>a(ng)。当后字为/r/声母时，排序为：u(n)=e(n)>i(n)>y(n)>a(n)，i(ng)>e(ng)>o(ng)>a(ng)>y(ng)。当后字为/l/声母时，前、后鼻尾都是在元音/a/后的鼻化度最低，在元音/i/后的鼻化度最高。当后字为/r/声母时，前鼻尾/-n/在元音/a/后的鼻化度最低，在元音/u、e/后的鼻化度最高；后鼻尾/-ŋ/在元音/y/后的鼻化度最低，在元音/i/后的鼻化度最高。

4. 双音节中鼻尾鼻化度的主体分布与极限分布

主体分布：上线=平均值+标准差，下线=平均值-标准差；极限分布：上线=最大值，下线=最小值。

通过绘制主体分布与极限分布图，能够更直观地反映出各种双音节组合形式中鼻尾鼻化度的主体与极限分布情况，从而归纳出不同组合方式中鼻尾鼻化度与鼻音临界值的位置关系。由 3.3 可知，在(c)vN(-n,-ŋ)+(c)v组合中，在塞音、塞擦音前的鼻尾完整保留，而擦音前的鼻尾出现明显的弱化现象，所以在绘制主体分布与极限分布图时，将这两种情况分开统计。

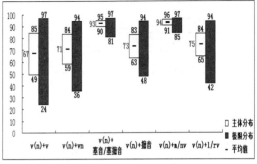

图 3： 双音节中/n/韵尾的主体分布与极限分布。

由图 3 可知，在v(n)+塞音/塞擦音和v(n)+m/nv组合中，鼻尾能够完整保留，其鼻化度的主体分布和极限分布范围均在鼻音临界值 80 以上，且跨度最小，鼻化度稳定在较高的N值范围内。其余四种组合中的鼻尾均出现了弱化现象，它们的平均值和主体分布下线均在鼻音临界值 80 以下。其中，当后字为零声母时，对前字鼻尾的影响最大，v(n)+v和v(n)+vn组合中的鼻尾平均值最低，主体分布和极限分布的下线也最低，并且主体、极限分布的跨度在所有组合方式中是最大的，这说明鼻尾后接零声母时会出现明显的弱化现象，但不同发音人之间的弱化程度差异较大，所以鼻化度数值分布跨度大。

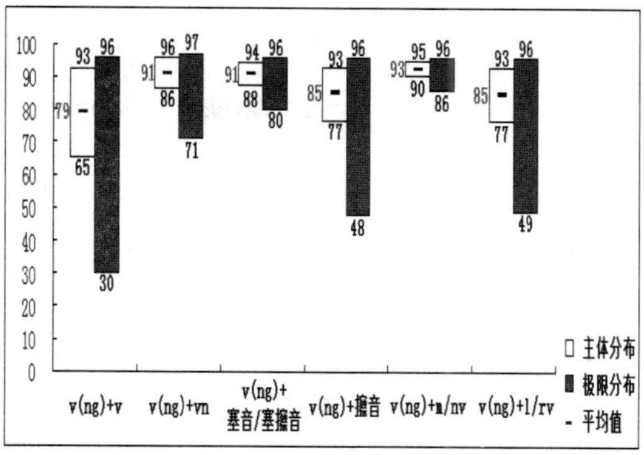

图 4：双音节中/ŋ/韵尾的主体分布与极限分布。

将图 4 与图 3 对比可以发现，双音节中/n/尾在主体分布与极限分布中所体现出的规律，/ŋ/尾基本都能符合。不同的是，/ŋ/尾鼻化度有所提高，/ŋ/尾的平均值与主体、极限分布的范围在纵向上都上移了，即 N 值提高。还有一点区别是，当后字为零声母鼻音尾时，前字/n/尾会明显弱化，鼻化度大幅降低，而当前字为/ŋ/尾时，鼻尾却得到完整保留，鼻化度平均值为 91，主体分布的范围位于 80 以上。

5. 性别因素对鼻尾鼻化度的影响

表 6.1：(c)vN(-n,-ŋ)+v 和(c)vN(-n,-ŋ)+(c)vN(-n,-ŋ)组合中鼻尾的鼻化度。

音节组合	性别	鼻化度
v(n)+v	男	67（18.3）
	女	67（16.9）
v(ng)+v	男	79（13.0）
	女	78（14.6）
音节组合	性别	鼻化度
v(n)+vn	男	69(13.2)
	女	72(11.6)
vn+v(n)	男	87(12.9)
	女	86(14.6)
音节组合	性别	鼻化度
v(ng)+vn	男	90(5.3)
	女	92(3.8)
vn+v(ng)	男	86(7.8)
	女	89(9.0)

将北京话双音节词中鼻音韵尾的鼻化度数据分开男、女进行统计，计算出鼻尾鼻化度在五种音节组合中男、女各自的平均值和标准差，并运用独立样本 T 检验考察性别因素是否对鼻尾鼻化度有显著影响。

由表 6.1 看到，在(c)vN(-n,- ŋ)+v 组合中，男、女性前字鼻音韵尾的鼻化度基本相等。通过独立样本 T 检验得到结果：前鼻尾/-n/的 sig=0.960>0.05，后鼻尾/-ŋ/的 sig=0.582>0.05，说明性别因素对(c)vN(-n,- ŋ)+v 组合中鼻尾的鼻化度没有显著影响。

在 (c)vN(-n,-ŋ)+ (c)vN(-n,-ŋ) 组合中，男、女的鼻音韵尾鼻化度差值不大，在 1-3 之间，女性的鼻化度平均值基本高于男性。通过独立样本 T 检验得到结果：在前鼻尾/-n/音节中，前字鼻尾的 sig=0.133>0.05，后字鼻尾的 sig=0.592>0.05；在后鼻尾/-ŋ/音节中，前字鼻尾的 sig=0.040<0.05，后字鼻尾的 sig=0.012<0.05。所以我们可以得出，在(c)vN(-n,-ŋ)+ (c)vN(-n,-ŋ)组合中，性别因素对后鼻尾/-ŋ/音节中的前、后字鼻尾都有显著影响，对前鼻尾/-n/音节中的前、后字鼻尾都没有显著影响。

表 6.2：(c)vN(-n,-ŋ)+(c)v 组合中鼻尾的鼻化度。

音节组合	性别	鼻化度
v(n)+塞音	男	93(3.0)
	女	92(2.7)
v(n)+擦音	男	71(10.4)
	女	74(9.2)
v(n)+塞擦音	男	93(2.6)
	女	94(1.5)
音节组合	性别	鼻化度
v(ng)+塞音	男	91(3.6)
	女	92(2.8)
v(ng)+擦音	男	84(8.9)
	女	85(7.9)
v(ng)+塞擦音	男	90(4.0)
	女	90(3.3)

由表 6.2 看到，在(c)vN(-n,-ŋ)+(c)v 组合中，女性前字鼻音韵尾的鼻化度高于男性，

但是差值不大，只在 1-3 之间。通过独立样本 T 检验得到结果：当鼻尾后接塞音声母时，前鼻尾/-n/的 sig=0.298>0.05，后鼻尾/-ŋ/的 sig= 0.526>0.05；当鼻尾后接擦音声母时，前鼻尾/-n/的 sig=0.034<0.05，后鼻尾/-ŋ/的 sig= 0.520>0.05；当鼻尾后接塞擦音声母时，前鼻尾/-n/的 sig=0.230>0.05，后鼻尾/-n/的 sig=0.272>0.05。所以我们可以得出，在(c)vN(-n,-ŋ)+(c)v 组合中，性别因素只对当前鼻尾/-n/后接擦音声母时的鼻化度有显著影响，对其他情况下的鼻音韵尾均无显著影响。

表 6.3: (c)vN(-n,-ŋ)+(m,n,l,r)v 组合中前字鼻尾的鼻化度。

音节组合	性别	鼻化度
v(n+m)v	男	93(3.0)
	女	93(2.2)
v(n+n)v	男	94(1.8)
	女	94(1.8)
v(ng+m)v	男	92(2.2)
	女	92(2.2)
v(ng+n)v	男	93(2.4)
	女	94(2.0)
音节组合	性别	鼻化度
v(n)+lv	男	79(10.1)
	女	80(9.3)
v(n)+rv	男	71(9.4)
	女	69(10.1)
v(ng)+lv	男	85(8.0)
	女	88(5.4)
v(ng)+rv	男	83(8.7)
	女	82(9.6)

由表 6.3 看到，在(c)vN(-n,-ŋ)+(m, n, l,r)v 组合中，当鼻尾后接鼻音声母/m/、n/时，男、女性的鼻尾鼻化度平均值基本相等；当鼻尾后接通音声母/l/、r/时，后接/l/的情况是，女性的鼻尾鼻化度要高于男性。而后接/r/的情况则是，男性的鼻尾鼻化度要高于女性。

通过独立样本 T 检验得到结果：当鼻尾后接声母 /m/ 时，前鼻尾 /-n/ 的 sig= 0.597>0.05，后鼻尾/-ŋ/的 sig=0.064>0.05；当鼻尾后接声母/n/时，前鼻尾/-n/的 sig=0.693>0.05，后鼻尾/-ŋ/的 sig= 0.022<0.05；当鼻尾后接声母/l/时，前鼻尾/-n/的 sig=0.565>0.05，后鼻尾/-ŋ/的 sig= 0.015<0.05；当鼻尾后接声母/r/时，前鼻尾/-n/的 sig=0.192>0.05，后鼻尾/-ŋ/的 sig= 0.363>0.05。所以我们可以得出，在(c)vN(-n,-ŋ)+(m,n,l,r)v 组合中，性别因素只对当后鼻尾/-ŋ/后接音声母/n/、l/时有显著影响，对其他情况下的鼻音韵尾均无显著影响。

综上所述，将男、女性的鼻化度数据分开统计后发现，女性在双音节词中鼻音韵尾的鼻化度在总体上要高于男性。通过独立样本 T 检验发现，性别因素对双音节词中鼻音韵尾的鼻化度在总体上无显著影响。

6. 总结

本文主要考察了五种双音节词组合中鼻音韵尾的鼻化度，通过与单字音实验中的鼻尾鼻化度对比发现，双音节词中的鼻尾鼻化度都有不同程度的降低，可见，和孤立音节相比鼻音韵尾在语流中弱化的倾向更突出。前鼻尾/-n/鼻化度降低的幅度要大于后鼻尾/-ŋ/。这是由于，发鼻音/n/时，需要舌尖顶住上齿龈，形成阻碍，而在连续发音时，则倾向于在发声母/n/时舌尖阻碍一次，而在发韵尾/-n/上，为了省力，就不再形成第二次阻碍，由于在发鼻音/n/时需要舌头动作比较明显，所以当其作韵尾时就容易被简化，简化的方式就是把其前面的元音进行鼻化，但为了保留鼻音的音质，舌尖顶住了下齿背，从而在听感上仍然是/-n/。而在发后鼻尾/-ŋ/时，形成阻碍的位置是舌根，舌头前部不受影响，不用考虑舌尖的省力与否，只需舌根部分抬高一点即可，舌头的动作比较小，所以后鼻尾/-ŋ/比较容易保留下来，鼻化度自然比较稳定。鼻音韵尾/-n/先于/-ŋ/脱落。这和之前的研究结果是一致的。（冉启斌[4]；时秀娟[6]）

（1）当前字为鼻音韵尾后字为零声母音节时，后字的零声母音节又包括两种情况，第一种是零声母元音节，第二种是零声母鼻音尾，与单字音相比，该音节组合方式

中前字鼻音韵尾的鼻化度大大降低，该音节组合方式中的鼻音韵尾在五种双音节词组合方式中最易与其前的元音融合成鼻化音。许毅[13]指出，在汉语普通话里，如果一个两字组里的前字有鼻韵尾/-n/，而后字以零声母打头，那么前字里的/-n/往往表现为半鼻音。所以该音节中鼻尾的鼻化度自然比较低。在零声母后字的两种情况中，后接零声母鼻音尾时，前字鼻尾的鼻化度要比后接零声母元音尾时高，可见当后字带鼻尾时还是会对前字鼻尾的鼻化度产生一定影响。

（2）在前字为鼻音韵尾后字为清声母的组合中，当后字为塞音、塞擦音时，鼻音韵尾的鼻化度与单字音中的较为接近，鼻尾基本没有出现弱化现象。王志洁[11]曾对此现象做出过解释，如果/-ŋ/后有其他辅音时，后面辅音的口腔阻碍会使鼻音能量的输出比值增大。而塞音、塞擦音"塞"的现象明显，其口腔阻碍程度要大于擦音，所以当后字为塞音、塞擦音时，前字鼻尾完整保留，没有弱化现象。当后字为擦音时，前字鼻尾的弱化程度较高，尤其是前鼻尾/-n/，可见在清声母中，擦音对降低前字鼻尾的影响最大。

（3）在前字为鼻音韵尾后字为通音声母的组合中，当后字为鼻音声母时，鼻尾和后接鼻音声母融为一体，形成一个双鼻音。双鼻音的鼻化度稳定在较高的 N 值范围内，标准差较小。可见在语流中，当鼻音韵尾与鼻音声母结合后，其鼻音的性质要比单字音中的鼻尾更完整；当后字为通音声母/l、r/时，前字鼻尾的鼻化度降低，出现了鼻尾的弱化现象。

（4）鼻音韵尾前接不同元音时鼻化度不同，在五种音节组合中，基本都表现为央低元音/a/后的鼻尾鼻化度最低，前高元音/i/后的鼻尾鼻化度最高，这和单字音中的鼻尾表现一致。根据对汉语方言中鼻音韵尾的消变情况进行的考察研究，一般认为鼻的消变与元音的高低相关，低元音后的鼻音韵尾更容易消变（Chen[1]；王洪君[10]；冉启斌[4]；时秀娟等[5]）。时秀娟[6]进一步证实了此规律，并发现元音复合鼻化度与鼻音韵尾的鼻化度有正比关系，小则都小，大则都大，低元音/a/后鼻尾的鼻化度最小，/a/的复

合鼻化度也较小；高元音/i/后鼻尾的鼻化度最大，/i/的复合鼻化度也最大。林茂灿、颜景助[3]从时长的角度进行过相关研究，他们发现鼻尾时长在主要元音开口度大的/a/后面的，比在主要元音开口度非大的后面的短。而时长越短的鼻尾，越容易脱落。鼻尾时长与其鼻化度大小的关系有待进一步实验进行考察。

（5）从主体分布与极限分布上看，当后字为塞音、塞擦音和鼻音声母时，鼻尾能够完整保留，其鼻化度的主体分布和极限分布范围均在鼻音临界值 80 以上，且跨度最小，鼻化度稳定在较高的 N 值范围内。其余四种组合中的鼻尾均出现了弱化现象，它们的平均值和主体分布下线均在鼻音临界值 80 以下。当后字为零声母元音尾时，前字鼻尾平均值最低，主体分布和极限分布的下线也最低，并且主体、极限分布的跨度在所有组合方式中是最大的，说明鼻尾后接零声母元音尾时会出现明显的弱化现象，但不同发音人之间的弱化程度差异较大。

（6）从性别分组上看，女性在双音节词中鼻音韵尾的鼻化度要高于男性，这是由于在发鼻音韵尾时，需要舌头动作的配合，而女性的声腔比较短，舌头动作起来就会比较快，所以鼻尾发得也就比较完整，鼻化度自然也就比较高，而男性的声腔要长于女性，舌头动作起来就会比较慢，鼻尾就不如女性发得完整，鼻化度自然就要低一些。但性别因素对双音节词中鼻音韵尾的鼻化度在总体上无显著影响。

7. 致谢

本文研究得到了国家社科基金重大项目"普通话语音标准声学和感知参数数据库建设（13&ZD134）"之子课题"鼻音声学和感知标准参数数据库"的经费支持，是该项目的阶段性成果。

8.参考文献

[1] Chen, M. Y. 1975. An areal study of nasalization in Chinese. *Journal of Chinese Linguistics* (1):16-59.

[2] 梁建芬（2001）在语流中导致鼻韵尾脱落的因素探讨。《新世纪的现代语音学——第五届现代语音学学术会议论文集》，北京：清华大学出版社，126-129 页。

[3] 林茂灿、颜景助（1992）普通话带鼻尾零声母音节中的协同发音。《应用声学》第 1 期，12-20 页。

[4] 冉启斌（2005）语鼻音韵尾的实验研究。《南开语言学刊》第 1 期，37-44 页。

[5] 时秀娟、冉启斌、石锋（2010）北京话响音鼻化度的初步分析。《当代语言学》第 4 期，348-355 页。

[6] 时秀娟（2011）汉语语音的鼻化度分析。《当代外语研究》第 5 期，24-28 页。

[7] 时秀娟（2013）北京话双音节中通音声母及鼻音韵尾的鼻化度。《实验语言学》第 2 卷第 2 号，53-58 页。

[8] 时秀娟（待刊）《北京话鼻音韵尾不同特征的量化分析》。

[9] 王力（1985）《汉语讲话》。文化教育出版社（1955），收入《王力文集》第三卷，济南：山东教育出版社，3、570 页。

[10] 王洪君（1992）阳声韵在山西方言中的演变（下）。《语文研究》第 1 期，39-50 页。

[11] 王志洁（1997）英汉音节鼻韵尾的不同性质。《现代外语》第 4 期，18-29 页。

[12] 吴宗济、林茂灿等（1989）《实验语音学概要》。北京：高等教育出版社。

[13] 许毅（1986）普通话音联的声学语音学特征。《中国语文》第 5 期，353-360 页。

[14] 杨晓辉（2012）北京话语流中响音鼻化度的考察。天津师范大学硕士论文。

谭力超 天津师范大学 2014 级汉语言文字学硕士研究生，研究方向为实验语音学。
E-mail:tanlichao8772@126.com

时秀娟 天津师范大学，教授，博士，研究方向实验语言学、汉语语音研究及语言教学。
E-mail: shixiujuan66@163.com

石 锋 南开大学文学院，教授，北京语言大学银龄学者，博士生导师，主要研究领域为实验语言学、演化语言学、语言接触与语言习得。
E-mail: shifeng@nankai.edu.cn

北京话句子中语速对鼻化度的影响

王 静 时秀娟

摘要 实验针对北京话陈述句中各音节鼻化度大样本实验数据进行了统计分析，同时和单字音、双子音以及前人研究成果进行了对比分析。实验结果表明：语速对不同性质的语音的鼻化度的影响是不同的。元音/a/、/y/的内在鼻化度在不同语速中的表现为慢速>中速>快速；元音/i/、/u/、/ɤ/表现为快速>中速>慢速；元音/ɣ/则表现为在中速中鼻化度最大，慢速次之，快速最小。/m/、/n/两个鼻音声母的鼻化度在不同语速中的具体表现为：慢速>中速>快速，在慢速中的鼻化度更接近单独发音值。语速对鼻音韵尾的鼻化度的影响与鼻音声母表现基本一致，语速越快，鼻尾的鼻化度就越小。

关键词 语速，鼻化度，鼻化

The Influence of Speech Rate on the Nasality in Beijing Dialect Sentences

WANG Jing   SHI Xiujuan

Abstract Based on a large sample data of nasalization conditions in the declarative sentences of Beijing dialect, a statistical analysis is conducted. And the results are compared with those of monosyllabic words, disyllabic words and the previous research. Different speech rate influence different nasalization on words of diversified phonological natures. The effects of vowel's intrinsic nasality of /a/ and /y/ in various speech rates are low speed > medium speed > high speed. The effects of vowel's intrinsic nasality of /i/, /u/ and/ / are high speed > medium speed > low speed. The vowel's intrinsic nasality of/ /in the medium speed is the largest, in the low speed is middle and in the high speed is the smallest. The effects of nasal initials' nasality of /m/ and /n/ in various speech rates are low speed > medium speed > high speed. The slower the speed is, the closer the nasal initials' nasality degree to its separate. The influence of speech rate on the nasal endings is the same as that of initial of nasals, which is the quicker the speech rate is, the less the nasalization will be in the end of word.

Key words Speech rate, Nasality, Nasalization

1. 引言

鼻音和鼻化是语言中受到广泛关注的现象。学者们对鼻音、鼻化的共性现象、鼻音本身的声学特性等方面进行了相关研究，逐步认清了鼻音在声学特性方面的普遍规律。尽管前人对单字音鼻化度、双子组鼻化度的弱化和鼻化规律进行了深入细致的研究，但是对语句中鼻化度的实验研究较少。杨晓辉[8]的硕士论文《北京话语流中响音鼻化度的考察》考察了北京话语流中重音对鼻化度的影响，结果表明：在重读的音节里，因为时长的延长，发音比较到位，鼻音

的鼻化度要比非重音的鼻音鼻化度高。与边通音声母和鼻尾结合的组合中，重读音节里的元音要小于非重音里元音的鼻化度。时秀娟、杨晓辉在《北京话响音的鼻化度在不同语速中的变化》中用实验的方法证明了语速对不同性质的语音的鼻化度的影响是不同的。

本文的研究有助于推进人们对言语产生的认知，有助于普通语言学、应用语言学等语言学领域的深入研究，也能够为言语信息处理技术的发展提供一些语言学成果。

2. 实验说明

本次实验将针对北京话陈述句各音节鼻化度大样本实验数据进行统计分析。同时，同单字和双字音实验结果进行对比分析，结合前人研究成果，试图发现其中的规律。本文仅考察语速快慢对鼻化度的影响。

2.1 语料

发音人分别以快速、中速（正常语速）、慢速读出实验语句，每个句子读 3 遍，34 位发音人，共 408 句实验语料、4794 个实验样本。实验语料如下：

他自己去无锡市

他英勇帮东东登山

周斌扮军人很文气

梅梅买马娜娜拿奶

2.2 发音人及录音

发音人为 34 名老北京人，父母双方均为北京人，本人生长于北京。年龄在 18-30 岁，男女各 17 人。发音人口音纯正，无口鼻咽喉障碍。发音人用自然平稳语速进行录音。

录音地点为北京语言大学语音实验室，录音及分析仪器为KayNasometerⅡ6400 鼻音计。发音人戴上鼻音计的口鼻分音装置，有一块隔板挡在口与鼻之间，将口腔声音与鼻腔声音分开。录音时鼻音计分为口、鼻两个通道同步进行采样获取语音。同时进行同步普通声学录音，以满足作相关分析的需要。

2.3 实验参数

2.3.1 鼻化度

鼻化度是语音发音时鼻音化的程度。鼻音计能够自动测算口音能量及鼻音能量，实时计算鼻化度。鼻化度的数值称为N值。N值的计算公式为：

$$N = 100 \times n / (n + o) \qquad （1）$$

n表示鼻音能量，o表示口音能量。

此公式实际上表示的是鼻音能量在整个口音、鼻音能量之和中所占的比例。计算出的数值在 0-100，数值越大，表明鼻音能量越强，鼻化度越高；反之则鼻音能量越弱，鼻化度越低。鼻化度曲线是在以鼻化度为纵轴、时间为横轴的二维平面图中显示的由鼻化度数据样点连成的曲线。

不同元音本身所具有的鼻化度称为"元音的内在鼻化度"。元音与其他音素相连而产生变化，变化后的鼻化度称为"元音复合鼻化度"。主要是指元音与鼻音相连时的鼻化度，包括元音后接鼻尾时的复合鼻化度；元音前接鼻音声母时的复合鼻化度[2][4]。一般认为带鼻音韵尾的元音会受到韵尾的影响而发生鼻化现象。例如/an/中的元音会成为鼻化元音，受鼻音韵尾影响后发生不同程度鼻化的元音的鼻化度称为元音复合鼻化度。图 1 是某位发音人"他英勇帮东东登山"分别在快速、中速、慢速三种情况下的鼻化度曲线。

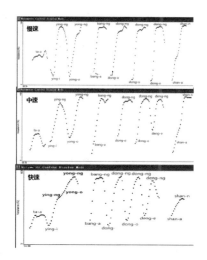

图1： "他英勇帮东东登山"在三种语速下的鼻化度曲线。

从图中我们可以直观地看出，随着语速的变化，元音的鼻化曲线、鼻音声母、鼻音韵尾的鼻化度曲线均有不同程度的变化，语速对元音及鼻音的鼻化度有显著影响。后文将通过实验结果详细分析影响规律和表现。

2.3.2 鼻音韵尾的鼻化弱化比例

鼻音的临界值为80左右，非鼻音的临界值在40左右。在两个临界值之间存在断裂带，鼻化元音的鼻化度分布在两个临界值之间[2]。图2为鼻音和非鼻音临界值示意图。

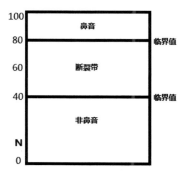

图2： 鼻音与非鼻音临界值示意图。

当鼻音韵尾的鼻化度小于鼻音临界值80，但却大于60，这时的鼻尾表现为弱化；当鼻尾鼻化度小于60，但却大于40时，则表现为鼻化。

鼻尾的弱化比例
=弱化的鼻尾个数/鼻尾总个数
鼻尾的鼻化比例
=鼻化的鼻尾个数/鼻尾总个数

3. 实验结果

3.1 元音的实验结果分析

3.1.1 元音/a/的实验结果

表1中列出了在不同语速情况下17位男性发音人、17位女性发音人，元音/a/在不同位置上的内在鼻化度、复合鼻化度和邻接鼻化度的数值及总体平均值，括号内为标准差（下表同）。观察表格我们发现：

表1： 元音/a/在不同语速、不同位置的鼻化度。

元音/a/	快速	中速	慢速
ta	24.4 (8.9)	30.2 (9.5)	32.0 (9.4)
ma	50.3 (6.8)	48.1 (8.9)	47.4 (6.6)
na4	51.2 (5.8)	49.0 (7.5)	47.4 (7.9)
na0	53.2 (7.6)	51.6 (6.4)	51.7 (7.1)
na2	52.3 (6.8)	48.7 (7.9)	49.2 (7.3)
ban	36.6 (8.3)	38.1 (7.9)	41.4 (6.2)
bang	45.0 (7.5)	38.9 (8.0)	35.4 (9.0)

元音/a/位于清声母/t'/后时，在不同语速中的表现为：快速<中速<慢速，随着语速的加快，/a/的内在鼻化度逐渐地降低。当元音/a/位于鼻音声母/m/后，在不同语速中的表现为：快速>中速>慢速，随着语速的加快，/a/的邻接鼻化度逐渐地升高。当元音/a/位于鼻音声母/n/后，整体上与/m/相似，随着语速的加快，/a/的鼻化度逐渐地升高。但在轻声音节和阳平音节中，慢速的鼻化度略高于中速。当元音/a/位于清声母/p/后，

后接鼻音韵尾时，鼻化度在不同语速中的变化规律不一致，后接前鼻尾/-n/，随着语速的加快，元音/a/的复合鼻化度逐渐地降低；后接后鼻尾/-ŋ/则与前鼻尾表现相反，元音/a/的复合鼻化度随着语速的加快逐渐地升高，在快速中的鼻化度明显高于中速和慢速。

在spss中，利用独立样本T检验，考察性别因素对元音/a/的鼻化度的影响，结果sig值均大于0.05，在95%的水平上均无显著性差异。利用配对样本T检验，考察语速快慢对元音/a/在不同情况下的影响，结果显示：ta：sig（中速、快速）=0.003<0.05、sig（中速、慢速）=0.000<0.05、sig（快速、慢速）=0.000<0.05，元音a的内在鼻化度在95%的水平上呈现显著性差异；na4：sig（中速、快速）=0.004<0.05、sig（中速、慢速）=0.005<0.05、sig（快速、慢速）=0.001<0.05，元音/a/位于/n/声母去声后的复合鼻化度在95%的水平上呈现显著性差异；语速快慢对其他位置的影响均不显著。

3.1.2 元音/i/的实验结果

表2：元音/i/在不同语速、不同位置的鼻化度。

元音/i/	快速	中速	慢速
ji	26.7 (8.8)	23.8 (9.7)	23.0 (7.6)
qi	25.2 (5.8)	22.9 (5.4)	21.6 (5.2)
xi	21.4 (9.7)	19.1 (9.6)	19.6 (8.6)
bin	61.7 (9.2)	59.7 (8.6)	48.1 (9.7)
ying	56.5 (9.2)	54.6 (9.5)	48.4 (11.7)

观察表2我们发现：当元音/i/位于清声母/tɕ/、/tɕ'/、/ɕ/后时，在不同语速中的整体表现为：快速>中速>慢速，随着语速的加快，/i/的内在鼻化度逐渐地升高。位于擦音/ɕ/后时，慢速的鼻化度略高于中速。元音/i/在快速语句中的内在鼻化度远远高于中速和慢速。当元音/i/位于清声母/p/后，后接/-n/

鼻尾时，复合鼻化度在不同语速中的具体变现为：快速>中速>慢速，随着语速的加快，/i/的复合鼻化度逐渐地升高，这与其内在鼻化度表现一致。当元音/i/位于零声母音节中，后接/-ŋ/鼻尾时，/i/的复合鼻化度在不同语速中的表现与后接/-n/鼻尾时一致，慢速中的鼻化度数值明显低于快速和中速。

独立样本T检验结果sig值均大于0.05，在95%的水平上均无显著性差异。配对样本T检验结果显示：ji：sig（中速、快速）=0.002<0.05、sig（中速、慢速）=0.000<0.05、sig（快速、慢速）=0.000<0.05，xi:sig(中速、快速)=0.001<0.05，元音/i/的内在鼻化度在95%的水平上呈现显著性差异；元音/i/后接鼻尾时的复合鼻化度在95%的水平上无显著性差异。

3.1.3 元音/u/的实验结果

表3：元音/u/在不同语速、不同位置的鼻化度。

元音/u/	快速	中速	慢速
wu	14.0 (3.7)	13.4 (4.5)	11.1 (2.7)

观察表3我们发现：元音/u/的内在鼻化度在不同语速中的表现为：快速>中速>慢速，随着语速的加快，/u/的内在鼻化度逐渐地升高。

独立样本T检验结果sig值均大于0.05，在95%的水平上均无显著性差异。配对样本T检验结果sig值均大于0.05，在95%的水平上无显著性差异。

3.1.4 元音/y/的实验结果

表4：元音/y/在不同语速、不同位置的鼻化度。

元音/y/	快速	中速	慢速
qu	9.9 (4.4)	11.1 (6.2)	11.8 (4.4)
jun	38.6 (10.7)	38.4 (9.6)	37.9 (9.2)

观察表4我们发现：当元音/y/位于清声母/tɕ'/后时，在不同语速中的表现为：快速<中速<慢速，随着语速的加快，/y/的内在鼻化度逐渐地降低。当元音/y/位于清声

母/tɕ/后，后接/-n/鼻尾时，复合鼻化度在不同语速中的具体变现为：快速>中速>慢速，随着语速的加快，/y/的复合鼻化度逐渐地升高，但是/y/在三种语速中复合鼻化度的平均值相差不大。

独立样本T检验结果sig值均大于 0.05，在 95%的水平上均无显著性差异。配对样本T检验结果显示：qu:sig（中速、快速）=0.000<0.05、sig（中速、慢速）=0.000<0.05、sig（快速、慢速）=0.000<0.05，内在鼻化度sig值均小于 0.05，在 95%的水平上呈现显著性差异；jun:sig(中速、快速)=0.032<0.05，位于清声母/tɕ/后，后接/-n/鼻尾时，中速与快速间sig值小于 0.05，呈现显著性差异，中速与快速、快速与慢速之间sig值大于 0.05，无显著性差异。

3.1.5 元音/ʐ/的实验结果

表5：元音/ʐ/在不同语速、不同位置的鼻化度。

元音/ʐ/	快速	中速	慢速
hen	36.8 (8.8)	32.3 (10.4)	34.4 (10.0)
wen	42.9 (10.2)	35.2 (16.6)	30.4 (8.5)
ren	47.6 (10.1)	47.3 (12.5)	37.9 (9.9)
deng	61.7 (10.4)	52.0 (9.9)	51.8 (8.8)

观察表 5 我们发现：当元音/ʐ/后接/-n/鼻尾时，由于受到不同声母的影响，在不同语速中的表现也不尽相同：位于清声母后，快速>慢速>中速；零声母时，快速>中速>慢速；位于通音声母后，快速>中速>慢速，在慢速中/ʐ/的鼻化度平均值明显小于中速和快速。当元音/ʐ/后接/-ŋ/鼻尾时，在不同语速中的变现为快速>慢速>中速，随着语速的加快，元音/ʐ/的复合鼻化度在逐渐升高，在快速语句中鼻化度的平均值明显高于中速和慢速，中速慢速相差不大。

独立样本T检验结果显示：后接/-ŋ/鼻尾快速时sig=0.034<0.05，在 95%的水平上呈现显著性差异，其他情况均无显著性差异。配对样本T检验结果显示：hen：sig（中速、慢速）=0.02<0.05，wen：sig（中

速、慢速）=0.000<0.05，/ʐ/位于清声母和零声母后，后接/-n/鼻尾时，中速和快速sig值小于 0.05，在 95%的水平上呈现显著性差异；deng:sig（中速、快速）=0.018<0.05，/ʐ/位于清声母后，后接/-ŋ/尾时，中速和快速sig值小于 0.05，呈现显著性差异；其他情况无显著性差异。

3.1.6 元音/ɿ/的实验结果

表6：元音/ɿ/在不同语速、不同位置的鼻化度。

元音/ɿ/	快速	中速	慢速
hen	36.8 (8.8)	32.3 (10.4)	34.4 (10.0)
wen	42.9 (10.2)	35.2 (16.6)	30.4 (8.5)
ren	47.6 (10.1)	47.3 (12.5)	37.9 (9.9)
deng	61.7 (10.4)	52.0 (9.9)	51.8 (8.8)

观察表 6 我们发现：舌尖前元音/ɿ/的内在鼻化度在不同语速中的具体表现为：快速>中速>慢速，随着语速的加快，舌尖前元音/ɿ/的内在鼻化度逐渐升高，但是变化幅度不大。

独立样本T检验，结果sig值均大于 0.05，在 95%的水平上均无显著性差异。配对样本T检验结果显示:zi:sig（中速、快速）=0.000<0.05、sig（中速、慢速）=0.000<0.05、sig（快速、慢速）=0.000<0.05，sig值均小于 0.05，在 95%的水平上呈现显著性差异。

3.1.7 元音/ʅ/的实验结果

表7：元音/ʅ/在不同语速、不同位置的鼻化度。

元音/ʅ/	快速	中速	慢速
shi	**11.0 (3.8)**	13.4 (5.8)	11.7 (5.1)

观察表 7 我们发现：舌尖后元音/ʅ/的内在鼻化度在不同语速中的具体表现为：中速>慢速>快速，规律不明显。

独立样本T检验结果sig值均大于 0.05，在 95%的水平上均无显著性差异。配对样本T检验结果显示shi：sig（中速、慢速）=0.23<0.05，中速和慢速sig小于 0.05，在

95%的水平上呈现显著性差异，其他无显著性差异。

3.1.8 七个一级元音的对比分析

表8为七个一级元音内在鼻化度、复合鼻化度实验结果对比表。单字发音数据源自张婧祎[9]34人实验数据，与本实验发音人相同。/a/、/i/、/u/三个顶点元音括号内的数据源自时秀娟[3]10人实验数据。下文同。

表8： 七个一级元音内在鼻化度、复合鼻化度实验结果对比表。

		快速	中速	慢速	单发
内在鼻化度	/a/	24.4 (16)	30.2 (20)	32.0 (20)	36
	/i/	24.4 (24)	21.9 (23)	21.4 (22)	34
	/u/	14.0 (12)	13.4 (11)	11.1 (8)	12
	/y/	9.9	11.1	11.8	19
	/ɤ/	10	10	10	8
	/ʅ/	23.4	22.9	20.1	13
	/ɿ/	11.0	13.4	11.7	10
复合鼻化度n	/a/	36.6 (45)	38.1 (46)	41.4 (46)	
	/i/	61.7 (72)	59.7 (70)	48.1 (67)	
	/u/	38.6	38.4	37.9	
	/ɤ/	42.4	38.3	34.2	
复合鼻化度ŋ	/a/	45.0 (46)	38.9 (43)	44.4 (41)	
	/i/	56.5 (51)	54.6 (50)	48.4 (50)	
	/ɤ/	61.7	52.0	51.8	

通过观察表格，我们发现：

元音内在鼻化度方面：/a/、/y/的内在鼻化度随着语速的加快而降低，且均小于单发时的鼻化度；/i/、/u/的内在鼻化度随着语速的加快而升高，不同的是，/i/在快速中的鼻化度更接近单发时的平均值，而/u/在慢速中的鼻化度更接近单发值。舌面元音的内在鼻化度的数值整体上小于单独发音时（/u/快速、中速时除外），舌尖元音的内在

鼻化有三种语速中的数值均大于单发时。这与时秀娟[3]10人研究数据基本一致，但本次实验的元音鼻化度数据普遍偏高。

元音的复合鼻化度方面：整体上随着语速的加快，元音的复合鼻化度普遍升高。其中/a/元音与整体表现不一致，后接/-n/鼻尾时，在不同语速中的具体表现为：快速<中速<慢速，后接/-ŋ/鼻尾时，中速<慢速<快速。元音的复合鼻化度均高于单发时，本实验的数据普遍低于时秀娟的数据。

元音的鼻化度在三种语速中的表现与其音质有着密切的关系。/a/单发时舌位最低，鼻化度最大，慢速、中速时最接近单发时的状态，所以鼻化度较大，快速时向中央靠拢，即舌位抬高，鼻化度随之变小。/i/单发时舌位最高且前，鼻化度最大，快速时向下、向中央靠拢，即舌位降低、趋央，鼻化度与单发时最接近。/u/单发时舌位最高且后，鼻化度较小，慢速时最接近单发时的状态，所以鼻化度接近单发时的，快速时向中央靠拢，即舌位降低、趋央，复合鼻化度与单发时相比变大。

3.1.9 七个一级元音的主体分布和极限分布

图3为七个一级元音在不同语速下主体分布和极限分布数据图，观察发现：

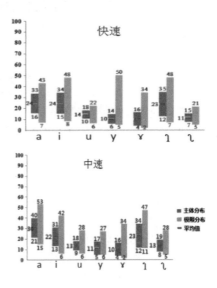

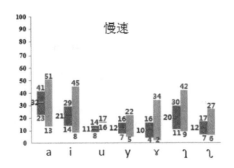

图3：七个一级元音在不同语速下主体分布和极限分布。

随着语速的加快，/a/、/y/两个元音主体分布区域逐渐下移；/i/、/u/、/ɣ/则是随着语速的加快主体分布区域逐渐上移，/ɻ/在三种语速中变化不大。极限分布区域，整体上随着语速的加快变得越来越大。

3.2 鼻音声母的实验结果分析

3.2.1 鼻音声母/m/的实验结果

表 9 为鼻音声母/m/后接不同音节的鼻化度数值平均值，括号内为标准差。观察表格我们发现：

表9：鼻音声母/m/后接不同音节的鼻化度。

鼻音声母/m/	快速	中速	慢速
mei2	86.7 (6.2)	89.3 (3.9)	90.4 (3.4)
mei0	84.8 (8.4)	88.0 (6.3)	91.0 (2.5)
mai	87.1 (5.9)	89.3 (5.1)	90.0 (3.2)
ma	88.5 (4.2)	90.3 (3.3)	90.7 (2.7)

当鼻音/m/作为声母时，在不同语速中的整体表现为：快速<中速<慢速，随着语速的加快，鼻音声母/m/的鼻化度逐渐降低。鼻音声母/m/后接单元音/a/鼻化度要略高于后接复元音/ai/和/ei/。

独立样本T检验结果sig值均大于 0.05，在 95%的水平上均无显著性差异。配对样本T检验结果显示：mai:sig（中速、快速）

=0.010<0.05， ma：sig（中速、慢速）=0.008<0.05，后接复元音/ai/中速和快速、后接单元音/a/中速和慢速sig小于 0.05，在 95%的水平上呈现显著性差异，其他无显著性差异。

3.2.2 鼻音声母/n/的实验结果

表10：鼻音声母/n/后接不同音节的鼻化度。

鼻音声母/n/	快速	中速	慢速
na4	91.0 (3.4)	92.3 (4.0)	92.8 (2.8)
na0	87.2 (5.4)	87.3 (5.1)	91.9 (3.6)
na2	89.9 (5.2)	91.8 (3.1)	92.2 (3.7)
nai	83.0 (9.1)	86.5 (7.7)	89.2 (6.8)

观察表 10 我们发现：

当鼻音/n/作为声母时，在不同语速中的整体表现为：快速<中速<慢速，随着语速的加快，鼻音声母/n/的鼻化度逐渐降低。/n/声母在位于句首的去声音节中鼻化度普遍偏高。

独立样本T检验结果sig值均大于 0.05，在 95%的水平上均无显著性差异。配对样本T检验结果显示：nai：sig（中速、慢速）=0.04<0.05，后接复元音/ai/中速和慢速sig小于 0.05，在 95%的水平上呈现显著性差异，其他无显著性差异。

3.2.3 鼻音声母/m/、/n/的实验结果对比分析

表 11 为鼻音声母/m/、/n/在不同语速中鼻化度的平均值，单字发音数据源自张婧祎（2015 年）34 人实验数据，与本实验发音人相同，括号内的数据源自时秀娟[3]10 人实验数据。观察表格我们发现：

表11：鼻音声母/m/、/n/在不同语速中的鼻化度。

鼻音声母	快速	中速	慢速	单发
m（a）	88.5 (84)	90.3 (87)	90.4 (88)	90
n（a）	89.4 (88)	90.5 (90)	92.3 (91)	92

鼻音声母/m/、/n/的鼻化度在不同语速中的表现都是快速<中速<慢速，快速和中速鼻化度平均值均小于单发，慢速时稍大于单发时。单念时/n/声母的鼻化度大于/m/声母的鼻化度，语流中三种语速中也都是同样的表现。本实验中鼻音声母的平均值略高于时秀娟的实验结果，但变化趋势基本一致。

3.2.4 鼻音声母/m/、/n/的主体分布和极限分布

图4为鼻音声母/m/、/n/的主体分布和极限分布数据图，观察发现：

在三种语速中，/n/声母的主体分布和极限分布的区域均大于/m/声母；整体上，两个鼻音声母的主体分布和极限分布随着语速的加快而扩大。主体分布和极限分布的上限差均小于下限差。

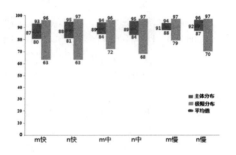

图4：鼻音声母/m/、/n/在不同语速下主体分布和极限分布数据图。

3.3 鼻尾的实验结果分析

3.3.1 前鼻尾/-n/的实验结果

表12为前鼻尾/-n/前接不同音节时鼻化度数值的平均值，括号内为标准差。观察表格我们发现：

当前鼻尾/-n/位于元音/a/、/i/、/y/后时，鼻化度在不同语速中的变现为：快速<中速<慢速，随着语速的加快，前鼻尾/-n/的鼻化度逐渐降低。位于元音/ɤ/后时，受到不同声母的影响，鼻化度的表现不尽相同：清声母音节中，中速<快速<慢速，中速和快速相差不大；零声母音节中，快速<慢速<

中速，通音声母音节中，快速<中速<慢速，与位于/a/、/i/、/y/后一致。

表12：前鼻尾/-n/前接不同音节的鼻化度。

前鼻尾/n/	快速	中速	慢速
ban	65.6 (8.6)	77.7 (5.6)	79.5 (4.1)
bin	90.1 (2.8)	91.7 (1.9)	92.5 (1.9)
jun	67.0 (7.5)	71.1 (5.5)	83.0 (6.6)
hen	73.0 (6.8)	72.7 (7.3)	83.7 (4.7)
wen	71.7 (6.2)	94.3 (1.2)	93.2 (1.6)
ren	69.9 (7.6)	83.6 (9.3)	92.6 (2.0)

独立样本T检验结果sig值均大于0.05，在95%的水平上均无显著性差异。配对样本T检验结果显示：ban:sig（中速、快速）=0.021<0.05，bin：sig（快速、慢速）=0.030<0.05，jun：sig（中速、慢速）=0.008<0.05，ren：sig（中速、慢速）=0.020<0.05，位于元音/a/后中速和快速、位于元音/i/后快速和慢速、位于元音/y/后中速和慢速、位于元音/ɤ/后在通音声母音节中中速和慢速sig小于0.05，在95%的水平上呈现显著性差异，其他无显著性差异。

3.3.2 后鼻尾/-ŋ/的实验结果

表13为后鼻尾/-ŋ/前接不同音节时鼻化度数值的平均值，括号内为标准差。观察表格我们发现：

表13：后鼻尾/-ŋ/前接不同音节的鼻化度。

后鼻尾/ŋ/	快速	中速	慢速
bang	75.0 (5.6)	91.0 (2.5)	91.2 (2.1)
ying	84.5 (4.6)	88.5 (6.5)	89.5 (3.8)
deng	87.5 (3.6)	88.0 (3.2)	89.1 (3.9)
yong	87.5 (3.6)	88.0 (3.2)	89.1 (3.9)
dong1	87.5 (4.5)	92.3 (1.7)	91.7 (3.0)
dong0	85.6 (7.5)	91.2 (1.9)	90.0 (3.1)

后鼻尾/-ŋ/位于/a/、/i/两个元音后时，在不同语速中的表现一致，均为快速<中速<慢速，随着语速的加快，后鼻尾/-ŋ/的鼻化度逐渐降低，其中在快速语句中鼻化度平均值明显偏低，中速和快速鼻化度则相差不大。后鼻尾/-ŋ/位于/ɤ/、/u/两个元音后时，在不同语速中的表现为快速<慢速<中速，其中/u/在零声母音节中中速略小于慢速。

独立样本T检验结果sig值均大于 0.05，在 95%的水平上均无显著性差异。配对样本T检验结果sig均大于 0.05，在 95%的水平上无显著性差异。

3.3.3 鼻尾/-n/、/-ŋ/的实验结果对比分析

表 14 为鼻音声母/-n/、/-ŋ/在不同语速中鼻化度的平均值，单字发音数据源自张婧祎[9]34 人实验数据，与本实验发音人相同，括号内的数据源自时秀娟[3]10 人实验数据。观察表中数据，我们发现：

位于/a/、/i/两个元音后，前后鼻尾鼻化度均随着语速的增加而逐渐降低，且均小于单发时，慢速最接近于单发时，这一结果与时秀娟的研究一致。位于元音/ɤ/后，前鼻尾/-n/在不同语速中的表现与位于/a/、/i/后一致，后鼻尾/-ŋ/则表现为快速<慢速<中速。位于/a/、/ɤ/后前鼻尾的弱化和鼻化比例明显高于后鼻尾，前鼻尾在元音/a/后于快速语句中全部出现弱化或鼻化现象。位于元音/i/后，前后鼻尾在不同语速中的表现与位于/a/、/ɤ/后不一致，前鼻尾未出现弱化和鼻化现象，后鼻尾则出现少量的弱化情况。

3.3.4 鼻尾/-n/、/-ŋ/的主体分布和极限分布

图 5 为鼻尾/-n/、/-ŋ/的主体分布和极限分布数据图，观察发现：

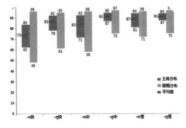

图5：鼻尾/-n/、/-ŋ/的主体分布和极限分布数据图。

观察前后鼻尾/-n/、/-ŋ/的主体分布和极限分布数据图发现：在三种语速中，后鼻尾/-ŋ/的主体分布和极限分布的区域均小于前鼻尾/-n/；整体上，前后鼻尾的主体分布和极限分布随着语速的加快而扩大。主体分布和极限分布的上限差均小于下限差。

表 14：鼻音声母/-n/、/-ŋ/在不同语速中的鼻化度。

		鼻化度	弱化比例	鼻化比例	单发
快速	(a) n	65.6（45）	73.5%	26.5%	85
	(a) ng	75.0（85）	79.4%	0%	93
	(i) n	90.1（89）	0%	0%	93
	(i) ng	84.5（76）	17.6%	0%	94
	(e) n	71.5	79.4%	8.9%	
	(e) ng	89.2	2.9%		94
中速	(a) n	77.7（46）	47.0%	11.8%	
	(a) ng	91.0（88）	0%	0%	
	(i) n	91.7（90）	0%	0%	
	(i) ng	88.5（83）	14.7%	0%	
	(e) n	83.5	37.3%	0.98%	
	(e) ng	93.5	0%	0%	
慢速	(a) n	79.5（46）	50%	0%	
	(a) ng	91.2（91）	0%	0%	
	(i) n	92.5（91）	0%	0%	
	(i) ng	89.5（90）	2.9%	0%	
	(e) n	89.8	5.9%	0%	
	(e) ng	93.1	0%	0%	

4. 实验小结

语速对元音的内在鼻化度、复合鼻化度、临接鼻化度均有不同程度的影响。内在鼻化度：元音/a/、/y/在不同语速中的表现

为慢速>中速>快速；元音/i/、/u/、/ʅ/表现为快速>中速>慢速；元音/ʯ/则表现为在中速中鼻化度最大，慢速次之，快速最小。元音/a/、/i/、/y/在三种语速中的鼻化度均小于单独发音时；两个舌尖元音/ʯ/、/ʅ/在三种中的鼻化度均大于单独单独发音时；元音/u/在慢速中最接近单独发音时的鼻化度，中速、快速均大于单发。

复合鼻化度：与单发时相比，三种语速中元音的复合鼻化度均大于单独发音时。元音/i/、/ʅ/受鼻尾的影响最大，复合鼻化度远远高于自身内在鼻化度。在语流中，元音已经改变了口元音的性质，变为鼻化元音。

临接鼻化度：元音/a/在临接鼻音声母/m/、/n/时，鼻化度均大于单独发音，在三种语速中整体表现为快速>中速>快速。其它元音的鼻化度表现有待于进一步实验考察。

语速对鼻音声母的鼻化度也有一定程度的影响：/m/、/n/两个鼻音声母的鼻化度在不同语速中的具体表现为：慢速>中速>快速，/n/声母鼻化度普遍高于/m/声母。在慢速中的鼻化度更接近单独发音时。

语速对鼻音韵尾的鼻化度的影响与鼻音声母表现基本一致。语速越快，鼻尾的鼻化度就越小，语速越慢，鼻尾的鼻化度就越大，语速越慢越接近单发时的鼻化度。当鼻音韵尾位于元音/a/、/ʅ/后，鼻音韵尾出现弱化和鼻化显现，前鼻尾/-n/弱化和鼻化的比率要高于后鼻尾/-ŋ/，元音/a/后的鼻尾/-n/在快速中已经全部弱化或鼻化；当鼻音韵尾位于元音/i/后，鼻尾/-ŋ/发生了一定程度的弱化，未见鼻化现象。

鼻音声母和前后鼻尾的主体分布和极限分布随着语速的加快而扩大。主体分布和极限分布的上限差均小于下限差。

5. 致谢

本文研究得到了普通话语音标准声学和感知参数数据库建设项目（编号：13&ZD134）的经费支持。在研究和写作过程中还得到了石锋先生的指导。

6. 参考文献

[1] 冉启斌（2005）汉语鼻音韵尾的实验研究，《南开语言学刊》，37-44 页。

[2] 时秀娟、冉启斌、石锋（2004）北京话响音鼻化度的初步分析，《当代语言学》，348-355 页。

[3] 时秀娟（2011）汉语语音的鼻化度分析，《当代外语研究》，24-28 页。

[4] 时秀娟、杨晓辉（2005）北京话响音的鼻化度在不同语速中的变化，《实验语言学》，2015 年第 4 卷第 1 号，82-87 页。

[5] 孙敏（2011）北京话不同音联中响音的鼻化度考察，天津师范大学硕士论文。

[6] 吴宗济、林茂灿等（1989）《实验语音学概要》，高等教育出版社。

[7] 许毅（1986）普通话音联的声学语音学特征，《中国语文》，353-360 页。

[8] 杨晓辉（2012）北京话语流中响音鼻化度的考察，天津师范大学硕士论文。

[9] 张婧祎（2017）北京话响音鼻化度的大样本统计分析，硕士毕业论文，暂未发表。

王　静　天津师范大学文学院，硕士研究生，实验语音学方向。
　　　　E-mail:707713369@qq.com

时秀娟　天津师范大学文学院，博士，教授，实验语音学方向。
　　　　E-mail: shixiujuan66@163.com

基于连续统的汉语普通话前后鼻音关键声学线索初探

李艳萍　　解焱陆　　冯罗多　　张劲松

摘要 本研究基于连续统合成前后鼻音，通过感知实验对前后鼻音的关键声学线索进行了初探。实验一为元音部分第二共振峰（F2）和第三共振峰（F3）同时变动合成连续统的听辨；实验二为元音部分 F2 和 F3 交互变动合成连续统的听辨。实验结果显示，同时变动元音部分的 F2 和 F3，汉语母语者对前后鼻音连续统的感知为范畴性感知。交互变动元音部分的 F2，为范畴性感知；交互变动元音部分的 F3，为非范畴性感知。据此我们推测，F2 为前后鼻音感知的关键声学线索。此外，本研究基于实验二的感知结果描绘了前后鼻音的范畴感知，为前后鼻音的感知提供了基准。

关键词 连续统，前后鼻音，声学线索，感知

The Perceptual Cues for Nasal Finals in Standard Chinese

LI Yanping　XIE Yanlu　FENG Luoduo　ZHANG Jinsong

Abstract Nasal finals play an important role in distinguishing lexical meanings in Standard Chinese, but it is still unclear what the primary perceptual cues for nasal finals are. The present study looks into this question, especially the primary perceptual cues for native Chinese listeners. We conducted two perceptual experiments with three-formant synthetic stimuli in which the second formant (F2) and the third formant (F3) were varied. Experiment I varied F2 and F3 simultaneously in the vowel part (including vowel nucleus and nasalized vowel). Experiment II varied F2 continuously, in parallel with varying F3 by step in the vowel part. Results show that subjects tend to perceive categorically in both of the two experiments. In addition, although F3 plays a role in the perception of velar nasal finals, F2 is the primary perceptual cues for nasal finals in Standard Chinese. This study not only steps further on the research of perceptual cues for nasal finals, but also sheds more light on phonetic teaching in the area of teaching Chinese as a Second Language (CSL).

Key words Continua, Nasal finals, Perceptual cues, Perception

1. 引言

鼻韵母是以鼻辅音/n/或/ŋ/收尾的韵母（例如，[an][ən][in]；[ɑŋ][əŋ][iəŋ]）[1]。在现代汉语语音系统中，含有鼻韵母的音节有 502 个，约占普通话音节总数的 42%，其中有 292 个音节因为/n/、/ŋ/的对立而造成意义上的不同，这些音节约占鼻韵母音节总数的 60%[9]。可见，鼻韵母在现代汉语语音系统中占有重要地位。然而，无论是汉语母语者[10]还是留学生[11][12][13][18]都存在前后鼻音混淆的问题。为解决此问题，已有研究对前后鼻音的声学线索进行了探讨。

普通话零声母鼻音尾音节包含三大部分，分别是纯元音部分、鼻化元音部分和鼻辅音部分[11]。鼻韵尾本身并不是鼻韵母的必要特征，它们在某些情况下会脱落[1]。通过

切除鼻韵尾的感知实验，已有研究[14]证实普通话鼻韵尾在感知上只能为汉语母语者提供发音方式线索，不能提供位置线索。因此，对鼻韵尾关键声学线索的研究主要集中在纯元音部分以及鼻化元音部分。通过剪切拼接前后鼻音的感知实验，研究[15][19]发现元音部分（这里的"元音部分"是指鼻韵母的纯元音部分和鼻化元音部分）为汉语母语者提供前后鼻音的位置线索。王韫佳[4]的研究也发现鼻韵母中的元音声学差异会影响日本学生普通话鼻音类型的正确率，前后鼻韵母的元音声学差异越大，感知正确率越高。

鼻韵母中的元音部分之所以承载鼻音的位置信息，是因为韵尾对其前元音部分有逆向协同发音作用[11][5]。这种作用在 F2 和 F3 上得到了体现。通常认为韵尾为/n/时，元音舌位更靠前；韵尾为/ŋ/时，元音舌位更靠后，元音舌位上的这种变化可以通过 F2 的值进行观测[1][3][7]。同时，产出鼻化元音时，软腭下降打开鼻咽通道，形成鼻腔共鸣[1]。软腭降得越低，F3 的值就越小[9][7]。由此，前后鼻音的位置信息可以通过元音部分的 F2 和 F3 来确定。

已有研究对多种语言中的鼻音的位置线索做了研究。比如，英语中 Larkey[4]通过同时改变 F2 与 F3 合成鼻音连续统对比研究了[n]-[ŋ]位于音节首(/mæ/-/næ/-/ŋæ/)和音节尾（/æm/-/æn/-/æŋ/）时的范畴感知情况，认为 F2 和 F3 是英语母语者判断鼻音类型的关键声学线索。文章着重考察了[n]-[ŋ]位于音节首、尾时，鼻音感知的关键声学线索。当[n]-[ŋ]同时位于音节尾时，其感知的关键声学线索是否仍然与上述结论相同，还有待探讨。同时，王志洁[17]的研究表明英语中的鼻音（nasal stop）与汉语中的鼻韵尾不同。汉语普通话中，前后鼻韵尾感知的关键声学线索是什么，与英语中鼻音感知的关键声学线索是否相同等问题，尚不明确。

本研究将就此着重探讨两个问题：（1）F2 和 F3 是否为汉语普通话前后鼻音的关键声学线索；（2）F2 和 F3 是否为前后鼻音的识别提供相同的位置信息。据此，我们设计了两个合成鼻音连续统的感知实验来回答上面的问题。实验一为连续变动 F2 和 F3 的识别实验，实验二为交互变动 F2 和 F3 的识别实验。最后，根据感知结果初步描绘汉语母语者前后鼻音的范畴感知。

2. 实验内容

2.1 被试

实验一有 4 名被试，其中男性被试 1 名，女性被试 3 名；实验二有 20 名被试，其中男性被试 6 名，女性被试 14 名。实验一和实验二中的被试都是北京语言大学的在读硕士生，平均年龄 25 岁，两个实验的被试不重叠。他们都是北方出生，普通话标准（汉语普通话水平为二级甲等及以上）的中国北方人。参加听辨实验的被试皆有听辨报酬，皆无听力障碍。此外，发音人 1 名，北方人，普通话发音标准。

2.2 实验语料

合成鼻音连续统的种子音节皆选自 BLCU 面向 CAPL 汉语中介语语音语料库中的单音节子库，都是韵母为 an/ang，en/eng 的单音节。由于普通话鼻韵母 ing 存在过渡段[ə][7]，难以划分元音稳定段和鼻化元音段的界限，因此本研究没有对 in/ing 组进行考察。选取种子音节时遵循以下原则：（1）前后鼻音音节对应且为阴平声调，（2）前后鼻音音节过渡段共振峰稳定，（3）发音人发音清晰且调域为各发音人的平均水平。由此实验共得到 4 对/a/组音节，2 对/ə/组音节。前后鼻音尾音节各 6 个，共计 12 个音节。

2.3 语料合成

2.3.1 实验一：F2 和 F3 同时变动

分别提取并测算该发音人 4 对/a/组音节和 2 对/e/组音节前后鼻音元音部分 F2、F3 的均值。然后分别取其 10 个等分点，再从

前鼻音到后鼻音按照相同的步长取 10 条等分线（第一条线为前鼻音原型，第 10 条线为后鼻音原型），反之亦同。最后依次将 F2 与 F3 对应的共振峰组合起来（此处"对应"是指，F2 的第 5 条线与 F3 的第 5 条线组合，依次类推，见图 1）。同时，F1 保持不变，将初始音节的首辅音和鼻音尾进行拼接，形成合成的语音刺激。由此共合成出 120（6×10×2）个刺激音节。

2.3.2 实验二：F2 和 F3 交互变动

从实验一合成的语音刺激中选取合成效果最好的 1 对前后鼻音（fan/fang）作为原始语料。与实验一不同，得出 F2 和 F3 从前鼻音到后鼻音的 10 条等分线后，实验二对 F2 和 F3 进行了 10×10 的矩阵合成。也就是说，F3 的 10 条等分线依次分别对应 F2 的 10 条等分线（例如，F3 的第 1 条共振峰等分线依次分别对应 F2 的 10 条等分线，依次类推，见图 2），反之亦同。由此共合成出 200（10×10×2）个刺激音节。

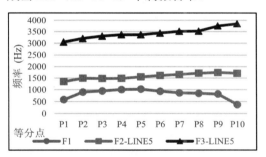

图 1： 实验一 fan 组第 5 个连续统合成示意图。

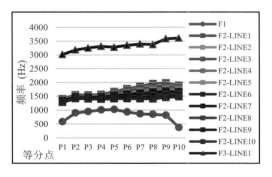

图 2： 实验二 fan 组连续统合成示意图（F3=LINE1）。

3. 实验过程和分析

听辨实验的语料由 E-PRIME 2.0 软件随机呈现。被试对所有听辨结果进行二择一强制选择，即对听到的音节进行 A/B 判断，可选择项为（1）前鼻音，如 fan；（2）后鼻音，如 fang。在选择过程中，被试需要尽快判断所听到的音节属于哪一类型，并在键盘上按下相应键。刺激之间的时间间隔为 3 秒。

本研究使用 logistic 回归的方法（公式 1）分析声音刺激和与之对应的前后鼻音辨认率的连续分布，得到相应的范畴边界。

$$L_n\left(\frac{P_i}{1-P_i}\right) = b_0 + b_1 x \qquad (1)$$

对每一组连续统刺激样本，P_i 为识别结果，x 为刺激样本序号，回归系数 b_1 为回归曲线的斜率。当识别率（P_i）为 0.5 时，相应的 x 值被定为范畴边界，这里用 X_{cb} 表示（公式 2）。当 P_i 为 0.75 和 0.25 时，对应的 x 值分别被定义为范畴左边界和右边界[18]。

$$b_0 + b_1 x_{cb} = L_n\left(\frac{0.5}{1-0.5}\right) = 0 \rightarrow x_{cb} = -\frac{b_0}{b_1} \qquad (2)$$

4. 实验结果

4.1 实验一：F2 和 F3 同时变动的感知实验

观察统计实验一的听辨结果，被试对元音部分 F2 和 F3 同时改变的前后鼻音的感知呈现明显的范畴感知。受篇幅限制，本文仅以 fan-fang、fang-fan 对（即从前鼻音到后鼻音连续统，简称 fan 组；从后鼻音到前鼻音连续统，简称 fang 组）为例进行分析。

图 3 为 fan 组连续统的听辨结果。两条线分别代表 fang 和 fan 的识别正确率。第 1 至第 4 个声音刺激被感知为前鼻音，第 9 和第 10 个被感知为后鼻音，前后鼻音的混淆区间在第 5 至第 9 个声音刺激之间，范畴边界在第 5 至第 6 个之间。

图 4 为 fang 组连续统的听辨结果，被试感知为前后鼻音的区域以及前后鼻音混淆区间与 fan 组大体相同，第 2 个声音刺激处略有波动，但正确率仍然大于 80%。范畴边界较 fan 组后移，在第 6 至第 7 个之间。

以声音刺激为自变量，听辨结果为因变量，对 4 对/a/组和 2 对/e/组前后鼻音的听辨进行被试内方差分析，统计检验的结果表明，同时改变前后鼻音元音部分的 F2 和 F3 对鼻音感知正确率的作用显著，说明 F2 和 F3 的连续变动对前后鼻音的感知有影响。

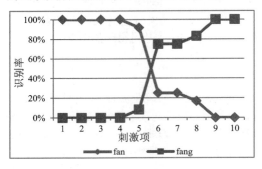

图 3：fan 组连续统听辨结果。

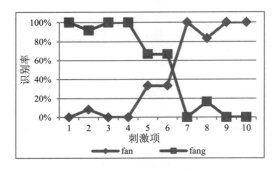

图 4：fang 组连续统听辨结果。

4.2 实验二：F2 和 F3 交互变动的感知实验

实验二的听辨结果显示，连续改变 F2 时，被试听辨形成了明显的范畴感知；连续改变 F3 时，听辨结果没有形成明显的范畴感知。在 fan 组中，连续改变 F2 时，前后鼻音范畴边界集中在第 6 至第 7 个声音刺激之间；连续改变 F3，没有形成明显的前后鼻音感知范畴。在 fang 组中，连续改变 F2，前后鼻音的范畴边界与 fan 组相同，个别声

音刺激有波动；连续改变 F3，在 F2 为 LINE6 和 LINE7 时，出现了多个交点，前后鼻音范畴不明显。

为了明确前后鼻音中 F2 和 F3 对前后鼻音感知的影响，以 F3 的 10 条等分线为横坐标，F2 的 10 条等分线为纵坐标，绘制前后鼻音范畴感知的上下边界及临界点，初步描绘了中国人 fan/fang 组前后鼻音的范畴感知。图 5 为 fan 组连续统前后鼻音的范畴感知，包括范畴下边界（即左边界，下同）、范畴边界、范畴上边界（即右边界，下同）。图 5 显示，fan 组前后鼻音感知的范畴呈现一条非线性的边界关系。其中，范畴上边界以上是感知为 fang 的区域，范畴下边界以下是感知为 fan 的区域。图 6 显示，fang 组前后鼻音范畴边界也为非线性关系。其中范畴上边界以上是感知为前鼻音 fan 的区域，范畴下边界以下是感知为后鼻音 fang 的区域。范畴上、下边界之间的区域为 fan 和 fang 混淆的区域。

以 F2、F3 为自变量、以 fan 的正确率为因变量进行双因素方差分析，结果显示，在 fan 组中，F2 的主效应显著，$F(9, 171)=233.059$，$p=0.000$，说明 F2 的连续变化对前后鼻音的感知有影响。F3 的主效应不显著，$F(9, 171)=2.409$，$p=0.013$，说明 F3 的变化对前后鼻音的感知没有影响。F2 和 F3 之间的交互作用显著，$F(81, 1539)=2.573$，$p=0.000$，说明 F3 在 F2 的某个水平上起作用。在 fang 组中，F2 的主效应显著，$F(9, 171)=104.885$，$p=0.000$；F3 的主效应显著，$F(9, 171)=6.084$，$p=0.000$，说明 F2 和 F3 的连续变化对前后鼻音的感知有影响。F2 和 F3 之间的交互作用不显著，$F(81, 1539)=1.245$，$p=0.073$，说明 F3 在 F2 以及 F2 在 F3 的各个水平上都不起作用。

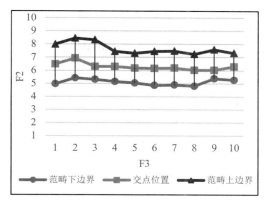

图5：fan 组连续统前后鼻音范畴感知。

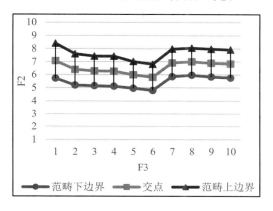

图 6：fang 组连续统前后鼻音范畴感知。

5. 讨论和总结

　　实验一的听辨结果说明 F2 和 F3 是前后鼻音感知的声学线索。实验二的听辨结果说明 F2 对前后鼻音的感知起关键性作用。

　　值得注意的是，F3 对前后鼻音的感知也起作用，但作用不如 F2 显著。王祖燕[15]通过前后鼻音的产出实验，揭示了前后鼻音 F3 的不同之处。具体表现为"/ŋ/的 F3 曲线呈现出明显的上升趋势，而/n/的 F3 曲线变化很小，呈微升趋势"。由此我们推测，/ŋ/的 F3 蕴含了更多的后鼻音信息，而/n/的 F3 所蕴含的前鼻音信息不充分，因而在感知前后鼻音时 F3 对感知前鼻音作用不显著，对感知后鼻音作用显著。

　　本文根据实验二的感知结果，描绘出了 fan 组和 fang 组前后鼻音范畴感知矩阵图，初步描绘了汉语母语者前后鼻音的范畴感知。此图一方面量化了前后鼻音感知的范畴边界，明确了前后鼻音分布的具体区域，另一方面为第二语言前后鼻音研究和教学，尤其是对难以正确感知前后鼻音的日本学生[11][12][13][18]提供了前后鼻音感知的基准，有利于对外汉语前后鼻音研究。

　　不可否认，实验二的结论建立在 fan 和 fang 一对前后鼻音的感知结果上，实验语料相对匮乏。Blumstein[1]等的研究在一定程度上说明，鼻音存在固有的声学特性(acoustic invariance)，与其相邻的元音无关。为进一步确定实验结论的普遍性，本研究在接下来的实验中将进一步扩大实验语料。

6. 致谢

　　本文研究得到了北京语言大学梧桐创新平台项目（中央高校基本科研业务费专项资金，编号：16PT05）和北京语言大学研究生创新基金项目（编号：16YCX164）的经费支持。

7. 参考文献

[1] Blumstein, S. E., & Stevens, K. N. 1979. Acoustic invariance in speech production: evidence from measurements of the spectral characteristics of stop consonants. *The Journal of the Acoustical Society of America*, 66(4), 1001-1017.

[2] Hallé, P.A., Chang, Y. C., & Best, C.T. 2014. Identification and discrimination of Mandarin Chinese tones by Mandarin Chinese vs. French listeners. *Journal of Phonetics*, 32, 395-421.

[3] Ladefoged, P. 2001. *A Course in Phonetics. 4th* ed. Orlando: Harcourt Brace College.

[4] Larkey, L.S., Wald, J., Strange, W. 1987 Perception of synthetic nasal consonants in initial and final syllable position. *Perception & Psychophysics*, 23(4), 299-312.

[5] Moll, K., Daniloff, R. 1971 Investigation of the timing of velar movements during speech. The *Journal of the Acoustic Society of America*, 50(1):678-684.

[6] Maddieson, I. 1999. In search of universals. *Proceedings of the 14th International Congress of Phonetic Sciences*. (3): 2521-2528.

[7] Mou, X. 2006. Nasal codas in Standard Chinese – a study in the framework of the distinctive feature theory. Ph.D. dissertation，Massachusetts Institute of Technology.

[8] 鲍怀翘、林茂灿（2015）《实验语音学概要》（增订版）。北京：北京大学出版社。

[9] 董玉国（1997）对日本学生鼻韵母音的教学，《世界汉语教学》第 4 期，66-70 页。

[10] 黄伯荣、廖序东（2007）《现代汉语》（增订四版）。北京：高等教育出版社。

[11] 林茂灿、颜景助（1994）普通话带鼻尾零声母音节中的协同发音，《应用声学》第 1 期，12-20 页。

[12] 涩谷周二（2005）日本学生汉语学习难点和重点的调查报告，《汉语学习》第 1 期。

[13] 申东月、伏学凤（2006）汉日辅音系统对比及汉语语音教学，《语言文字应用》第 2 期，73-78 页。

[14] 汪航（2012）日本留学生对汉语普通话鼻音尾韵母的知觉，北京语言大学硕士学位论文。

[15] 王祖燕（2014）汉日鼻韵尾音节声学差异及其对中日被试的知觉影响，北京语言大学硕士学位论文。

[16] 王韫佳（2002）日本学习者感知和产生普通话鼻音韵母的实验研究，《世界汉语教学》第 2 期，47-61 页。

[17] 王志洁（1997）英汉音节鼻韵尾的不同性质，《现代外语》第 4 期，18-29 页。

[18] 朱川（1981）汉日语音对比实验研究，《语言教学与研究》第 4 期，77-90 页。

[19] 张劲松、汪航、王祖燕、解焱陆、曹文（2013）元音部分对日本学习者感知普通话鼻韵母的影响，第十二届全国人机语音通讯学术会议。

李艳萍 北京语言大学信息科学学院智能语音习得实验室，硕士，主要研究领域为第二语言语音习得、知觉训练。
E-mail: liyanpingblcu2014@gmail.com

解焱陆 北京语言大学信息科学学院智能语音习得实验室，博士、副教授，主要研究领域为计算机辅助语音习得、语音信号处理。
E-mail: xieyanlu@blcu.edu.cn

冯罗多 北京语言大学信息科学学院智能语音习得实验室，硕士，主要研究领域为第一语言与第二语言语音习得。
E-mail: fengluoduo@126.com

张劲松 北京语言大学信息科学学院智能语音习得实验室，博士、教授，主要研究领域为语音习得、韵律建模、语音识别、实验语音学、计算机辅助发音教学。
E-mail: jinsong.zhang@blcu.edu.cn

基于特征选择优化的 p、t、k 偏误自动检测研究

屈乐园　解焱陆　高迎明　魏　星　张劲松

摘要 随着二语习得需求的增加，计算机辅助发音训练成为当前研究的热点之一。我们在前期工作中基于自动语音识别方法实现了常见偏误发音的自动检测，但系统对 p、t、k 送气不足偏误检测存在错误接受率过高的问题；此外探究了噪音起始时间(VOT)参数对提高送气偏误检测性能的作用。本文针对前期检测系统中的不足，从改变边界切分方式和优化特征选择两个方面进一步完善系统。首先，音段边界切分从人工标注改为计算机自动对齐；其次，获得音段边界后，使用基于自动聚类、曲线拟合系数、landmark 方法优化 MFCC 参数的选择。实验结果表明，本研究提出的改进方法获得更高检测正确率的同时，大幅降低了错误接受率。此外，基于 landmark 方法的检测性能可以达到使用人工标注边界时的检测水平，获得了 90.4%的检测正确率。

关键词 计算机辅助发音训练，送气辅音，优化特征选择

A Study of Mispronunciation Detection of Chinese Aspirated Consonants (/p/, /t/, /k/) with Optimizing of Feature Selection

QU Leyuan　XIE Yanlu　GAO Yingming　WEI Xing　ZHANG Jinsong

Abstract With an increasing need for learning a second language, computer aided pronunciation training (CAPT) has been attracting considerable attention. In our previous work, a common mispronunciations detection system based on automatic speech recognition (ASR) technologies was implemented, which had a high False Acceptance Rate (FAR) on aspirated consonants (/p/, /t/, /k/). Moreover, voice onset time (VOT) was studied to low the FAR. In this paper, an optimization of boundary segmentation and feature selection is researched to improve the drawback existing in previous works. Firstly, the boundary segmentation changed from manual annotation to forced-alignment based on computers. Secondly, MFCC parameters were further selected by these approaches: automatic clustering, curve fitting parameters, and landmark based methods. The experimental results show that, the optimization not only leads to higher detection accuracy (DA) but also significantly reduces FAR. Moreover, the landmark based method obtains comparable results to the manual annotation based one, achieving a DA of 90.4%.

Key words Computer assisted pronunciation training, Aspirated consonants, Optimizing of feature selection

1. 引言

随着国际交流日趋频繁，各国之间的联系日益密切，人们学习外语的需求持续增长。

计算机辅助发音教学（computer assisted pronunciation training，CAPT）系统可有效弥补传统课堂口语教学效率低和形式不灵活的不足，吸引了大量来自语音识别、语言学、

教育学等领域的研究人员[5]。作为 CAPT 系统的重要模块，发音偏误自动检测成为当前研究热点之一。

汉语送气辅音习得一直是日本留学生汉语语音学习的一个难点，送气不足偏误样本占各类发音偏误样本总数的 18% [3]。在基于语音识别的检测框架中[3]，送气辅音 p、t、k 的平均检测正确率为 84.8%，但错误接受率（送气不足发音中被识别为正常发音的比例）却达到 75%。一方面的原因是使用的特征区分性不强，另一方面是由于样本少无法训练鲁棒的检测模型。因此，在前期工作中探究了 VOT 特征对送气不足偏误的检测效果[8]。实验表明，VOT 特征有助于检测送气不足偏误，和 MFCC 特征联合后获得了检测正确率为 90.3% 和错误接受率为 20.2% 的性能。但该实验中的 p、t、k 音段时间边界来自人工标注，无法满足实际应用中自动检测的需要。此外，MFCC 特征也是固定地从时间轴上的 1/4、2/4、3/4 处提取的，这种方式也过于简单。

本文从以下两个方面改进送气不足偏误检测系统的不足：（1）通过计算机自动对齐来代替人工切分边界。（2）通过曲线拟合、自动聚类、landmark 三类方式选择声学特征语音帧。本文后续内容安排如下：第二部分介绍特征选择与提取的优化；第三部分给出实验及结果；第四部分是对结果的分析与讨论；最后是结论与展望。

2. 特征选择与提取方法

2.1 VOT 特征

日本人学习汉语送气辅音时容易出现送气不足偏误，在声学上具体会表现为产生的 VOT 较短[9]。所以，前期实验中选用两种 VOT 相关参数作为区分性特征。第一种参数是音节中 p、t、k 音段的绝对时长。第二种参数是一种归一化时长。考虑了每个发音人可能存在语速的差异，实验中 p、t、k 音段的时长与所在音节的时长比值作为另一维参数。

之前研究中 VOT 特征提取方法依赖人工标注音段边界，这显然不能满足发音偏误自动检测的需求，所以本研究中使用计算机自动对齐边界来改善检测系统。首先训练 DNN-HMM 语音识别模型，再用强制对齐（forced alignment）方式切分出声韵母边界，最后基于自动对齐边界确定 VOT 时长参数。

2.2 MFCC 特征

送气不足偏误在声学上具体会表现为产生的 VOT 较短，但是其检测性能仍不如传统声学特征 MFCC[8]。因此，文章使用到的另一种特征是 MFCC 特征。美尔频率倒谱系数（Mel Frequency Cepstrum Coefficient，MFCC）是由 Davies 和 Mermelstein 提出的[2]，它采用了一种非线性的频率单位(Mel 频率)，以模拟人的听觉系统。Mel 频率与线性感知频率的对数关系如下式所示：

$$Mel(f) = 2595 \lg(1 + f / 700) \qquad （1）$$

式中，f 为频率。由于充分考虑人耳听觉结构和人类发声和接受声音的机理特性，具有较好的识别性能和抗噪能力，被广泛应用于语音识别和发音偏误检测中。

由于不同样本存在时长差异，语音帧的个数也不同，无法满足最终检测器的输入需要。之前研究中 MFCC 特征的提取方法是在人工标注出音段边界后，在声母段内固定提取包含 1/4，2/4，3/4 时间点处语音帧特征。由于语流音变作用和说话者个体差异，显然此种方法不能提取最优的 MFCC 特征，所以本研究使用三类方式优化 MFCC 提取，具体方法如下。

2.2.1 曲线拟合系数方法

曲线拟合(Curve Fitting)是一种用连续曲线近似刻画离散数据之间函数关系的方法。音段内所有帧的 MFCC 参数每一维构成离散点，本研究中使用了多项式拟合方法描述各维参数走势。

$$f(x) = a_0 + a_1 x + a_2 x^2 + \ldots + a_n x^n \qquad (2)$$

以各点拟合值 $f(x)$ 逼近 MFCC 各维参数真实值，通过最小二乘法求解待定系数 a_0, a_1,$\cdots$,a_n，并作为检测器输入特征。

2.2.2 自动聚类方法

聚类就是按照某个特定标准(如距离准则)把一个数据集分割成不同的类，使得聚类后同一类的数据尽可能聚集到一起，不同类数据尽量分离。本研究使用了两种常用聚类方法。K 均值（K-means）聚类：首先，随机选择 K 个样本作为 K 个类的样本平均值；对剩余的每个对象，根据其与各中心的距离将它赋给最近的类；然后重新计算各类的平均值。不断重复此过程，直到样本分类无变化。K 中心值（K-medoids）聚类：各类挑选一个到该类内其他所有样本距离和最小的样本作为中心，其余操作与 K 均值相同。

2.2.3 Landmark 方法

Stevens 观测到声学属性和发音属性之间存在一种量子特性[4]，具体描述为：声学参数对发音器官在某段范围内变化不敏感，但在某一位置（记为 landmark）声学参数会发生迅速改变，这种声学特征和发音属性的非线性关系被定义为语音量子关系，可为区别语音提供依据。Yang 等人在发音错误检测中，对含 k 音节以声韵母边界为 landmark 位置选取区别特征，取得较好检测效果[6]。本研究中提取各帧 MFCC 参数后也采用同样方法确定最终的区别特征。

3. 实验及结果

3.1 语料简介

本实验语料取自北京语言大学中介语语音语料库[1]中的 7 个日本女生发音语料部分。录音文本选自对外汉语教学教材《汉语会话 301 句》中的 301 个日常句子，语音均在北京语言大学语音实验室内录音采集。每个音频首先由计算机按照学习文本对应的拼音序列自动对齐生成标注文件，然后再由 2 位经过训练的语音学专业研究生检查真实发音，并对出现偏误的发音修改标注文件（不一致情况下由语音学专家做最后判断）[7]。其中送气辅音 p、t、k 音节个数统计如表 1 所示。

表 1：p、t、k 音节个数统计表。

音素	送气不够	送气正常	总数
p	17	110	127
t	168	355	523
k	78	312	390

3.2 实验配置

本研究用于自动对齐的声学模型的训练数据为国家 863 项目汉语语音识别语料库（包含 166 位说话人共 96746 句，约 110 小时的语音）。实验中首先以声韵母为建模单元，训练一个基于深度神经网络（deep neural network，DNN）的语音识别模型。调整网络隐含层数和各层节点数得到稳定的声学模型[在 12 位母语者（6 男 6 女）的《汉语会话 301 句》数据集上声韵母识别错误率为 19.3%]。随后利用该声学模型基于学习文本对 7 位日本女生发音进行强制对齐（forced-alignment），切分出音段边界。最后，基于以上自动切分统计 VOT 参数并以 20 毫秒为窗长、4 毫秒为帧移提取音段内所有语音帧的 MFCC 参数，再求其一阶二阶差分，每帧得到 39 维参数。

实验中使用 2.2 节中的方法对 MFCC 特征做了进一步选择：

● **曲线拟合系数方法**：实验中采用二阶多项式（3 个系数）对 MFCC 特征的每一维数据进行拟合，最终得到 117 个系数作为检测特征。

● **landmark 方法**：基于声学模型对齐，选取待检测辅音与其后接元音的边界作为 landmark 位置，并在此位置左侧取连续 3 帧 MFCC（共 117 维）作为区分特征。

● **自动聚类方法**：实验中观察到，由声学模型自动切分得到的声母段往往包含一部分音节前的静音段，所以选取第一帧、1/3 位置帧、2/3 位置帧和最后一帧参数作为初始聚类中心，迭代后得到 4 个聚类。最后，K-means 方法取后 3 个聚类的均值，K-medoids 方法取后 3 个聚类中心值，分别得到 117 维参数。

以上方法分别得到 117 维参数后再拼接 2 维 VOT 参数，得到 119 维最终的参数。本研究同样使用了 SVM 分类器，SVM 模型配置与前期研究方法相同，采取网格寻优方式调试。图 1 为以 K-means 方法对 k 调整不同惩罚系数 c 和核函数系数 g 时的识别率，实验中统计最高识别率下检测结果。

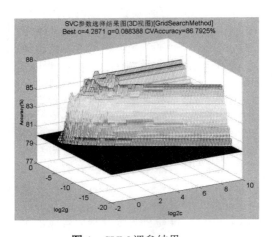

图 1：SVM 调参结果。

3.3 实验结果

检测效果由三种指标来衡量，分别是错误接受率(FAR)、错误拒绝率(FRR)和检测正确率(DA),其计算公式如下：

$$FAR = \frac{FA}{FA + TR} \tag{3}$$

$$FRR = \frac{FR}{FR + TA} \tag{4}$$

$$DA = \frac{TA + TR}{TA + TR + FA + FR} \tag{5}$$

其中，TA 表示正确发音检测为正确发音；TR 表示偏误发音检测为偏误发音；FA 表示偏误发音检测为正确发音；FR 表示正确发音检测为偏误发音。

p、t、k 送气不足偏误整体检测结果如表 2 所示。为比较检测性能，表 2 中也列出了基于自动语音识别方法（记为基线系统 1）和人工切分边界并固定选取特征帧方法（记为基线系统 2）的结果。

表 2: p、t、k 整体检测结果。

	FAR	FRR	DA
基线系统 1	75%	2.6%	84.8%
曲线拟合方法	30.7%	7.9%	86.4%
K 中心值方法	31.8%	5.3%	88.1%
K 均值方法	25%	7.2%	88.4%
Landmark 方法	25%	4.5%	90.4%
基线系统 2	20.2%	6.9%	90.3%

观察表 2 可知，对 p、t、k 送气不足偏误的检测，基于知识的方法都要好于基于自动语音识别方法，不仅大幅降低了错误接受率，而且提高了检测正确率。此外，本研究提出的四种特征选择方法中，知识驱动的 landmark 方法好于数据驱动的方法，降低了两类错误率并获得最高检测正确率，甚至达到与人工切分边界时相当的性能。

4. 分析与讨论

最终的检测性能和参数区分性有关。本研究使用的参数都是基于自动切分边界提取的，边界切分的准确度将影响提取参数的区分性，尤其是 VOT 参数和基于曲线拟合与基于 landmark 的两种方法提取的 MFCC 参数。为考察检测性能的改善空间，表 3 给出了人工标注方式和计算机自动对齐方式下送气辅音 p、t、k 的正确及其偏误发音样本的时长均值、标准差，以及两种切分方法在音段左右边界的平均时长偏差。

观察表 3 可知，p、t、k 正确发音及送气不足发音时长存在明显差异，这也说明了为什么 VOT 特征有助于送气不足偏误的检测。此外，自动对齐和人工标注方式边界切分存在明显差异（其中左边界偏差甚至超过了样本时长均值），最终会影响 VOT 特征提取的准确性，右边界的切分也会影响 landmark 位置的确定和曲线拟合方法中曲线形状。实验中进一步对比观察两种边界切分结果，发现自动对齐方式往往会把音节前静音段归为 p、t、k 音段部分。尽管基于自动聚类方法通过舍弃聚类结果的第一类减弱静音段的影响，但此方法没有从根本上解决问题。不难推测，如果能提升边界自动切分的准确度，将进一步提高系统的检测性能。

表3：p、t、k 音段边界切分结果统计。

		人工标注		自动对齐		平均偏差	
		均值	标准差	均值	标准差	左边界	右边界
p	正确	59.9	24.8	129.4	31.3	65.5	10.8
	错误	29.9	13.6	105.8	30.3	74.0	6.7
t	正确	57.1	26.3	120.9	38.2	52.3	12.9
	错误	27.0	10.4	88.9	29.3	54.9	19.0
k	正确	73.1	25.6	141.5	34.8	62.7	9.1
	错误	38.7	11.0	111.5	34.2	69.7	11.8

5. 结论及展望

本文针对汉语辅音 p、t、k 送气不足偏误检测时边界切分和特征选择存在问题，使用计算机自动切分和四种 MFCC 特征选择的方法来完善检测系统。实验结果表明，基于曲线拟合系数、K 中心值、K 均值的三种数据驱动方式选择区分特征的方法均能获得较高检测正确率，知识驱动的 landmark 方法好于数据驱动的方法，降低了两类错误率并获得最高检测正确率，甚至高于人工切分边界时的性能。

边界切分的准确性将影响最终的检测性能，本实验基于计算机自动切分的边界和人工标注方法还存在一定差距。未来研究中，将从提高边界切分准确度出发，引入过零率等参数单独训练切分模型，从而提高最终检测性能。同时，把此方法扩展到语音识别框架下其他的检测性能差的发音偏误上，从而实现更完善的 CAPT 系统。

6. 致谢

本文得到北京语言大学梧桐创新平台项目（中央高校基本科研业务费专项资金）（16PT05）和北京语言大学研究生创新基金项目（16YCX160）的经费支持。

7. 参考文献

[1] Cao, W., Wang, D., Zhang, J., & Xiong, Z. 2010. Developing a Chinese L2 speech database of Japanese learners with narrow-phonetic labels for computer assisted pronunciation training. In *INTERSPEECH*. 1922-1925.

[2] Davis, S., Mermelstein, P. 1980. Comparison of parametric representations for monosyllabic word recognition in continuously spoken sentences. *IEEE Transactions on Acoustics, Speech and Signal Processing*, 28(4), 357-366.

[3] Gao, Y., Xie, Y., Cao, W., et al. 2015. A study on robust detection of pronunciation erroneous tendency based on deep neural network. *INTERSPEECH*. 693-696.

[4] Stevens, K. N., 2000. *Acoustic phonetics*. MIT press.

[5] Witt, S. M., 2012. Automatic error detection in pronunciation training: Where we are and where we need to go. Proc. *ISADEPT*.

[6] Yang, X., Kong, X., Hasegawa-Johnson, M. 2016. Landmark-based pronunciation error identification on Chinese learning. *Proc. of Speech Prosody*.

[7] 曹文、张劲松（2009）面向计算机辅助正音的汉语中介语语音语料库的创制与标注。《语言文字应用》第 4 期，122-131 页。

[8] 高迎明、段日成、张劲松、解焱陆（2014）基于 SVM 的日本学生汉语送气辅音 p、t、k 偏误自动检测研究，第十一届中国语音学学术会议论文集，PCC2014，193-196 页。

[9] 王韫佳、上官雪娜（2004）日本学习者对汉语普通话不送气/送气辅音的加工。《世界汉语教学》第 3 期（总第 69 期）。

屈乐园 北京语言大学信息科学学院，硕士在读；主要研究方向计算机辅助发音训练。
E-mail:qu_leyuan@126.com

解焱陆 北京语言大学信息科学学院，博士，副教授；主要研究方向计算机辅助语言习得，语音信号处理。
E-mail:xieyanlu@blcu.edu.cn

高迎明 北京语言大学信息科学学院，硕士在读；主要研究方向计算机辅助发音训练。
E-mail:gaoyingming1@sina.com

魏　星 北京语言大学信息科学学院，硕士在读；主要研究方向计算机辅助发音训练。
E-mail:blcuweixing@163.com

张劲松 北京语言大学信息科学学院，博士，教授；主要研究方向语音识别、合成技术、韵律建模、实验语音学、语音习得、基于语音识别、合成技术的计算机辅助语音教学技术。
E-mail:jinsong.zhang@blcu.edu.cn

大学生二语学习语音生态调查

刘晓蕾　　刘亚丽　　付京香

摘要　选取大学二年级学生作为主要调查对象，以普通话和英语为目标语言，经问卷调查数据分析，初步总结得出影响大学生学习第二语言的语音生态要素。

关键词 语音生态，调查问卷，二语学习

A Survey of Speech Ecology for University SLA Learners

LIU Xiaolei　LIU Yali　Fu Jingxiang

Abstract This research primarily investigates the speech ecology that influences second language learning of university students. The subjects are junior students at Communication University of China, with Mandarin and English as the target languages. The results of the questionnaires are further analyzed.

Key words Speech ecology, Second language acquisition, survey

1. 引言

汉语母语者学习普通话或其他第二语言（如英语）时遇到的问题，呈现出的习得特点、规律和差异也不尽相同，这不仅与学习者自身基础条件相关，也与他所处的语音生活环境和成长背景相关，这些在实际生活中影响语音习得的要素可以统归为语音生态学的范畴[3]。

语音生态要素包括年龄（发育阶段）、性别、地域（地理环境）、母语背景、民族文化、人文（宗教）环境、语境、教育水平、饮食习惯等，这些因素对语音的习得都有不同程度的影响。在性别方面有研究表明女性的语音习得能力优于男性[8]。在语音习得方面也有关键时期的假说，在这段关键时期处于不同的语音环境将会对其后语音的习得产生较大的影响[1]。在母语背景方面，有较多的研究表明母语对第二语言的学习有不同方向的影响，包括正向迁移和负向迁移等[6]。中国传媒大学传播声学研究所针对山西、河北、新疆民族地区等学习者做了大量的基础研究工作，结果表明学习者的母语、性别、家庭情况、成长背景、受教育情况等一系列生态因素均可能会对学生的普通话习得产生影响[4]。

当前，学术界在语音习得研究中最常见的方法是经验总结式以及实证研究等[7]。这些研究方法通常是建立在一定教学经验的基础上，以个人主观经验为主依靠课堂或课外随机获得信息，忽视了学习者与外在环境之间的互动。这在语音习得规律的认知及方法的制定方面有诸多弊端。影响第二语言习得的因素是复杂多样的，对语音习得也是如此。

因此，为了探究语音生态要素对第二语音学习的影响，本文对一组在校大学生的普通话和英语语音学习进行的语音生态学意义上的调查和分析。通过从生态学角度寻找语音习得的基本理论和规律，可以说明不同群体、不同个体的语音差异化的原因，或者能够揭示这种现象产生的本质。这些理论可以应用在第二语言学习、人机对话、人工智能、

自然语言合成和处理、计算机辅助语言教学等方面，会对现在一些现有问题提供新的研究视角和解决思路，特别是在一些语音学习方法的制定、学习软件的研究等方面更具有针对性。

2. 问卷调查

2.1 调查对象

选取中国传媒大学作为调查点，对该校大二学生进行问卷调查。作为调研对象的大学生群体，年龄范围为 18-24 岁，具备 10 年以上普通话学习经验，8 年以上英语学习经验。学生籍贯分布如图 1 所示。

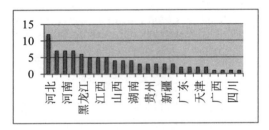

图 1：调研大学生籍贯分布图。

2.2 调查问卷的设计

（1）第一部分：性别、年龄、方言籍贯、普通话学习时长、英语学习时长、地区迁移经历；（2）第二部分：关于语言环境设计问卷，详见表 1。

表 1：关于语言环境问卷。

1.是否在家乡长大（小学之前）？
　A. 是　　　　B. 否
2.家人之间的交流语言_____
　A. 普通话　B. 方言
3.课堂上习惯使用_____作为交流语言
　A. 普通话　B. 方言
4.上大学之前，多跟朋友使用何种语言？
　A. 普通话　B. 方言
5.是否有过音乐学习经历_____
　A. 是　　　　B. 否
6.学习音乐类型_____（可多选）
　A. 乐器　　B. 声乐　　C.乐理

（3）第三部分：关于汉英语言学习设计问卷，详见表 2。

表 2：关于语言学习问卷。

1.你的小学老师整体普通话水平如何？
　A. 标准　　　　B. 有方音　　C. 不标准
2.你的初中老师整体普通话水平如何？
　A. 标准　　　　B. 有方音　　C. 不标准
3.你的高中老师整体普通话水平如何？
　A. 标准　　　　B. 有方音　　C. 不标准
4.感觉自己现在的普通话是否标准？
　A. 标准　　　　B. 有方音　　C. 不标准
5.他人认为你的普通话发音标准吗？
　A. 标准　　　　B. 有方音　　C. 不标准
6.是否能够判断自己的普通话发音的准确性？
　A. 多数时候是　B. 甚少是　　C. 否
7.认为你在学习普通话时的主要发音难点是？
　A. 声母　　　　B. 韵母　　　C. 声调
8.你的声母学习难点？（可多选）
　A.l和n混淆
　B. zh（ch sh）和 z（c s）混淆
　C.l和r混淆
　D.无特殊难点
　E .h和f混淆
　F .其他
9.你的韵母学习难点？（可多选）
　A. ang（eng ong）和 an（en on）混淆
　B. 儿化音
　C. 无特殊难点
　D.其他
10.你的声调学习难点？
　A. 声调混淆　B. 无特殊难点　C. 其他
11.英语启蒙老师的口语水平_____
　A. 标准　　　　B. 有中式口音　C. 不标准
12.小学期间是否有过外籍老师教学经历？
　A. 有　　　　　B. 无
13.中学期间是否有过外籍老师教学经历？
　A. 有　　　　　B. 无
14.你觉得自己的英语口语发音_____
　A. 标准　　　　B. 有中式口音　C. 不标准
15.他人认为你的英语发音标准吗？
　A. 标准　　　　B. 有中式口音　C. 不标准
16.是否参加过有口语课程的课外英语培训机构？
　A. 是　　　　　B. 否
17.是否能够判断自己英语发音准确性？
　A. 多数时候是　B. 甚少是　　　　C. 否
18.你在学习英语口语时的难点是？（可多选）
　A. 元音　　　B.辅音　　　C.语调

19.你的元音学习难点？（可多选）
　　A. 长短音混淆（如[i:][i]）
　　B. 口型不到位（如[E][æ]）
　　C. 无特殊难点
　　D. 其他
20.你的辅音学习难点？（可多选）
　　A. 口型发音不到位　　B. 结尾加元音
　　C. 无特殊难点　　　　D. 其他
21.你的语调学习难点？（可多选）
　　A. 分不清何时重音　　B.疑问句升降调
　　C. 无特殊难点　　　　D. 其他
22.认为自己说不好普通话的原因是_____（可多选）
　　A. 学习普通话时间较晚
　　B. 家庭教育环境影响
　　C. 中小学期间，学校"推广普通话"力度不大
　　D. 寒暑假期间回家，很少说普通话
　　E. 方言口音影响
23.认为自己说不好英语的原因是_____（可多选）
　　A. 个人不够重视　　B. 老师口语欠佳
　　C. 学习方法有问题　D. 没有良好的锻炼环境
　　E. 方言口音影响

　　（4）第四部分：关于个人爱好习惯设计问卷，见表3。

表3：关于个人习惯问卷。

1.你每天以不同形式（音乐、电视剧、新闻等）接触英语听力多长时间？
　　A. 1 小时以内　B. 1~3 小时　C. 3 小时以上
2.平常是否会喜欢收听英文电或者看英文频道？
　　A. 是　　　　B. 偶尔　　　C. 否
3.看英文影视剧时，喜欢何种类型？
　　A. 原声有字幕　B. 原声无字幕
　　C. 译制有字幕　D. 译制无字幕
4.看电视剧或电影是否喜欢看字幕？
　　A. 是　　B. 否
5.讲英文的时候是否有说出口的勇气？
　　A. 有　　B. 有顾虑　　C. 否，很难开口
6.是否跟中国人用英文交流过？什么情况下？
　　A. 是　　B. 否
7.是否跟外国友人进行过交流？什么情况下？
　　A. 是　　B.否
8.日常打字习惯使用何种输入法？
　　A. 拼音　B. 五笔　C. 手写　D. 笔画
9.除了国语歌曲，是否喜欢听粤语（日语、韩语、英语）歌曲？（可多选）

　　A. 粤语　　　B. 日语　　　C. 韩语
　　D. 英语　　　E. 其他
10.看到感兴趣的电视剧（电影、广告、歌曲）有方言台词，喜欢模仿吗？
　　A. 很喜欢　B. 一般不会　C. 不喜欢

2.3 调查结果分析

调查问卷仅包括选择性问题。本次问卷共发放 109 份，回收 95 份，有效问卷为 93 份，有效率为 97.9%。按照学习环境要素以及学习习惯要素的角度，对普通话习得以及英语习得分别进行统计。从回收的大学生问卷分布情况看，表4— 表6列出了部分调查项目的统计结果。

表4：学习环境要素调查统计（普通话）。

	标准	一般	不标准
小学老师普通话水平	41%	47%	12%
初中老师普通话水平	59%	33%	8%
高中老师普通话水平	41%	51%	9%
自我感觉普通话水平	56%	40%	4%
他人感觉普通话水平	57%	34%	9%
	是	有时候	否
自我感知发音准确性	52%	43%	5%
	声母	韵母	声调
发音难点	28%	41%	31%

表 5：学习环境要素调查统计（英语）。

	标准	一般	不标准
英语启蒙老师水平	26%	64%	10%
自我感觉英语水平	17%	61%	22%
他人感觉英语水平	19%	63%	17%
	是	有时候	否
自我感知发音准确性	34%	54%	12%
	有	无	
小学外教经历	24%	76%	
中学外教经历	45%	55%	
外语机构	56%	44%	
	辅音	元音	语调
英语学习难点	18%	18%	64%

表6：学习习惯要素调查统计。

	1h-	1h~3h	3h+
每天接触英语时间	69%	26%	5%
	是	偶尔	否
接触英文电台频道	24%	54%	22%
	原声	译制	
原声还是译制	92%	8%	
	是	否	
是否喜欢看字幕	91%	9%	
	有	有顾虑	难开口
讲英语的勇气	30%	62%	8%
	喜欢	偶尔	不喜欢
是否喜欢模仿方言	30%	48%	22%

根据问卷统计分析可以看出以下几点：

（1）老师水平：老师普通话水平大多处于一般水平；启蒙阶段英语老师的水平偏不高，也大多处于一般的水平，这对英语学习的影响其实是很大的。第二语言的学习，启蒙阶段的老师和学习环境很重要。

（2）自我与他人评价：就普通话而言，评价"标准"居多，反映大学生普通话水平尚可。就英语发音而言，不论是自我评价还是自己得到的他人对自己的评价，大多都是一般，反映了大学生目前英语语音水平的现状不佳。

（3）难易顺序：统计表明，大学生认为普通话发音中，难易顺序（从难到易）是：韵母＞声调＞声母；在英语发音中，难易顺序（从难到易）是：语调＞元音＝辅音。

（4）学习习惯：接近70%的学生每天英语学习的时间不足一小时，作为第二语言学习来说，这个时间投入是严重不足的。

（5）学习心态：大部分的学生在讲英语时勇气不足，有所顾虑。如何建立勇于练习第二语言的信心和习惯是应该思考的。

3. 主成分分析

从"普通话习得语音生态背景"和"英语习得语音生态背景"两方面，针对问卷的主要调查项目展开统计分析。

3.1 普通话习得语音生态因素

问卷调查中为了避免信息遗漏而设计了尽可能多的调研项目，随着调研项目的增多，彼此之间不可避免的引起某些信息的重叠，所以采用主成分分析方法[5]。

依据问卷统计，得到大学生按方言籍贯分布的7个主要调查项目的结果，将7个调研项目定义为原始指标，分别列出标记号。经过主成分分析得出相关系数矩阵的特征值和贡献率（见表7）。由表可以看出前4个主成分累计贡献率达到90.9%，反映出原始指标的绝大部分信息。

表7：特征值和贡献率。

主成分	特征值	贡献率（%）	累计贡献率（%）
1	2.47	35.3	35.3
2	1.76	25.1	60.4
3	1.30	18.6	79
4	0.83	11.9	90.9
5	0.35	5.1	96.0
6	0.25	3.5	99.5
7	0.04	0.5	100

主成分与原始指标的相关系数如表8所示。结果表明：①第一主成分与1相关性较大，其次是2和5；这些指标分别反映了生活环境、成长及学习经历，故定义第一主成分为成长环境。②第二主成分与4相关性较大，其次是3；这几项指标体现了学生的交际用语习惯，故定义第二主成分为方言作为交际用语。③第三主成分与6相关性较大；本项指标反映了学生的方言喜好的小习惯，定义第三主成分为方言模仿爱好。④第四主成分与7相关性较大；本项指标主要反映课堂用语的标准性，故定义第四主成分为教学用语发音标准性。

表8：主成分与原始指标的相关系数。

	一	二	三	四
1 在本地长大	**0.85**	0.48	-0.10	-0.05
2 没有地区迁移经历	**0.69**	-0.25	0.46	0.31
3 家人交流用方言	-0.20	**0.66**	0.54	0.42
4 校园交际用方言	0.17	**0.87**	-0.30	0.13
5 没有音乐学习经历	**0.68**	-0.46	0.20	0.25
6 喜欢模仿方言	-0.61	0.10	**0.72**	-0.20
7 老师普通话不标准	-0.60	-0.23	-0.37	**0.67**

注：表中"一"代表第一主成分，以此类推。

以上可以看出，学生长期学习生活的环境就是学校，老师以及同学营造的语音环境至关重要。成长所在的家庭环境对普通话学习虽然影响重大，但是很难轻易改变。而学校语言学习环境改变可行性较大，这需要老师和学生的共同努力。此外，个人成长过程中的学习经历也是一个重要因素，例如音乐学习经验。当前，已有研究表明具有音乐学习经验的无声调母语学习者在习得声调语言时，相比于无音乐学习经验者声调语音习得过程中具有明显的优势，习得效果较好[2]。

3.2 英语习得语音生态因素

依据问卷统计，得到大学生按方言籍贯分布的6个学习环境生态条件的结果。将6个调研项目定义为原始指标，分别列出标记号。经过主成分分析得出相关系数矩阵的特征值和贡献率（见表9）。由表可以看出前3个主成分累计贡献率达到91.3%，反映出原始指标的绝大部分信息。

主成分与原始指标的相关系数如表10所示。结果表明：①第一主成分与1相关性较大，其次是3和5；这几项原始指标涉及学习环境、学习英语主动性，故定义第一主成分为英语语音环境。②第二主成分与4相关性较大，其次是2，而且呈现负相关；这几项指标直观体现为，喜欢看原声电影，并且在外语机构接受辅导，并不能直接影响英语学习程度，因为参加辅导机构可能是被迫

性学习，而在观赏原声电影的时候，还会下意识地看字幕。故定义第二主成分为被动性英语学习媒介。③第三主成分与5相关性较大；本项指标体现学习主动性，跟学习心态有关，故定义第三主成分为英语学习心态。

表9：特征值和贡献率。

主成分	特征值	贡献率（%）	累计贡献率（%）
1	2.60	43.3	43.3
2	2.06	34.3	77.6
3	0.82	13.7	91.3
4	0.30	5.0	96.3
5	0.16	2.7	99.0
6	0.06	1.0	100

表10：主成分与原始指标的相关系数。

	一	二	三
1 有外籍老师	**0.89**	0.01	-0.40
2 有外语辅导机构	0.34	**-0.80**	0.42
3 喜欢接触英语媒体	**0.87**	0.29	-0.22
4 喜欢看原声电影	0.14	**-0.84**	-0.42
5 有勇气开口讲英语	**0.82**	-0.27	**0.44**
6 老师英语发音标准	-0.48	-0.74	-0.24

注：表中"一"代表第一主成分，以此类推。

以上可以看出，学习者身处目标语言的语境中，自然也会有勇气讲目标语言，所以良好的语音环境是至关重要的。此外，"喜欢看原声电影"、"有外语辅导结构"这两个因素在语音学习中起的是负面作用，这个结论值得思考。

4. 结语

通过上述分析，在大学生第二语言学习中，我们可以得出以下结论：

（1）由表8的第一、二主成分和表10的第一主成分可以直观地看出，良好的语音环境和个人学习经历至关重要。

（2）由表8的第三主成分和表10的第一主成分可以看出，大学生的个人爱好、学习主动性和积极良好的心态对其语言学习有重要影响。

（3）由表 8 的第四主成分和表 10 的第三主成分，可以看出老师的语音水平对学生发音有影响，但并不绝对，就普通话而言，老师普通话越不标准，学生普通话发音越不标准，但是就英语而言，老师发音标准状况却与学生英语发音状况呈现负相关，这可能与学生对目标语的熟悉度或兴趣度有关。

（4）表 10 的第二主成分中占比较高的"喜欢看原声电影"、"有外语辅导结构"同"大学生英语发音标准"呈反比关系，可以理解为这两项活动存在"被动性"。辅导机构和原声电影对语言学习并没有想象中的有帮助，其中原因可能是辅导机构的强迫性、功利性，缺乏趣味性和吸引力，而原声电影的问题可能在于学生更多的是看字幕和关注视觉内容，而对原声电影中的"声"其实并没有关注，没有主动地去学习发声。

5. 参考文献

[1] Asher, J. J., Garcia, R. 1982. *Child-adult differences in second language acquisition.* Rowley MA: Newbury House.

[2] Cooper, A., Wang, Y. 2012. The influence of linguistic and musical experience on Cantonese word language. *J. Acoustic. Soc. Am,* 131, 4756-4768.

[3] Hangen, E. 1972. *The ecology of language.* Stanford: Stanford University Press.

[4] 刘亚丽（2013） 普通话声调习得的语音生态调查和分析。北京：中国传媒大学博士论文。

[5] 孟子厚（2008）《音质主观评价的实验心理学方法》。 北京：国防工业出版社。

[6] 覃夕航（2012） 母语经验对汉语普通话声调范畴化感知的影响。 北京：北京大学硕士论文。

[7] 王韫佳（2003） 第二语言语音习得研究的基本方法和思路。《汉语学习》第 2 期，31-67 页。

[8] 王德春、孙汝建、姚远（1995）《社会心理语言学》。上海：上海外语教育出版社。

刘晓蕾　中国传媒大学传播声学研究所，硕士，主要研究领域为超音段语音习得。
　　　　E-mail: duquanquan1990@126.com

刘亚丽　中国传媒大学传播声学研究所，助理研究员，主要研究领域为基于听觉的语音分析和研究。
　　　　E-mail: yl_liu@cuc.edu.cn

付京香　中国传媒大学外国语学院，副教授，研究兴趣包括实验语音学、环境声学和录音技术。
　　　　E-mail: jxfu2006@aliyun.com

广州普通话陈述句语调停延率的大样本分析

王 李 时秀娟

摘要 本次实验借鉴前人的研究成果，基于石锋的语调格局及韵律层级理念，对50位发音人（25位男性、25位女性）说广州普通话陈述句语调的停延率从单字和韵律词两个方面进行大样本统计分析，得到广州人讲普通话陈述句语调的停延率变化规律，并将得到的数据与《普通话焦点句的时长表现》[5]中的相关实验结果进行对比，发现广州普通话与汉语普通话陈述句语调停延率的异同。

关键词 广州普通话，陈述句，停延率

A Sample Analysis of the Lengthening Ratio of Declarative Sentence in Guangzhou Mandarin

WANG Li SHI Xiujuan

Abstract Based on the theory of Intonation Pattern by Shi Feng and the concept of rhythm hierarchy, the author analyses the lengthening ratio of declarative sentence in Guangzhou Mandarin of 50 speakers（25 males and 25 females）from two aspects: mono-syllabic word and prosodic word and draws the conclusion of the changing trends of the lengthening ratio of declarative sentence in Guangzhou Mandarin. Besides, the essay compares the data with the related experimental results from *Focus of Mandarin Sentence Duration Performance* [5] and finds the similarities and differences of the lengthening ratio of declarative sentence between Chinese Mandarin and Guangzhou Mandarin.

Key words Guangzhou Mandarin, Declarative Sentence, Lengthening Ratio

1. 引言

时长是韵律研究的重要内容。对于韵律，可以用"抑扬顿挫"概括，其中的"抑扬"指韵律的音高表现，而"顿挫"则是时长表现。它在语句中通过停延表现来区分不同的韵律单位的边界。停延指连续话语中语音的停顿和延长，一般在边界位置上停延表现有较大变化[3]。

石锋、梁磊、王萍[4]对汉语普通话陈述句语调的停延率进行了实验分析，考察了陈述句的停延表现，发现语句内韵律边界前确实存在延长，更大的韵律层级边界没有造成更明显的边界前延长，不同声调对于语句中的延长没有显著影响。

孙颖、石锋[5]对普通话强调焦点句的停延率进行了实验分析和比较，强调时长对表现焦点具有指示性的作用，负载焦点韵律词整体时长发生加长。

韩静静[2]比较了"没"字句、"不"字句和肯定句不同声调语句的停延率，整体表现为"不"字句>肯定句>"没"字句，不同的否定词（"没"、"不"）的嵌入对时长会产生不同影响。从语法学方面分析，认为可能是因为"不"表达了一定的主观感情，因而呈现出时长延长的显性特征。

107

2.实验说明

2.1 实验语料

本次实验的语料是在沈炯[1]实验语句基础上修改并添加 2 句而成。分别是阴平句、阳平句、上声句、去声句、上声连读变调 1 句和上声连读变调 2 句。

张中斌星期天修收音机。
吴国华重阳节回阳澄湖。
李小宝五点整写讲演稿。
赵树庆毕业后到教育部。
李金宝五点半写颁奖词。
李小刚五时整写颁奖词。

每个实验句共 10 个音节，划分为三个韵律词，即第 1、2、3 个音节为句首韵律词；第 4、5、6 个音节为句中韵律词；第 8、9、10 个音节为句末韵律词；第 7 个音节是单音动词，跟句末韵律词构成动宾结构的韵律短语。

2.2 实验发音人和录制

本次实验共 50 名发音人，25 名男性和 25 名女性，均为广州本地人，皆是在校大学生，无阅读障碍。录音软件为 Cool Edit 2.0，采样率为 11025Hz，16 位单声道。录音在安静的语音实验室进行，发音人以自然口语、正常重音读出实验句，不出现语义强调和感情色彩，每个句子读一遍。

2.3 实验过程

使用南开大学 "桌上语音工作室"和 Praat 对样品句进行声学实验。韵律词一般包括一个或者一个以上的语法词，词内音节之间没有停顿，韵律词末尾也不会出现可以感知到的无声停顿。而我们的实验句就是由三个韵律和一个单音动词构成的简单陈述句，因此，我们的数据取值不包括句内的无声停顿，而是集中于音段的时长[4]。测算步骤如下：

首先分别测量每个音节的声母（包括成阻、持阻的闭塞段，句首声母的闭塞段时长统一加 50ms）、韵母时长，得到每个音节的时长；再把每个句子全部的音节时长相加得到句子的全部时长，然后计算出音节的平均时长；而音节的停延率计算是以音节相对时长的百分比值为依据进行的，因此分别用句子中各音节时长除以本句所有音节的平均时长，即得到该音节的相对时长。如果所得数据大于 1，则被认为发生了音段延长。

3. 广州普通话陈述句语调单字停延率的统计分析

3.1 陈述句不同声调语句中的单字停延率分析

运用停延率可使句内音节时长相对化，具有可比性。我们在 excel 中进行测算，用 spss 剔除离群值，然后用 excel 作图并在画图工具中进行美化。下面我们首先考察不同声调语句单字的停延情况，再把发音人所发的阴平句、阳平句、上声句、去声句以及变调 1 和变调 2 综合在一起分析陈述句的单字停延情况。

3.1.1 阴平句的单字停延率分析

阴平句平均停延率数据参看表 1。利用 spss 中的单样本 T 检验，得出 50 位发音人所发的阴平句各音节在 0.05 的水平上均存在显著差异。（表 1 中我们以加粗字体和下划线标示相对时长大于 1 的音节，下同）。

阴平句中最大停延出现在第 7 个音节单音动词"修"，最短音节出现在句中韵律词中字"期"。全句共有 4 个音节延长，分别为"张"、"天"、"修"、以及"机"。我们发现，韵律词中间的音节即"中"、"期"、"音"均未发生延长。

表1：广州普通话陈述句阴平句停延率统计表。

	张	中	斌	星	期
Ave	**1.15**	0.95	0.95	0.86	0.69
Sig	0.14	0.12	0.16	0.10	0.10
	天	修	收	音	机
Ave	**1.13**	**1.21**	0.96	0.85	**1.19**
Sig	0.14	0.19	0.11	0.11	0.16

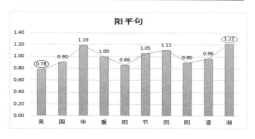

图1：广州普通话陈述句语调阴平句停延率图。

3.1.2 阳平句的单字停延率分析

阳平句平均停延率数据参看表2。利用spss中的单样本T检验，50位发音人所发的阳平句各音节在0.05的水平上均存在显著差异。

表2：广州普通话陈述句阳平句停延率统计表。

	吴	国	华	重	阳
Ave	0.78	0.90	**1.19**	1.00	0.86
Sig	0.12	0.12	0.19	0.15	0.10
	节	回	阳	澄	湖
Ave	**1.05**	**1.11**	0.90	0.96	**1.22**
Sig	0.13	0.21	0.12	0.10	0.17

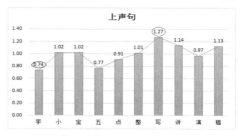

图2：广州普通话陈述句语调阳平句停延率图。

阳平句中最大的停延出现在全句的韵律边界"湖"，最短音节出现在句首韵律词的首字"吴"。阳平句和阴平句一样，全句共有4个音节延长，分别为"华"、"节"、"回"以及"湖"。我们发现，在阳平句中，韵律边界前，即句中三个韵律词的末字都被延长了；韵律边界后，即第4和7个音节，"重"等于1，"回"发生延长；而韵律词中间的音节均无延长。

3.1.3 上声句的单字停延率分析

上声句平均停延率数据参看表3。利用spss的单样本T检验，50位发音人所发的上声句各音节在0.05的水平上均存在显著差异。

表3：广州普通话陈述句上声句停延率统计表。

	李	小	宝	五	点
Ave	0.74	**1.02**	**1.02**	0.77	0.91
Sig	0.15	0.14	0.16	0.12	0.11
	整	写	讲	演	稿
Ave	**1.01**	**1.27**	**1.14**	0.97	**1.13**
Sig	0.12	0.18	0.24	0.10	0.19

图3：广州普通话陈述句语调上声句停延率图。

上声句中最大的停延为单音动词即第7个音节"写"，这与阴平句相同；最短的音节是句首韵律词首字"李"，这与阳平句的情况相同。全句共有6个音节发生延长，分别是"小"和"宝"、"整"、"写"、"讲"和"稿"，上声句中发生延长的音节数量多于阴平句和阳平句。我们还发现，在上声句中，韵律边界前，即句中三个韵律词的末字都被延长了；而与阴平、阳平句不同

的是，上声句中出现了韵律词中间的音节被延长的现象，即第二个音节"小"被延长。

3.1.4 去声句的单字停延率分析

去声句平均停延率数据参看表 4。用单样本 T 检验，50 位发音人所发的去声句各音节在 0.05 的水平上均存在显著差异。

表 4： 广州普通话陈述句去声句停延率统计表。

	赵	树	庆	毕	业
Ave	**1.14**	**1.01**	**1.35**	0.73	0.79
Sig	0.13	0.11	0.17	0.14	0.11
	后	到	教	育	部
Ave	**1.02**	**1.08**	0.99	0.77	**1.10**
Sig	0.14	0.17	0.11	0.12	0.19

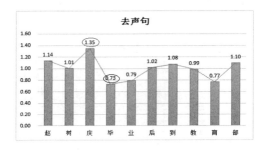

图 4： 广州普通话陈述句语调去声句停延率图。

去声句中最大的停延为句首韵律词末字"庆"，最短的音节是句中韵律词首字"毕"；全句共有 6 个音节发生延长，分别是"赵"、"树"、"庆"和"后"、"到"、"部"，音节延长的数量与上声句相同，但多于阴平句、阳平句。我们还发现，在去声句中，出现了句首韵律词三个音节均发生延长的现象；与阳平、上声句相同，韵律边界前，即句中三个韵律词的末字都被延长了；去声句中还出现了与阴平、阳平、上声句都不同的现象，即最短的音节出现于韵律边界后第 4 个音节的位置。

3.1.5 上声连读变调 1 的单字停延率分析

变调 1 全句平均停延率数据参看表 5。用单样本 T 检验，50 位发音人所发的变调 1 句各音节在 0.05 的水平上均存在显著差异。

表 5： 广州普通话陈述句变调 1 的停延率统计表。

	李	金	宝	五	点
Ave	0.86	**1.10**	0.97	0.72	0.89
Sig	0.16	0.15	0.15	0.13	0.09
	半	写	讲	话	稿
Ave	**1.04**	**1.23**	1.01	0.96	**1.18**
Sig	0.15	0.15	0.14	0.11	0.21

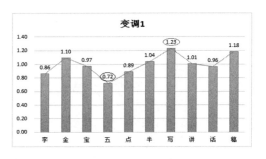

图 5： 广州普通话陈述句语调变调 1 的停延率图。

变调 1 最大的停延为单音动词即第 7 个音节"写"，与阴平、上声句相同；最短的音节是句中韵律词首字"五"，这与去声句相同；全句共有 5 个音节发生延长，分别是"金"、"半"、"写"、"讲"和"稿"。我们还发现，在变调 1 句中，出现了与阴、阳、上、去四个句子均不同的情况，即韵律词中字延长而首字、末字并未延长的情况；与去声句相同，最短的音节出现在韵律边界后第 4 个音节的位置。

3.1.6 上声连读变调 2 的单字停延率分析

变调 2 全句平均停延率数据参看表 6。用单样本 T 检验，50 位发音人所发的变调 2 句各音节在 0.05 的水平上均存在显著差异。

表 6： 广州普通话陈述句变调 2 的停延率统计表。

	李	小	刚	五	时
Ave	0.65	0.96	**1.12**	0.72	**1.03**
Sig	0.13	0.12	0.17	0.09	0.16
	整	写	颁	奖	词
Ave	**1.07**	**1.05**	**1.01**	0.89	**1.46**
Sig	0.12	0.15	0.14	0.09	0.18

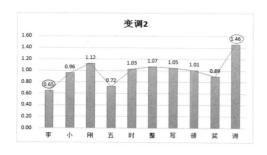

图6： 广州普通话陈述句语调变调2的停延率图。

变调2中最大的停延为全句的韵律边界"词"，这与阳平句情况相同；最短的音节是句首韵律词首字"李"，与阳平、上声句相同；全句共有6个音节发生延长，分别是"刚"、"时"、"整"、"写"、"颁"和末字"词"。其中，我们发现以下特点：变调2的最大停延音节和最短时长音节所出现的位置与阳平句完全一致；与前5种声调句不同的是，出现了句中韵律词的中字发生延长的情况；与阳平、上声、去声相同，韵律边界前，即句中三个韵律词末字都被延长。

3.1.7 陈述句语调单字停延率的分析

从以上统计的数据和结果来看，50位发音人在不同声调语句停延率的表现有共性也有个性。下面，我们对不同声调的单字停延率分别进行统计，并求出平均值，得到陈述句的单字停延率，综合观察陈述句的时长表现，结果如表7、图7（表7以加粗字体和下划线标示相对时长大于1的音节）。

陈述句最大的停延为第10个音节，最短的音节是第4个音节；全句共有4个音节发生延长，分别是句首韵律词末字、句中韵律词末字、单音动词、句末韵律词末字。我们还发现以下特点：韵律边界前，即句中三个韵律词的末字都被延长了；而韵律词中间的音节均无延长。

表7： 广州普通话陈述句语调的停延率统计表。

	1	2	3	4	5	6	7	8	9	10
阴平	**1.15**	0.95	0.95	0.86	0.69	**1.13**	**1.21**	0.96	0.85	**1.19**
阳平	0.78	0.90	**1.19**	1.00	0.8	**1.01**	**1.11**	0.9	0.96	**1.22**
上声	0.74	**1.02**	**1.02**	0.77	0.91	**1.0**	**1.27**	**1.14**	0.97	**1.13**
去声	**1.14**	**1.01**	**1.3**	0.73	0.79	**1.08**	**1.09**	0.89	0.77	**1.1**
变调1	0.86	**1.10**	**1.02**	0.80	0.8	**1.03**	**1.23**	**1.16**	0.96	**1.18**
变调2	0.65	0.96	**1.12**	0.72	**1.03**	**1.07**	**1.05**	**1.01**	0.89	**1.46**
Ave	0.89	0.99	**1.10**	0.80	0.86	**1.05**	**1.16**	1.00	0.90	**1.21**

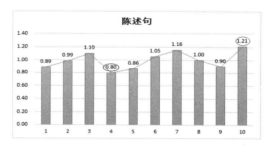

图7： 广州普通话陈述句语调的停延率图。

综上所述，陈述句不同语句的停延率有如下表现：

（1）句中韵律词首字即第4个音节和句末韵律词中字即第9个音节均未延长。

（2）韵律边界后的单音动词均延长。

（3）韵律边界前，即句中三个韵律词的末字都被延长了，只有阴平句和变调1句的句首韵律词末字未发生延长。

（4）全句最大的延长音节表现有同有异，但都分布在韵律边界前后。其中，阴平、阳平、变调1句的最大延长音节是韵律边界后的单音动词，阳平和变调2句的最大延长音节是韵律词边界前的全句末字，去声句是韵律词边界前的第三个音节。

（5）全句最短音节主要集中在韵律词字首，如阴平、上声、变调2句的最短音节是句首韵律词首字，去声和变调1句的最短

音节是句中韵律词首字，阳平句的最短音节是句中韵律词中字，未表现出这一规律。

3.2 广州普通话陈述句性别单字停延率比较分析

我们发现在前人的研究中均未考察性别因素对停延率的影响，下面通过分别计算25位男性发音人和25位女性发音人的停延率平均值，试图探讨性别因素对各语句的单字停延率所产生的影响。

3.2.1 不同性别阴平句停延率分析

阴平句男性和女性的停延率平均值参看表8。（表8中我们以加粗字体和下划线标示相对时长大于1的音节，括号内数据是标准差。下同）

表8: 广州普通话陈述句变调1的停延率统计表。

	张	中	斌	星	期
男	**1.13**(026)	0.93(021)	0.99(0.21)	0.88(0.18)	0.69(0.15)
女	**1.16**(0.15)	0.97(0.11)	0.92(0.13)	0.84(0.10)	0.69(0.09)
	天	修	收	音	机
男	**1.10**(0.26)	**1.23**(0.26)	0.95(0.21)	0.83(0.19)	**1.18**(0.26)
女	**1.16**(0.15)	**1.19**(0.16)	0.97(0.11)	0.86(0.11)	**1.20**(0.16)

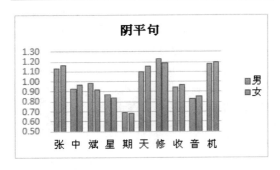

图8: 广州普通话陈述句阴平句男女性停延率图。

男性和女性阴平句最大的停延出现的位置并不相同，男性最大停延为单音动词"修"，女性为全句的韵律边界"机"；男女最短音节出现位置相同，为句中韵律词中

字"期"；男女均有4个音节延长，出现位置均相同，分别是"张"、"天"、"修"和"机"。

3.2.2 不用性别阳平句单字停延率分析

阳平句男性女性停延率平均值参看表9。

阳平句比阴平句表现出了更大的一致性。男性和女性阳平句最大的停延出现的位置相同，均为全句的韵律边界"湖"，男女最短的音节出现的位置也相同，均为句首韵律词首字"吴"；男女阴平句和阳平句一样，均有4个音节发生延长，并且出现的位置均相同，分别是"华"、"节"、"回"和"湖"）。

表9: 广州普通话陈述句阳平男女停延率比较表。

	吴	国	华	重	阳
男	0.83(0.20)	0.87(0.10)	**1.18**(0.22)	0.99(0.13)	0.85(0.10)
女	0.80(0.19)	0.93(0.13)	**1.20**(0.15)	1.00(0.18)	0.86(0.09)
	节	回	阳	澄	湖
男	**1.08**(0.10)	**1.12**(0.26)	0.91(0.12)	0.94(0.12)	**1.23**(0.17)
女	**1.03**(0.16)	**1.10**(0.15)	0.88(0.11)	0.98(0.07)	**1.21**(0.18)

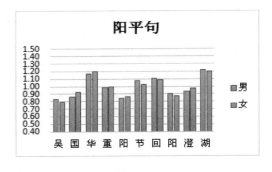

图9: 广州普通话陈述句阳平句男女性停延率图。

3.2.3 不同性别上声句单字停延率分析

上声句男女停延率的平均值参看表10。

表 10:: 广州普通话陈述句上声男女停延
比较表。

	李	小	宝	五	点
男	0.78 (0.14)	0.99 (0.14)	**1.01** (0.16)	0.76 (0.15)	0.89 (0.11)
女	0.70 (0.14)	**1.05** (0.13)	**1.03** (0.16)	0.78 (0.08)	0.94 (0.11)
	整	写	讲	演	稿
男	**1.03** (0.11)	**1.30** (0.19)	**1.13** (0.20)	0.96 (0.11)	**1.16** (0.21)
女	**1.02** (0.17)	**1.24** (0.16)	**1.15** (0.28)	0.99 (0.09)	**1.10** (0.16)

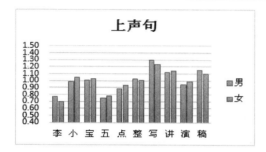

图 10： 广州普通话陈述句上声句男女停延率
图。

男性和女性上声句最大的停延出现的位置相同，均为单音动词"写"，男女最短的音节出现的位置并不相同，男性最短音节为句中韵律词首字"五"，女性为句首韵律词首字"李"；男性上声句共有 5 个音节出现延长，男性延长的音节女性均发生延长，分别是"宝"、"整"、"写"、"讲"和末字"稿"；"小"男性未延长，女性发生了延长。

3.2.4 不同性别去声句单字停延率分析

去声句男性发音人和女性发音人的停延率平均值参看表 11。

去声句和阳平句一样，男性和女性阳平句最大的停延出现的位置相同，均为句首韵律词末字"庆"，男女最短的音节出现的位置也相同，均为句中韵律词首字"毕"；男性去声句共有 5 个音节出现延长，男性延长的音节女性均发生延长，分别是"赵"、"庆"、"后"和"到"、"稿"；"树"男性没有延长，而女性发生了延长。

表 11： 广州普通话陈述句去声男女停延
比较表。

	赵	树	庆	毕	业
男	**1.17** (0.12)	1.00 (0.11)	**1.32** (0.14)	0.72 (0.14)	0.80 (0.12)
女	**1.11** (0.13)	**1.01** (0.12)	**1.40** (0.23)	0.75 (0.13)	0.79 (0.11)
	后	到	教	育	部
男	**1.02** (0.15)	**1.11** (0.17)	0.99 (0.11)	0.78 (0.11)	**1.09** (0.22)
女	**1.03** (0.14)	**1.04** (0.16)	1.00 (0.12)	0.76 (0.12)	**1.11** (0.16)

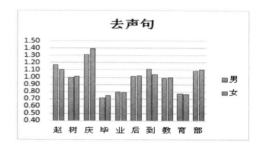

图 11： 广州普通话陈述句去声句男女停延率
图。

3.2.5 不同性别上声连读变调 1 句单字停延率分析

变调 1 句男女停延率平均值参看表 12。男女性最大的停延出现的位置相同，均为单音动词"写"，男女最短的音节出现的位置也相同，均为句首韵律词首字"李"；男女变调 1 句有 5 个音节发生延长，并且出现的位置均相同，分别是"今"、"半"、"写""讲"和"稿"。

表 12： 广州普通话陈述句变调 1 男女停
延率表。

	李	金	宝	五	点
男	0.86 (0.15)	**1.05** (0.11)	0.97 (0.15)	0.73 (0.15)	0.89 (0.09)
女	0.86 (0.17)	**1.15** (0.17)	0.98 (0.15)	0.72 (0.10)	0.89 (0.09)
	半	写	讲	话	稿
男	**1.05** (0.14)	**1.24** (0.16)	**1.06** (0.23)	0.97 (0.11)	**1.20** (0.23)
女	**1.04** (0.17)	**1.23** (0.14)	**1.01** (0.14)	0.96 (0.12)	**1.17** (0.19)

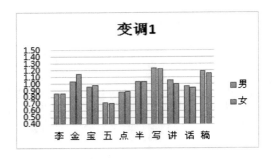

图 12： 广州普通话陈述句变调 1 男女停延率图。

3.2.6 不同性别上声连读变调 2 单字停延率分析

变调 2 句男女停延率平均值参看表 13。

表 13： 广州普通话陈述句变调 2 男女停延率表。

	李	小	刚	五	时
男	0.65 (0.12)	0.94 (0.10)	1.11 (0.15)	0.74 (0.12)	1.00 (0.16)
女	0.65 (0.15)	0.97 (0.13)	1.13 (0.19)	0.74 (0.14)	1.06 (0.17)
	整	写	颁	奖	词
男	1.07 (0.11)	1.07 (0.18)	1.00 (0.15)	0.90 (0.09)	1.50 (0.18)
女	1.09 (0.17)	1.04 (0.16)	1.01 (0.14)	0.89 (0.10)	1.42 (0.16)

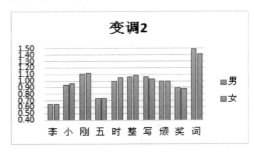

图 13： 广州普通话陈述句变调 2 男女停延率图。

3.2.7 小结

本次实验利用 spss 中的独立样本 T 检验，对 25 位男性发音人和 25 位女性发音人停延率的平均值进行了统计分析，试图考察性别因素在广州普通话陈述句不同声调语句

的影响，发现在所有声调中 sig 值均大于 0.05，没有显著差异。

通过以上分析可以证明，性别因素对广州普通话各声调语句的停延没有显著影响。但在分析中观察到了一个特征，即男女各声调语句中发生停延的音节数量男女相同或者女性发生停延的音节数量多于男性，并未发生男性在某一音节发生停延而女性未停延的现象；但仅以此判断女性在语句中停延情况多于男性，为时过早，还有待进一步研究。

4. 广州普通话陈述句语调韵律词停延率的统计分析

以韵律词为单位，观察陈述句语调韵律词停延率的特点，韵律词相对停延率的计算方法为：把某个韵律词中 50 位发音人的单音节相对停延率相加后取平均值，它反映了韵律词的相对停延率。然后在 6 个实验语句韵律词词长统计的基础上求出平均值，综合分析陈述句韵律词停延率的表现，具体参见表 14 和图 14。其中表 14 以加粗字体和下划线标示相对时长大于 1 的韵律词。

表 14： 广州普通话陈述句词长停延率统计表。

	句首	句中	动词	句末
阴平	1.02	0.89	1.21	1.00
阳平	0.96	0.97	1.11	1.03
上声	0.93	0.90	1.27	1.08
去声	1.17	0.85	1.08	0.95
变调 1	0.98	0.88	1.23	1.05
变调 2	0.91	0.94	1.05	1.12
陈述句	0.99	0.91	1.16	1.04

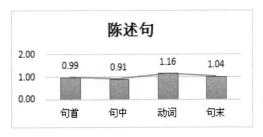

图 14： 广州普通话陈述句语调词长停延率图。

5. 广州普通话与汉语普通话陈述句语调停延率的比较分析

5.1 广州普通话与汉语普通话陈述句不同语句中的单字停延率分析

下面与孙颖、石锋的《普通话焦点句的时长表现》[5]中的实验数据进行比较分析。

表 15: 广州普通话（上）与汉语普通话（下）（引自孙颖、石锋 [4]）陈述语句单字停延率分析表。

	1	2	3	4	5	6	7	8	9	10
阴平	**1.15**	0.95	0.95	0.86	0.69	**1.13**	(**1.21**)	0.96	0.85	**1.19**
阳平	0.78	0.90	**1.19**	1.00	0.86	**1.05**	**1.11**	0.90	0.96	(**1.22**)
上声	0.74	**1.02**	**1.02**	0.77	0.91	**1.01**	(**1.27**)	**1.14**	0.97	**1.13**
去声	**1.14**	**1.01**	(**1.35**)	0.73	0.79	**1.02**	**1.08**	0.99	0.77	**1.10**

声调	1	2	3	4	5	6	7	8	9	10
阴平	0.96	0.95	1.01	0.98	0.76	1.17	1.03	0.95	0.91	1.29
阳平	0.70	0.96	1.19	0.82	0.95	1.15	0.93	0.92	1.11	1.27
上声	0.70	1.17	1.13	0.70	1.05	1.05	1.12	0.97	1.03	1.10
去声	0.92	1.00	1.47	0.64	0.91	1.22	0.99	0.91	0.79	1.15

由于汉语普通话实验中仅有阴平、阳平、上声、去声四个声调句，因此本次比较不包括变调 1 句和变调 2 句。具体如表 15 所示，表中以加粗字体和下划线标示相对时长大于 1 的韵律词，上表中圆圈内的数据表示各陈述句中停延率最大值所出现的位置。

5.1.1 广州普通话与汉语普通话陈述句语调阴平句的单字停延率比较分析

广州普通话最大延长位置是第 7 个音节，汉语普通话最大值是第 10 个音节，广州普通话最大值小于汉语普通话最大值；广州普通话与汉语普通话的最小值所处位置均是第 5 个音节，即句中韵律词中字"期"，广州普通话最小值小于汉语普通话最小值。广州普通话与汉语普通话均有 4 个音节发生延长，汉语普通话中三个韵律词的末字和单音动词均发生延长，在广州普通话句首韵律词中未

表现出这一特点，其末字未延长，首字发生延长。

5.1.2 广州普通话与汉语普通话陈述句语调阳平句的单字停延率比较分析

参看表 15，可以发现，阳平句中广州普通话与汉语普通话的最大值均是第 10 个音节，其中广州普通话最大值小于汉语普通话最大值；最小值出现的位置也相同，均为句首韵律词首字，广州普通话最小值大于汉语普通话最小值；广州普通话与汉语普通话均有 4 个音节发生延长，句中三个韵律词的末字均发生延长，韵律词首字均未延长，韵律词中字和单音动词的表现不一。

5.1.3 广州普通话与汉语普通话陈述句语调上声句的单字停延率比较分析

参看表 15，上声句中广州普通话的最大值位于第 7 个音节即单音动词，汉语普通话的最大值出现在第 2 个音节，广州普通话最大值大于汉语普通话最大值；广州普通话最小值出现在第 1 个音节，汉语普通话中有两个位置出现最小值，即第 1 个和第 4 个音节，广州普通话最小值大于汉语普通话最小值；广州普通话全句共 6 个音节发生延长，汉语普通话共 7 个音节发生延长。比较发现，汉语普通话上声句中韵律词首字均未发生延长，而韵律词中字、末字和单音动词均发生延长，规律性明显；广州普通话上声句中韵律词末字和单音动词均延长，韵律词首字、中字延长与否并不稳定。

5.1.4 广州普通话与汉语普通话陈述句语调去声句的单字停延率比较分析

参看表 15，广州普通话和汉语普通话的最大值均出现于第 3 个音节，广州普通话最大值小于汉语普通话最大值；广州普通话和汉语普通话的最小值均出现于第 4 个音节，广州普通话最小值大于汉语普通话最小值；广州普通话共 6 个音节发生延长，而汉语普通话仅 3 个音节延长，汉语普通话发生延长的音节均大于广州普通话延长的相应音节。

5.1.5 广州普通话与汉语普通话陈述句语调单字停延率的总体分析

下面我们对广州普通话和汉语普通话陈述句语调的单字停延率进行总体的对比分析。观察下图，广州普通话的最大值是第 10 个音节，汉语普通话的最大值出现于两处，第 3 个音节和第 10 个音节。广州普通话最大值大于汉语普通话最大值 1%（1.21-1.20）；广州普通话和汉语普通话的最小值都是第 4 个音节，广州普通话最小值大于汉语普通话最小值 1%（0.80-0.79）；广州普通话全句共 4 个音节延长，汉语普通话共 5 个音节延长，句首韵律词中字广州普通话未延长，汉语普通话延长。

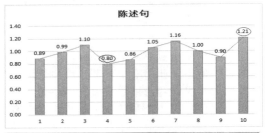

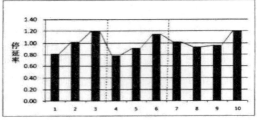

图 15：广州普通话（左）和汉语普通话（右）（引自孙颖、石锋[5]）陈述句语调停延率分析图。

综上所述，比较广州普通话和汉语普通话的单字停延率，我们得出以下结论：

（1）韵律边界前，即句中三个韵律词的末字在汉语普通话中都被延长，广州普通话中普遍延长，只有阴平句句首韵律词末字未发生延长。

（2）汉语普通话中韵律词首字都未发生延长，而广州普通话未表现出这一规律，阴平句、去声句句首韵律词首字、上声句句末韵律词首字延长。

（3）广州普通话的单音动词都发生延长，而汉语普通话未明显呈现出这一特点，阳平句、去声句的单音动词未发生延长。

（4）广州普通话的最大值均出现于韵律词末字的音节，汉语普通话普遍表现出这一特点，但上声句出现在句首韵律词中字，认为和上声连读变调有关[5]。

（5）广州普通话和汉语普通话全句的最小值所出现的位置规律性强。

5.2 广州普通话与汉语普通话陈述句语调韵律词停延率的对比分析

下面分析广州普通话和汉语普通话的陈述句语调韵律词停延率，如图16所示。

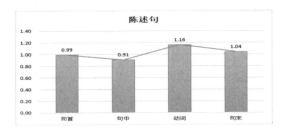

	句首韵律词	句中韵律词	动词	句末韵律词
平均值	1.01	0.95	1.02	1.03

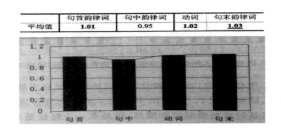

图 16：广州普通话（左）与上海普通话（右）（引自孙颖、石锋[5]）陈述句语调的韵律词停延率分析图。

通过观察图表，可以比较发现，广州普通话与汉语普通话各陈述句中最大停延韵律词所出现的位置并不相同，广州普通话出现于动词，汉语普通话在句末韵律词，且两者差值较大，约为 13%（1.16-1.03）；汉语普通话除句中韵律词外其他韵律词都发生延长，数值彼此接近，广州普通话中只有动词和句末韵律词延长，数值相差较大。

总体来看，广州普通话与汉语普通话陈述句语调在各韵律词中单音动词的停延率差别最大，其他韵律词较为一致；广州普通话陈述句停延率的最大差值为 25%（1.16-0.91），汉语普通话陈述句停延率的最大差值为 8%（1.03-0.95）。

6. 结论

本次实验借鉴前人的研究成果，基于石锋的语调格局及韵律层级理念[6]，对 50 位发音人（25 位男性、25 位女性）说广州普通话陈述句语调的停延率从单字和韵律词两个方面进行大样本统计分析，得到广州人讲普通话陈述句语调的停延率变化规律，并将得到的数据与《普通话焦点句的时长表现》[4]中的相关实验结果进行对比，发现广州普通话与汉语普通话陈述句语调停延率的异同。

（1）广州普通话陈述句语调的单字停延率：句中韵律词首字和句末韵律词中字均不发生延长；韵律边界前，即句中三个韵律词的末字和单音动词都被延长了；全句最大的延长音节表现有同有异，但是都分布在韵律边界前后。全句最短的音节主要集中在韵律词首字。

（2）广州普通话陈述句语调的韵律词停延率：句中韵律词最短，单音动词的停延最长，陈述句中的各个韵律词的停延率分布较为均匀。

（3）广州普通话陈述句与汉语普通话陈述句的对比结果：韵律词末字普遍延长，最大值基本出现于韵律词末字的音节；汉语普通话中韵律词首字都未发生延长，而广州普通话没有表现出这一规律；广州普通话的

单音节动词都发生延长，而汉语普通话未明显呈现出这一特点。

（4）不同声调和性别因素对于广州普通话陈述句语调中的延长没有显著影响。

7. 致谢

本文研究得到了"普通话语音标准声学和感知参数数据库建设（13&ZD134）"的经费支持。在研究和写作过程中还得到了石锋先生的指导。

8. 参考文献

[1] 沈炯（1985）北京话声调的音域和语调。《北京语音实验录》。北京：北京大学出版社。

[2] 韩静静（2015）普通话否定句语调格局。天津师范大学研究生学位论文。

[3] 石锋、邓丹（2007）普通话四音节韵律词的时长分析。《世界汉语教学》第 4 版，86-93 页。

[4] 石锋、梁磊、王萍（2010）汉语普通话陈述句语调的停延率。《研究之乐——庆祝王士元先生七十五寿辰纪念文集》。上海：上海教育出版社。

[5] 孙颖、石锋（2012）普通话焦点句的时长表现。《中国语音学报》第 3 辑。

[6] 石锋（2013）《语调格局》。北京：商务印书馆。

王 李 天津师范大学，硕士研究生，研究方向实验语言学。
E-mail: 18647204846@163.com

时秀娟 天津师范大学，教授，博士，研究方向实验语言学、汉语语音研究及语言教学。
E-mail: shixiujuan66@163.com

The Influence of Gender on Prosodic Entrainment in Mandarin Conversations

XIA Zhihua, MA Qiuwu

Abstract The goal of this study is to find out how gender affects prosodic entrainment in Mandarin conversation. Based on the analyses of Tongji Games Corpus, it is found that in Mandarin conversations, mixed gender groups entrain on the greatest number of features and males entrain on the least; the entrainment degree is the most prevalent in mixed-gender groups, and the least in male groups. A cross-linguistic comparison between Mandarin Chinese and English finds striking similarities over the number of prosodic features and the degree of prosodic entrainment. The similarities support not only the view that entrainment is a cross-cultural phenomenon, but provide evidence that gender plays the similar role in prosodic entrainment in different language groups.

Key words Gender, Prosodic entrainment.

1. INTRODUCTION

The Conversations are considered as joint activities in which two interlocutors share or synchronize their mental states and performances. Prosodic entrainment means two speakers adapt prosody to that of their interlocutors in conversation, and then become similar in speaking for smooth and successful communication, which is also named prosodic accommodation, prosodic adaptation, or prosodic alignment.

According to Speech Accommodation Theory [6], the benefits of adapting communication to accommodate others are to increase communication efficiency and gain social approval or shorten desired level of social distance. Prosodic entrainment is important in social interaction. It assists the smooth expression and comprehension, and reveals the alignment of cognitive, expressive, and comprehensive layers in interaction, by which communication is fulfilled accurately and effectively ([3] [11] [12] [13]).

Prosodic accommodation varies according to the speakers' social status. For example, the participants having lower social status adapt more to the interlocutors having higher status [6]. Pardo [10] has examined the degree to which interlocutors increased the similarity in phonetic performances during conversational interaction, and find that both the role of a participant in the task and the sex of the pair of the talkers affected the degree of convergence. Levitan *et al.* [9] have accomplished research on the relationship between prosodic entrainment and social behavior, and find that mixed gender pairs entrain more than same gender pairs, and entrainment is more important to the perception of mixed gender pairs than it is for the same gender pairs.

It is difficult to control several social factors in one experiment simultaneously, although social factors cover various aspects. This paper focuses on the element of gender. The goal of this study is to find out how gender affects prosodic entrainment in Mandarin conversation.

In Section 2, the corpus and its annotation of this study is described. In Section 3, analyses of gender and prosodic entrainment are made. In Section 4, a cross-linguistic comparison of the gender and prosodic entrainment between Mandarin Chinese and English is made. In Section 5, conclusion, discussion, and the future research are provided.

2. CORPUS AND ANNOTATION

The analyses of this research are based on Tongji Games Corpus, which contains approximately 12 hours of spontaneous speech, each of which is about 6 minutes, task-oriented Mandarin conversations elicited by two games. Subjects are randomly selected from the students in Jiangsu Normal University with a National Mandarin Test Certificate level 2, with a grade of A or above. The requirements in the subjects' proficiency are to increase the likelihood that the Mandarin spoken in the corpus is standard, and reduce the influence of Chinese dialects in prosody.

70 pairs participated in the experiments, in which there are 23 female and female pairs, 30 female and male pairs, and 17 male and male pairs. A series of analyses over prosodic entrainment and gender are based on the conversations produced by these gender groups.

Because of the absence of some potential subjects, some of the available subjects participated twice in the experiments. In spite of this adjustment, the two people of any pair in conversation are still strangers. Therefore, 39 female subjects participated in the female-female conversations; 20 male subjects participated in the male-male conversations; 40 subjects (20 female subjects and 20 male subjects) participated in the mixed-gender conversations.

The recording of the corpus was accomplished in a sound-proof booth in Jiangsu Normal University. During the experiments, the two interlocutors faced two computers, and played the games presented on the screens. There was a curtain between them, so neither could see the other's facial expressions or body movements, in order to reduce the facial and gestures' aid in conversations, thus the function of prosody became prominent. Every speaker wore a head microphone (Sennheiser, PC166), and their conversations were recorded by another computer with Cool Edit (Pro. 2.0). The parameters in Cool Edit were set as 44100 HZ, 16, single track. Subjects accomplished free conversations, and nobody interrupted them in the course of the games till the end of the conversations. Subjects were told to play games only. They did not know the research purpose.

IPUs (Inter-Pausal Unit) are adopted as the minimal units in analyses. Casper [4] set the threshold of pause in IPU as 100ms in her research. Levitan & Hirschberg [8], Levitan et al. (9) set the threshold as 50ms. The threshold for IPUs of the present research is 80 ms by calculation. IPUs are automatically labeled by SPPAS [1]. And then, the IPUs' boundaries are checked manually in Praat.

The present research excluded the laugh, cough, sneezing, etc, which contained no linguistic contents from IPUs, and they are not annotated in Praat. The filled pauses, repairing, restarting, backchannel, etc, which contained linguistic contents, were included in IPUs, and they were considered as valid speaking and were annotated in Praat. Chinese characters are put down within IPUs in Praat instead of syllables.

The present research adopted the methods of Caspers [4] for identification of turns in Mandarin conversations.

The present research focuses on gender and prosodic entrainment in Mandarin conversations. Seven variables are set in the analyses of Tongji Games Corpus in this study. These parameters come from 3 main aspect of prosody, including the feature of duration (Speaking-rate), the features of F0 (F0 min, F0 mean, F0 max), and the features of intensity (Intensity min, Intensity mean and Intensity max).

Seven variables of every IPU were extracted by a Praat script. Data extraction is accomplished over the smallest analysis units---IPUs. However, some analyses of entrainment in the present research cover units larger than IPUs including turns, or conversations, which contain more than one IPU. The weighted averages are calculated over all the IPUs within these units.

3. THE ANALYSES OF GENDER AND PROSODIC ENTRAINMENT

The analyses of entrainment and gender include two parts: the number of prosodic features in entrainment and the entrainment degree in different gender combination. In the present research, there are three kinds of gender groups in conversation (female-female groups, female-male groups, male-male groups).

3.1 The number of prosodic features in entrainment

This analysis is to find out: Are there any differences in the number of prosodic features among different gender groups? The analyses in this section are set at the conversation level. Relevant studies mentioned in Section 1 have proved the influence of social factors in prosodic entrainment. Therefore, it is hypothesized that there should be differences in the number of prosodic features among different gender groups in Mandarin conversations.

3.1.1 Paired T-tests over different gender groups

Paired T-tests are accomplished between the partner distances and non-partner distances in this analysis. The partner distance is the distance of a prosodic feature between the speaker and his partner; non-partner distance is the mean of the distances of a prosodic feature between the speaker and other speakers, with

whom he is not partnered in any conversations ([8] [9]). Non-partners in these games are restricted to those of the same gender and conversational role as their partners in dialogues. Thus, hypothesis of these analyses is that the partner distance should be smaller than the non-partner distance, which can supply the evidence for entrainment at the conversation level.

This method is explained by following formulas.

For each conversation, the present research defines *disp* as the partner distance between two partners (speaker A, speaker B) on the prosodic feature f :

$$disp = \left| A_f - B_f \right| \tag{1}$$

In Formula 1, *disp* represents the partner distance, Af and Bf are weighted average (as what mentioned in section 3) for the feature f over the whole conversation of the two partnered speakers A and B.

The present research define disnp as the non-partner distance on the feature f :

$$disnp = \frac{\sum_i \left| A_f - X_{if} \right|}{\left| X \right|} \tag{2}$$

In Formula 2, *disnp* represents the non-partner distance, X(i) are the set of speakers, which are selected randomly in the Tongji Games Corpus. These speakers have the same gender and role as the speaker's partner, and are not paired with the speaker in any conversations. The restriction to the speakers with the same gender and role as the speakers' partner is to decrease the influence of gender and role in the results. *Af* and *Xif* are also the weighted mean (mentioned in Section 3) for the feature f over the whole conversation of the two non-paired speakers A and X. $\left| A_f - X_{if} \right|$ represents the distance between non partners.

According to Section 2, in Tongji Games Corpus, the paired T-tests are accomplished

over the pairs with three kinds of gender combination (23female-female groups, 30 female-male groups, 17male-male groups). 39 female subjects participated in the female-female conversations; 20 male subjects participated in the male-male conversations; 40 subjects (20 female subjects and 20 male subjects) participated in the mixed-gender conversations.

For female-female groups, 39 pairs of partner distances and non-partner distances are calculated for one variable (one prosodic feature), and are put in a paired T-test. There are 7 variables in the present research, so 7 series of paired T-tests are accomplished over all the prosodic features examined.

For male-male groups, 20 pairs of partner distances and non-partner distances are calculated for one variable (one prosodic feature), and are put in a paired T-test. There are 7 variables in the present research, so 7 series of paired T-tests are accomplished over all the prosodic features examined.

For female-male groups, 40 pairs of partner distances and non-partner distances are calculated for one variable (one prosodic feature), and are put in a paired T-test. There are 7 variables in the present research, so 7 series of paired T-tests are accomplished over all the prosodic features examined.

3.1.2 Results

Since the paired T-tests are accomplished over 3 gender groups respectively, the results of analyses are listed separately.

For female-female group, the results of paired T-tests are listed in Table 1.

Table 1: Paired T-tests of female-female groups.

Feature	t	df	p-value	Sig.
Speaking rate	−5.792	38	0.0	*
F0 min	−1.283	38	0.207	/
F0 mean	−0.523	38	0.604	/
F0 max	−0.241	38	0.811	/
Intensity min	−1.726	38	0.092	/
Intensity mean	−4.765	38	0.0	*
Intensity max	−5.075	38	0.0	*

In Table 1, an asterisk * indicates the significant difference, and the symbol / indicates no significant difference. This table shows that in female-female conversations, speakers show significant entrainment over 3 prosodic features: Speaking-rate (p= 0.0 < 0.05), Intensity min (p= 0.0 < 0.05), and Intensity max (p= 0.0 < 0.05).

For male-male group, the results of paired T-tests are listed in Table 2.

In Table 2, an asterisk * indicates the significant difference, and the symbol / indicates no significant difference. Table 2 shows that in male-male conversations, speakers show significant entrainment over one prosodic feature: Speaking-rate (p=0.0 < 0.05).

Table 2: Paired T-tests of male groups.

Feature	t	df	p-value	Sig.
Speaking rate	−6.804	19	0.0	*
F0 min	0.453	19	0.656	/
F0 mean	0.228	19	0.822	/
F0 max	0.595	19	0.559	/
Intensity min	−1.869	19	0.077	/
Intensity mean	0.176	19	0.862	/
Intensity max	0.099	19	0.922	/

Table 3: Paired T-tests of female-male groups.

Feature	t	df	p-value	Sig.
Speaking rate	−3.024	39	0.004	*
F0 min	1.032	39	0.309	/
F0 mean	0.972	39	0.337	/
F0 max	−4.281	39	0.0	*
Intensity min	0.684	39	0.498	/
Intensity mean	−3.379	39	0.002	*
Intensity max	−3.225	39	0.003	*

For female-male group, the results of paired T-tests are listed in Table 3. In Table 3, an asterisk * indicates the significant difference, and the symbol / indicates no significant difference. Table 3 shows that in female-male conversations, speakers show significant entrainment over 4 prosodic features: Speaking-rate (p=0.004 < 0.05), F0 max (p=0.0 < 0.05), Intensity mean (p=0.002< 0.05)), and Intensity max (p=0.003 < 0.05).

The results of paired T-tests over the pairs with 3 kinds of gender combination show that in female-female conversations, speakers show significant entrainment over 3 prosodic features: Speaking-rate, Intensity min, and Intensity max; in male-male conversations, speakers show significant entrainment over 1 prosodic feature: Speaking-rate; in female-male conversations, speakers show significant entrainment over 4 prosodic features: Spea-king-rate, F0 max, Intensity mean, and Intensity max.

Then it is found that more features are entrained in female-male conversations. The number of prosodic features entrained in mix gender group's conversations is the most, and the number of the prosodic features in male-male group's conversations is the least.

In conversations of the pairs with the same gender (female-female and male-male conversations), the features of duration and intensity are entrained; in mixed gender group's conversations, including the feature of duration, features of F0 are also entrained.

3.2 Entrainment degree of the pairs with different gender combination

From the results above in section 3.1, over Speaking-rate, Intensity mean and Intensity max, pairs in female-female, female-male and male-male conversations exhibit entrainment. It is necessary to explore further what is the difference of entrainment degrees over three gender combinations for anyone feature of the three.

The research question in this section is: Is there any difference in entrainment degree in the pairs of different gender combination? In addition to the number of features speakers entrained over, the present research also analyzes the degree of entrainment in the pairs with different gender combination.

3.2.1 ANOVA tests

ANOVA test is adopted in the analyses of entrainment degree, in which adaptation degrees are considered as dependent variables, and 3 gender combinations are independent variables.

The first step is to define a parameter—*sim*, in this analysis, which is calculated by Formula 3.

In Formula 3, *sim* represents the adaptation degree of one prosodic feature. *disp* represents the partner distance as in Formula 1, and *disnp* represents the non partner distance as in Formula 2 in Section 3.1.

$$sim = 1 - \frac{disp}{disnp} \qquad (3)$$

In this analysis, *sim* represents the adaptation degree of the prosodic feature f. *disp* represents the partner distance as in Formula 1, and *disnp* represents the non partner distance as in Formula 2. In this analysis, non partner distance is considered as the baseline in the distance of the two interlocutors, the distance without the mutual adaptation. Thus, *disp/disnp*, *disp* normalized by *disnp*, represents the ratio of the remained distance after adaption between interlocutors to the primitive distance. Then, *sim*, *1-disp/disnonp*, represents a similarity ratio, the percentage of becoming similar. This similarity ratio or normalization in Formula 3 has an advantage to control for speaker' differences.

For Speaking-rate, Intensity mean, and Intensity max, over which all the pairs with 3 gender combinations exhibit entrainment, ANOVA test is conducted over female-female, female-male, and male-male groups.

39 female subjects participated in the female-female conversations; 20 male subjects participated in the male-male conversations; 40 subjects (20 female, 20 male) participated in the mixed-gender conversations. *Sim* is calculated by Formula 3 over the values of *disp* and *disnp* from these conversations.

39 *sim* come from 39 female-female conversations; 20 *sim* come from 20 male-male conversations; 40 *sim* come from female-male conversations. ANOVA tests are accomplished over 3 prosodic features, taking *sim* as the dependent variable and 3 gender groups the independent variables.

3.2.2 Results

For Speaking-rate, Intensity mean, and Intensity max, over which all pairs with 3 gender combinations exhibit entrainment, ANOVA tests are conducted over the female-female, female-male, and male-male groups,

and the results of these tests are listed respectively below.

The results of ANOVA test in terms of Speaking-rate over 3 gender combinations are listed in Table 4.

Table 4: An ANOVA test in terms of Speaking-rate over 3 gender combinations.

ANOVA					
	Sum of Squares	df	Mean Square	F	Sig.
Between G-roups	2.06	2	1.028	4.508	.013
Within Groups	21.89	96	.228		
Total	23.94	98			

Table 4 shows that over Speaking-rate, *sim* has significant difference in the pairs with 3 gender combinations (p=0.013 < 0.05, F= 4.508). That is, in terms of Speaking-rate, entrainment degree is significantly different over the pairs with three gender combinations. It is necessary to test further the difference between every two gender combinations. Therefore, the multiple comparisons are made below.

The results of post-doc comparison are listed in Table 5.

Table 5 shows that over Speaking-rate, *sim* is the smallest in female-male conversations within 3 gender combinations, because *sim* in the female-male group is significantly smaller than that in the female-female group (p=0.030< 0.05) and *sim* in the female-male group is significant smaller than that in the male-male group (p=0.007<0.05). *Sim* is not significantly different between the female-female group and the male-male group. That is to say, in terms of Speaking-rate, the entrainment degree over the female-male group is the smallest, and there is no signify-cant difference between female-male group and the male-male group.

Table 5: Post-hoc comparison of ANOVA test in terms of Speaking-rate.

Multiple Comparison						
LSD						
(I) gro-up	(J) gro-up	Mean Difference (I-J)	Std. Error	Sig.	95% Confidence Interval	
					Lower Bound	Upper Bound
ff	fm	.23 622*	.10 745	.030	.0 229	.4 495
	mm	−.12 486	.13 132	.344	−.3 855	.1 358
fm	ff	−.23 622*	.10 745	.030	−.4 495	−.0 229
	mm	−.36 108*	.13 076	.007	−.6 206	−.1 015
mm	ff	.12 486	.13 132	.344	−.1 358	.3 855
	fm	.36 108*	.13 076	.007	.1 015	.6 206

The results of ANOVA test in terms of Intensity Mean in the pairs with 3 gender combinations are listed in Table 6.

Table 6: An ANOVA test in terms of Intensity Mean over 3 gender combination.

ANOVA					
	Sum of Squares	df	Mean Square	F	Sig.
Between Groups	2.204	2	1.102	3.13	.048
Within Groups	33.791	96	.352		
Total	35.996	98			

Table 6 shows that over Intensity mean, sim is significantly different in the pairs with 3 gender combinations (p=0.048<0.05, F=3.131). That is, in terms of Intensity min, entrainment degree is significantly different over the pairs with three gender combinations. It is necessary to test further the difference between every two gender combinations. Therefore, the multiple comparisons are made below.

The results of post-hoc comparison are listed in Table 7.

Table 7: Post-hoc comparison of ANOVA test in terms of Speaking-rate.

Multiple Comparison						
LSD						
(I) gro-up	(J) gro-up	Mean Difference (I-J)	Std. Error	Sig.	95% Confidence Interval	
					Lower Bound	Upper Bound
ff	fm	.12 049	.13 351	.369	-.1 445	.3 855
	mm	.40 764*	.16 317	.014	.0 837	.7 315
fm	ff	−.12 049	.13 351	.369	−.3 855	.4 115
	mm	.28 715	.16 248	.080	−.0 354	.6 097
mm	ff	−.40 764*	.16 317	.014	−.7 315	−.0 837
	fm	.2 871	.16 248	.080	−.6 097	.0 354

Table 7 shows that over Intensity mean, sim is the smallest in male-male conversations within 3 gender groups, because sim in the male-male group is significantly smaller than in the female-female group (p= 0.014 < 0.05), and *sim* in the male-male group tends to be smaller than in the female-male group (p= 0.080 < 0.01). *Sim* in the male-male group is not significantly different from that in female-female groups or female-male groups. That is to say, in terms of Intensity mean, the entrainment degree over male-male group tends to be the smallest, and there is no significant difference between the female-female group and the female-male group.

The results of ANOVA test in terms of Intensity max in the pairs with 3 gender combinations are listed in Table 8.

Table 8: An ANOVA test in terms of Intensity Max over 3 gender combinations.

ANOVA					
	Sum of Squares	df	Mean Square	F	Sig.
Between Groups	2.446	2	1.223	3.73	.028
Within Groups	31.484	96	.328		
Total	33.930	98			

Table 8 shows that over Intensity max, *sim* is significantly different in the pairs with 3 gender combinations (p=0.028 < 0.05, F=3.729). That is, in terms of Intensity max, entrainment degree is significantly different over the pairs with three gender combinations.

It is necessary to test further the difference between every two gender combinations. Therefore, the multiple comparisons are made below. The results of post-hoc comparisons are listed in Table 9.

Table 9 shows that over Intensity max, sim tends to be the smallest in male-male conversations among the 3 gender groups, because sim in the male-male group is significantly smaller than that in the female-female group (p= 0.008 <0.05), and sim in the male-male group is smaller than that in the female-male group, although the result is not significant (p= 0.124 > 0.05). Sim in the male-male group is not significantly different from that in the female-female group or the female-male group. That is to say, in terms of Intensity max, the entrainment degree in the male-male group tends to be the smallest, and there is no significant difference between the female-female group and female-male group.

According to the results of a series of ANOVA tests over Speaking-rate, Intensity mean, and Intensity max, it is found that in terms of Speaking-rate, the entrainment degree over female-male group is the smallest, and there is no significant difference over the female-male group and the male-male group; in terms of Intensity mean, the entrainment degree of the male-male group tends to be the smallest, and there is no significant difference between the female-female group and the female-male group; in terms of Intensity max, the entrainment degree of male-male group tends to be the smallest, and there is no significant difference between the female-female group and the female-male group.

Table 9: Post-hoc comparison of ANOVA test in terms of Intensity Max.

Multiple Comparison						
LSD						
(I) group	(J) group	Mean Difference (I-J)	Std. Error	Sig.	95% Confidence Interval	
					Lower Bound	Upper Bound
ff	fm	.18 379	.12 887	.157	−.0 720	.4 396
	mm	.42 689*	.15 750	.008	.1 143	.7 395
fm	ff	−.18 379	.12 887	.157	−.4 396	.0 720
	mm	.24 310	.15 683	.124	−.0 682	.5 544
mm	ff	−.42 689*	.15 750	.008	−.7 395	−.1 143
	fm	−.24 310	.15 683	.124	−.5 544	.0 682

Therefore, based on the results above, it is found that entrainment of mixed gender pairs is most prevalent although not necessarily strongest, male-male pairs tend to entrain least in MC conversations.

4. COMPARISON

A cross-linguistic comparison between Mandarin Chinese and English is made in this section. The comparison is mainly based on the results between the present research and that of Levitan *et al.* [9]. In terms of entrainment and gender, the cross-linguistic comparison covers

two aspects: prosodic features entrained by gender groups, and entrainment degree by gender groups.

4.1 Comparison of the prosodic features

The results of prosodic proximity over three gender groups are compared between Mandarin Chinese (MC) conversations in Tongji Games Corpus and Standard American English (SAE) in Columbia Games Corpus. The results of MC come from the analyses in Section 5.1, and the results of SAE come from the research of Levitan *et al.* [9]. The results of comparison are showed in Table 10.

In Table 10, the symbol "✓" represents showing similarity, "×" showing difference, and "—" showing no test on this feature.

Table 10 shows that the striking similarities are found in both languages over 3 gender groups. MC and SAE conversations show the similar patterns of entrainment over 3 gender groups. In detail, the mixed gender pairs entrain over the most of prosodic features, and male pairs over the least in both languages.

Table 10: The comparison of proximity over gender groups between MC and SAE.

	Female-Female		Male-Male		Female-Male	
	MC	SAE	MC	SAE	MC	SAE
Speaking-rate	✓	✓	✓	✓	✓	✓
F0 min	×	-	×	-	×	-
F0 mean	×	×	×	×	✓	✓
F0 max	×	×	×	×	✓	✓
Intensity min	×	-	×	-	×	-
Intensity mean	✓	✓	×	✓	✓	✓
Intensity max	✓	✓	×	✓	✓	✓

Only one difference is found in this analysis. For SAE, the prosodic features showing entrainment are consistent over 3 gender groups. That is, all the gender groups entrained over Intensity mean, Intensity max, and Speaking-rate.

But in MC, the prosodic features showing entrainment are not consistent over 3 gender groups, for example, male pairs entrain only on speaking rate.

4.2 Comparison of entrainment degree

The results of MC come from the analyses in Section 3, and the results of SAE come from the research of Levitan *et al.* [9].

According to the research of Levitan *et al.* [9], for SAE, it is found that entrainment on Intensity mean and max is the strongest for mixed gender pairs and the weakest for male pairs; the strength of entrainment on speaking-rate followed this pattern but the differences only approached significance (p= 0.08).

The similarity is found in MC and SAE conversations that the male pairs tend to entrain least.

The difference is found that in SAE conversations, entrainment is both strongest and most prevalent in mixed gender pairs, while in MC, it is the most prevalent in mixed gender pairs, but not necessarily the strongest.

5. CONCLUSION AND DISCUSSION

As a summary of the analyses, in the research on gender and prosodic entrainment, it is found that mixed gender pairs entrain over the greatest number of prosodic features, and male pairs on the least in both languages, that male-male pairs tend to entrain least, and that entrainment of mixed gender pairs is most prevalent although not necessarily strongest. Based on these results, conclusions can be made that in Mandarin conversations, in both

number of features entrained and degree of entrainment: males entrain the least.

These conclusions supported theories of dominance and perception partially. In relevant studies of entrainment and gender differences, the related theories are dominance and perception. In terms of dominance, Bilous & Krauss [2] make the male dominance hypothesis, and point out differences in speech between men and women have to do with men's dominant position in society. In addition, according to CAT [7], it is proposed that when there is an imbalance of power between speakers, the less dominant speaker will entrain more. In terms of perception, perception behavior link [5] states that perceiving something makes people more likely to mimic it and females are known to be more sensitive to perceived differences in speech. Based on these theories, predictions are made: in mixed gender pairs' conversations, females should entrain more, and there should be more entrainment in female-female pairs' conversations than male-male pairs' conversations. The result that the most prosodic features are involved in mixed gender pairs' entrainment, and in both number of features entrained and degree of entrainment, males entrain the least support partially the theories of dominance and perception.

A cross-linguistic comparison between Mandarin Chinese and English in terms of gender and prosodic entrainment is made. In the comparison the similarity in pattern between these two languages are striking: mixed-gender pairs entrain on the greatest number of features, and male pairs on the least; the most consistent results are for intensity mean, intensity max, and speaking rate, although all gender groups entrained on these in English, and male pairs entrain only on speaking rate in Mandarin.

The similarity of our findings in the relationship of gender and prosodic entrainment between Mandarin and English supports not only the view that entrainment is a cross-cultural phenomenon, but provides evidence that gender plays the similar role in prosodic entrainment in different language groups.

The present research analyzes the gender in entrainment. Actually, the entrainment in conversation is closely related to the social factors: the status, age, gender, role, region, ethnicity, environment, etc. The various responses to individual's interaction with the environment are assessed with reference to the individual himself; this assessment produces the perception of affordances which exist as a mix of an individual's abilities, their background, and even the environmental features.

Besides gender, more social factors should be involved in the study of prosodic entrainment. In order to make some factors prominent, it is necessary to control for other factors. The difficulty in research is how to appropriately control some factors and make others prominent in experiments. It is usually not easy to control several social factors in one experiment. Efforts should be made to produce well-balanced experimental design. Much future work could be done in this direction.

6. ACKNOWLEDGES

This work is supported by the Humanities and Social Sciences Foundation of China Education Ministry (15YJC740105) and 2015 Doctoral Project in Jiangsu Normal University (15XWR008). We thank Prof. Julia Hirschberg, Prof. Daniel Hirst and Dr. Rivka Levitan for their instructions and suggestions.

7. REFERENCES

[1] Bigi, B. & Hirst, D. 2012. Speech phone-tization alignment and syllabification (sppas): a tool for the automatic analysis of speech prosody. In *Proceedings of Speech Prosody 2012* (pp. 19–22). Shanghai: Tongji University.

[2] Bilous, F. R. & Krauss, R. M. 1988. Dominance and accommodation in the conversational behaviors of same- and mixed-gender dyads. *Language & Communication*, 8: 183–194.
Boylan, P. 2004. Accommodation theory revisited. Retrieved 10 Sep., 2012 from http://www.docin.com/p-688557528.html

[3] Caspers, J. 2003. Local speech melody as a limiting factor in the turn-taking system in Dutch. *Journal of Phonetics*, 31: 251-276.

[4] Chartrand, T. L. & Bargh, J. A. 1999. The Chameleon Effect: The perception-behavior link and social interaction. *Journal of Personality and Social Psychology*, 76(6): 893-910.

[5] Giles, H., Coupland, J., Coupland, N. 1991. Accommodation Theory: Communication, Context, and Consequence. In H. Giles, J. Coupland & N. Coupland (eds.), *Contexts of Accommodation*. Cambridge: Cambridge University Press.

[6] Giles, H., Mulac, A., Bradac, J., Johnson, P. 1987. *Speech accom modation theory: the first decade and beyond*. Beverly Hills, CA: Sage.

[7] Levitan R. & Hirschberg, J. 2011. Measuring acoustic-prosodic entrainment with respect to multiple levels and dimensions. *In Proceedings of Interspeech* (pp.3081–3084), Florence, Italy.

[8] Levitan R., A. Gravano, L. Willson, S. Benus, Hirschberg, J., Nenkova, N. 2012. Acoustic-prosodic entrainment and social behavior. In *Proceedings of Conference of the North American, Chapter of the Association for Computational Linguistics: Human Language Technologies* (pp. 11-19). Montréal, Canada.

[9] Pardo J. S. 2006. On phonetic convergence during conversational interaction. *Acoustical Society of America*, 119(4): 2382-2393.

[10] Parrill, F. & Kimbara, I. 2006. Seeing and hearing double: the influence of mimicry in speech and gesture on observers. *Journal of Nonverbal Behavior*, 30(4): 157-166.

[11] Pickering M. J. & Garrod, S. 2004. Towards a mechanistic psychology of dialogue. *Behavioral and Brain Sciences*, 27: 169-226.

[12] Pickering M. J. & Garrod, S. 2006. Alignment as the basis for successful communication. *Research on Language and Computation*, 4: 203-228.

XIA Zhihua PhD She is a lecturer of Jiangsu Normal University. Her research interests include speech prosody, Intonation and L2 language acquisition.
E-mail: xzhlf@163.com

MA Qiuwu PhD He is a professor of Tongji University. His research interests include phonology, speech prosody, and phonetics.
E-mail: tjnkmqw@126.com

向心理论研究综述

贾　媛　董一巧

摘要 向心理论研究语篇局部连贯。国内外基于向心理论的研究涉及理论和应用两个方面。理论研究主要为参数设定研究，应用研究以回指解析算法和语篇韵律接口研究为两大研究方向。本文一方面回顾国内外向心理论研究，另一方面结合研究及汉语实际，对以汉语为研究对象的向心理论研究做出思考和展望，寻求国内利用向心理论研究汉语的启示和突破。

关键词 向心理论，理论研究，应用研究

A Survey of Studies of Centering Theory

JIA Yuan　DONG Yiqiao

Abstract Centering Theory studies the local coherence of discourse. Issues concerning the Centering Theory itself and the application are studies both at home and abroad. Studies of the theory primarily focus on the parameter setting. Studies of the practical application include development of algorithms of anaphora resolution and the investigation of prosodic features within the framework of Centering Theory. The present study reviews the theoretical and practical studies of Centering Theory and explore the studies of Chinese based on Centering Theory, achieving the further research on Chinese within the framework of Centering Theory.

Key words Centering theory, Theoretical studies, Practical studies

1. 引言

向心理论（Centering Theory，以下简称 CT）由语篇结构（discourse structure）理论发展而来，由 Grosz, Weinstein 和 Joshi[3] 在题为 Centering: a framework for modeling the local coherence of discourse 的文章中正式提出，研究语篇局部连贯问题。国外基于向心理论的研究起步较早，研究涉及理论和应用研究两大方向。理论研究中，主要通过不同语言验证、补充和完善向心理论中的各类参数，使其更加符合真实语言事实；应用研究中，大多利用向心理论开发指代消解算法，并通过完善已有算法，为回指消解提供新思路；除此之外，在向心理论框架下的汉语语篇与韵律的接口研究为向心理论的应用研究提供新思路。国外对向心理论研究的起步较早，兼具研究深度和广度。国内对向心理论的研究虽起步较晚，但已经开始在理论和应用方向上进行尝试。本文一方面回顾国内外向心理论的研究；另一方面结合国内外的研究实际以及汉语的实际情况，对以汉语为研究对象的向心理论研究做出思考和展望，寻求我国利用向心理论研究汉语的启示和突破，旨在启发国内向心理论研究和探索。

2. 向心理论概述

向心理论是描述语篇中交际者注意中心的模型，它涉及注意状态（attentional state）、推理复杂度（inferential complexity）以及指称形式（the form of referring expressions）三者之间的关系。中心是 CT 的一个核心概念。中心是指维系语篇片段中当前话语和其他话语的实体。只有在语篇中的话语而非孤立的句子才有"中心"可言。该理论中涉及三个"中心"：下指中心（forward looking centers, Cf）、优选中心（preferred center, Cp）和回指中心（backward looking center, Cb）。具体来讲，下指中心是一个语义实体的集合，语篇片段中的每个话语 Un 中所有的名词实体组成下指中心集合[16][24]；这些语义实体按照显著性程度呈等级排列。显著度最高的语义实体成为该语句中的优选中心。优选中心承担双重作用：其一，突出当前语句的注意中心；其二，预测下一语句的回指中心[9]。由此可见，回指中心是指上一个语句中的优选中心在当前语句中实现的语义实体，这一概念与"话题"相似[6][17]。回指中心将当前语句和前一语句相互联系在一起。

向心理论还包括三条制约条件和两条规则。

三条制约条件内容如下：

对于由语段 U1,…,Ui 组成的语篇片段 D 中的每一个语句 Un：

只有一个回指中心 Cb(Un, D)。

下指中心集合 Cf(Un,D)的每一个成分都必须在 Un 中实现。

回指中心 Cb(Un, D) 在 Un 所实现的下指中心 Cf(Un-1, D)中显著度最高。

两条规则内容如下：

在由 U1,…,Ui 组成的一个语段 D 中，对每一个语句 Un 而言：

如果下一个语句中的下指中心 Cf 在上一语句中实现为代词，那么在上一语句中的回指中心也应该实现为代词。

过渡状态是有序的。延续过渡优于保持过渡，保持过渡优于流畅转换过渡，流畅转换过渡优于非流畅转换过渡。

规则（2）通过对过渡方式（transitions）的分类衡量语篇的连贯程度。语篇的连贯程度与听话人的推理负荷以及推理的复杂度和指称方式相关。表 1 通过回指中心和优选中心的关系反映推理的复杂度和指称方式，归纳出如下四类过渡方式：

表 1: 语句过渡方式。

	Cb(Ui)=Cb(Ui-1) OR Cb(Ui-1)=[?]	Cb(Ui)≠Cb(Ui-1)
Cb(Ui)= Cp(Ui)	连续 (CONTINUE)	流畅转移 (SMOOTH-SHIFT)
Cb(Ui)≠ Cp(Ui)	保持(RETAIN)	非流畅转移 (ROUGH-SHIFT)

注：$C_b(U_i)$表示当前语句回指中心，$C_b(U_{i-1})$表示上一语句回指中心，$C_p(U_i)$表示当前语句优选中心。

3. 向心理论参数研究

从以上对向心理论的概述中可以看出，该理论高度符号化，有些概念并未明确定义，因此使用向心理论分析真实语料时，还需要对该理论做进一步的细化和规范，且由于该理论基于英语提出，因此在分析其他语言时，很可能要对其进行修正，以扩大适用范围。Poesio, Stevenson, Di Eugenio 和 Hitzeman[13]提出了向心理论参数化的研究方法，将该理论中的核心概念视为参数，并探讨了不同参数设定对其有效性的影响[34]。使用这种研究方法可以将抽象的符号具体化，并可根据不同语言特征调整参数，保证研究的可行性和客观性。因此，在国内外的向心理论研究中，参数设定成为广泛关注的研究内容。

3.1 语句的切分

在利用向心理论研究语篇问题时，语句是进行语篇分析的基本单元，因此首先需要解决的一个问题就是如何切分语篇。语句切分的结果影响下指中心、优选中心以及回指中心的确定，从而影响语句过渡关系的确定，因此语句的切分是利用向心理论分析语篇的第一步，是影响分析结果的重要因素。然而，在最初的向心理论研究中，并未明确切分语句的标准[2]，随后在 Grosz 等的文章中[3]，也没有明确提出"语句"的定义，而是在举例解释理论框架时，将句子默认为语句。无论句子的长短，句子中是否存在嵌套的从句或小句，一律将完整的句子作为划分语句的标准。这种划分方法成为后来语句切分研究的基础。随后的研究中也没有固定的语句划分标准，而是在各种研究中，为分析不同语料，研究者根据不同研究目的，结合语料实际，确定语句划分标准。目前，在国外研究中，主要有四种切分语句的方法，以下对这四种方法进行简单回顾，并进行异同点的比较。四种方法名称以作者名命名。

3.1.1 Kameyama (1997)

为解决句内回指问题，Kameyama[8]将限定小句（finite clause）作为切分语句的最小单位。限定小句是指小句中包含表示时态的动词，限定小句既可以是主句，也可以是从句。具体方法为：切分所有并列小句（限定小句和非限定小句）；切分所有限定小句的从句；不切分非限定小句的从句；不切分名词性从句和关系从句。

3.1.2 Suri 和 McCoy (1994)

Suri 和 McCoy[19]提出了代词回指解析算法，其中包含切分语句的方法。该方法以主句（matrix clause）为切分语句的最小单位，并重点关注了带有连词 because 的原因状语从句的语句切分。具体方法为：顺序切分复杂句（complex sentence）；遇到 because 从句时，将其切分为独立语句；继续顺序切分复杂句，并在处理过程中将 because 从句剔除，不算做判断语句间过渡

关系的语句。即将主句与原因状语从句分成两个语句 S1-主句和 S2-从句，但在使用向心理论进行分析时，不将原因状语从句 S2 纳入分析的范畴之中，让主句 S1 和下一个主句 S3 组成相互连接的两个语句。

3.1.3 Miltsakaki (2002)

Miltsakaki[11]将带有任何连词的完整的句子作为切分语句的最小单位。他认为运用这种方法切分小句后，在分析语句间过渡关系时，产生的结果更符合读者认为的实际情况，更符合语篇结构的实际情况。具体切分方法即将完整的句子作为一个语句单元，不再进行任何切分。

3.1.4 Poesio (2000)

Poesio[13]切分语句的方法是 GNOME 项目中的一部分，该项目的目的在于生成名词结构。该方法以小句作为切分语句的最小单位，不区分限定小句和非限定小句。具体方法为：切分所有带有连词的小句，不区分限定和非限定；切分所有的补语、主语和关系从句，不区分限定和非限定；切分所有的并列动词短语，将第二个动词短语视为带有零形主语的动词短语。

表 2 从以下两个方面对这四种方法进行比较。

表2: 四种切分语句方法比较。

	Kameyama [8]	Suri and McCoy [19]	Miltsakaki [11]	Poesio [13]
来源或用途	句内回指解析	代词回指	句内回指解析	名词生成
语句最小单位	限定小句	主句	完整句子	小句（限定+非限定）

131

这四种切分语句的方法都是根据不同的研究目的和研究问题而提出，因此只能为今后的研究提供借鉴和参考。切分语句时，需要根据研究的实际选择合适的方法，并在选定方法的基础上进行微调或修正，而不能照搬照抄，从而保证研究的可靠性以及客观性。Taboada 和 Zabala[20]通过分析西班牙语和英语的电话会话语料，并且根据向心理论的制约条件和规则制定出选择最佳切分语句的标准：第一，该方法得出空缺下指中心的情况最少；第二，通过该方法切分的语句，得到的回指中心能与该语句的话题保持一致；第三，该方法切分后的语句，回指中心大多与优选中心相同，降低读者处理信息的难度；第四，该方法切分后的语句可以用于回指消解研究。两人运用西班牙语和英语的电话会话语料对上述四种切分语句的方法进行了比较，结果发现以上切分语句的方法并没有哪种有明显的优势，甚至发现，Poesio[13]的方法虽然较其他方法精细，但并未取得更好的效果。笔者认为，Taboada 和 Zabala[20]提出的四项切分语句标准为今后语句切分研究提供了重要的参考和检验价值。但也存在两点问题值得商榷。第一，四种标准基于书面语提出，因此尚不明确其是否适合分析口语语料。第二，四种标准服务于不同的研究目的，语句切分后，语句分析侧重点不同，如 Kameyama[8]的研究要保证在切分语句后尽可能解析更多句内回指，而 Poesio[13]的研究是要在切分语句后，可生成更多的名词结构。因此，在切分语句时，并不能简单确定方法的优劣，而应选择更适合解决当前研究问题的方法，使得切分后的语句更加适合使用向心理论进行分析。

针对汉语语句切分的研究中，没有明确提出划分语句的标准，但在实际研究中研究者倾向于将语句 U_i 和 U_{i-1} 设定为语篇中至少含有一个述谓结构，并由逗号、冒号、分号和句末标点符号断开的、结构相对完整的小句[34]。也有研究对此方法进行验证，结果表明使用该方法划分语句，在进行指代消解时，准确率普遍高于以汉语自然句划分语句的方法[34]。目前在向心理论框架下，

大多以回指解析为研究目的，很少涉及其他方面，检验语句切分的标准也大多以回指解析的准确度和解析度为标准。然而向心理论并不是专门解决回指解析的理论，而是研究语篇内部连贯问题的，因此在使用向心理论进行其他研究，如语篇连贯度的研究时，切分语句的方法可能就要随之调整。切分汉语语句时可参考 Taboada 和 Zabala[20]提出的切分语句的四种标准，在向心理论框架下对汉语研究进行分类，并根据汉语句法规则，总结出适合分析汉语的最佳切分语句标准。将这些标准作为参数，再根据不同的研究目的为参数赋值，切分语句。

但在这里需要注意的是，目前针对汉语语句的划分仅限于书面语，并没有对口语进行分析，而口语中又会出现书面语中少有的大量非完整句结构，因此在进行语句切分时，有必要将口语和书面语分开分析，并考虑影响口语语句切分的影响因素，如句法、韵律、言语行为[12]。在进行汉语口语语句切分时，要结合研究目的、语料特征、上述四个标准以及口语的特点，综合考虑，作为评判语句切分方法恰当与否的标准，以保证切分后的语句便于分析，并用于广泛的研究中。

3.2 下指中心的实现和排序

3.2.1 下指中心的实现

在根据向心理论分析语料时，下指中心的确定直接影响中心过渡关系的确定。下指中心是一个经过排序的语义实体的集合，这些语义实体在语句中实现。在确定并排序下指中心集合的过程中，有两个概念需要明确。第一，"实现"的定义。第二，影响语义实体排序的因素。根据 Walker，Joshi 和 Prince[23]的观点，"实现"的概念取决于选择何种语义理论，但通常情况下，实现的形式有代词、零形代词、语篇中的显性语义实体以及可以从语境中推断出的隐性语义实体。Taboada 和 Zabala[20]在分析西班牙语口语语料时指出，确定下指中心时，如果仅考虑显性语义实体，容易出现空缺回指中心

的情况，不仅违反了向心理论中制约条件 2 的约束，也不利于进行判定中心过渡关系。将哪些隐性语义实体纳入其中可以参考 Halliday 和 Hasan[4]有关词汇衔接的论述。他们认为，近义词、下义词、上义词和搭配是实现词汇衔接的手段。在研究语义实体的指代时，可不考虑搭配。这种做法大大提高了回指中心的确定率，便于分析语句过渡关系。在利用向心理论，分析汉语语料，确定下指中心集合时，这种方法是值得借鉴的。汉语中存在大量的零形代词，李丛禾[30]也证实，汉语中最多的指代形式是零形回指。而这些零形回指又很可能是这个小句的话题或者主语，如果只将显性实现的语义实体纳入下指中心的集合，就很容易影响下指中心的完整性，从而影响下指中心的排序，确定优选中心和回指中心这些环节，最后就无法准确得出语句中心过渡关系。此外，汉语中也会出现大量的上下义词，若将这些词纳入意义不相关的两个语义实体，就会影响优选中心以及回指中心之间关系的判定，得到的中心过渡关系就会和实际语句间的衔接关系相悖，分析结果出现偏差和错误。

3.2.2 下指中心的排序

下指中心中的实体显著度排序因涉及语言结构、语义、语用和认知等因素影响，本身就是一个非常复杂的问题[30]，但下指中心排序又直接影响到寻找回指中心和优选中心以及后续的分析，因此下指中心排序是向心理论中最为关键的一个环节。目前 Cf 排序标准主要分为两大类：第一，按照语法角色分类；第二，按照信息结构。第一类适用于英语、西班牙语、日语、意大利语。第二类适用于德语。英语中的 Cf 排序如下：主语>间接宾语>直接宾语>其他。西班牙语的排序为体验者（Experiencer）>主语（Subj）>有生间接宾语（Animated IObj）>直接宾语（DOBj）>其他（Other）>无人（Impersonal）/任意代词(Arbitrary pronouns)[20]。Iida[7]认为日语话题（topic）的显著性高于主语，Cf 排序应为话题>移情代词（empathy）>主语>宾语>其他。Strube 和 Hahn[18]则根据德语语料的分析，提出信息

功能排序办法，以"功能信息结构"为基础，综合考虑"已知性（givenness）"，将语篇实体分为"语篇/听者熟悉"、"语篇/听者新信息"以及位于两者之间的第三种中间实体，并根据从左往右的顺序（left-to-right order）进行排序：语篇/听者熟悉>中间实体>语篇/听者新信息。而汉语是典型的话题突出语言[27]，且经常出现句子成分省略的情况。因此其下指中心 Cf 排序方法需要进行修正。

目前研究中针对汉语下指中心排序的标准以语法角色为基础，并结合汉语的实际。Yeh 和 Chen[26]将排序标准规定为：话题>主要主语>直接宾语>次要主语>次要宾语，王德亮[31]将显著度排列顺序确定为：话题>主语>宾语>其他。两种排序方式都将话题排在了显著性的第一位，体现了汉语的"话题"性这一特点。但汉语中并不是所有的"话题"都显性地体现在语句中，需要读者进行加工和提炼，而这又违背了向心理论中的第二条制约条件，一旦出现这种情况，也不便于寻找优选中心和回指中心，无法进行后续研究。因此，在汉语研究中，寻找下指中心并且为其排序成为重点和难点。笔者认为，若要解决此类问题，需要在寻找下指中心前将语句中所有的省略成分补全，广泛收集各类体裁语料，首先采取大规模的人工查找，透彻理解汉语省略的规律，并将这些规律进行分类和总结，从而找到所有的下指中心。

3.3 语句间过渡类型及优先顺序

语句过渡类型的研究主要分为两大类：第一类是在原始理论基础上进行补充和完善，第二类是完全推翻原始理论提出的语句过渡类型。在向心理论的原始理论中，阐述了四种中心过渡关系：延续过渡、保持过渡、流畅转换过渡、非流畅转换过渡。Poesio[14]在研究"博物馆语料"和"药品说明语料"之后又增加了中心确立、零过渡以及无过渡的过渡转换类型。虽然洪明[29]指出 Poesio 补充的过渡转换类型是对原模式的误解，但

该研究也启发研究者对不同文体进行探索，进行广泛取材，对原模式进行论证和补充，同时说明语篇的体裁可能影响中心转换关系类型。Kibble[9]对原向心理论规则（2）提出质疑并对其进行修正，将语句间过渡方式修正为衔接性（cohesion）、显著性（salience）和低价性（cheapness），并指出低价性较之其他两个性质更为重要。Kibble[9]还认为，在原先的理论中，衔接性比显著性重要，从而导致了保持过渡优于流畅转换过渡的结果。但在实际语篇调查中，他发现流畅转换过渡比保持过渡多，且出现这种情况的语篇也并不一定是不连贯的。因此原始理论对过渡关系的排序存在问题。[14][15]和Kibble[9]的过渡关系如表3和表4所示。

表3: Poesio 划分中心过渡关系。

	$Cb(U_{i-1})=Ø$ 且 $Cb(U_i)≠Ø$	$Cb(U_{i-1})≠Ø$ 且 $Cb(U_i)=Ø$	$Cb(U_{i-1})=Ø$ 且 $Cb(U_i)=Ø$	$Cb(U_i)=Cb(U_{i-1})$	$Cb(U_i)≠Cb(U_{i-1})$
$Cb(U_i)=Cp(U_i)$	中心确立	零过渡	无过渡	延续	流畅转换
$Cb(U_i)≠Cp(U_i)$				保持	非流畅转换

表4: Kibble 划分中心过渡关系。

$Cf(U_i)∩Cf(u_{i-1})≠Ø$	$Cb(U_i)=Cp(U_i)$	$Cb(U_i)=Cp(U_{i-1})$	$Cb(U_i)=Cb(U_{i-1})$
延续性原则	显著性原则	低价性原则	衔接性原则

语篇连贯这一现象也同样适用于分析汉语。汉语与西方符号语言不同，语篇中很少出现显性的关联词进行上下文衔接，语句中也常出现省略，如零形回指，是典型的"意合语言"。汉语中并非经常使用代词化对前后语句的中心进行凸显和衔接，而是通过语义加以衔接，从而降低读者的推断负荷，保证读者对语篇的注意力和理解程度，最终达到交际的目的。况且，即使在汉语中出现了显性的代词衔接，语篇也不一定是连贯的。

因此在以汉语为研究对象，考察过渡状态时，应当考虑包括语义在内的多种因素。

从上述论述中可以看出，中心过渡关系的划分并不是一成不变的，体裁、语言类型都有可能对中心过渡关系的划分造成影响。另外，实际语料也可作为过渡关系优先顺序的检验材料。数学理论推导出的结果可能与实际语料存在差异，这时需要找出数学理论推导结果中存在的缺陷及其原因，修改不合乎实际语料的部分，而不是僵硬地将实际语料嵌套在数学式中，这样才能使推导出的过渡关系判断条件解释更多的语料，具有更强的解释力。

3.4 语句过渡类型的条件

与划分语句过渡类型密切相关的是语句过渡类型的判断条件。在上文有关语句过渡关系的划分中，其过渡关系判断条件受到体裁和语言类型的影响。目前针对汉语语句过渡关系划分中，董一巧、贾媛、李爱军[28]在分析汉语朗读语篇时，对最初四种过渡类型的判定条件进行了扩充，如表5所示。该研究选取了汉语书面语中常见的三种体裁：记叙文、议论文和说明文。在分析过程中发现最初判定过渡关系的条件并不完全适合分析当前语料，为分析更多语料对其进行扩充和修正，将话题以及主语纳入判定语句过渡关系的条件，与 Yeh 和 Chen[26]以及王德亮[31]将突出汉语"话题性"这一特点的研究思想基本一致。三人的研究是一次值得借鉴的尝试，这一做法在保持原始理论基本轮廓的同时，结合语料实际和汉语特点，突破原始理论的束缚。但是，该研究因选取语料的数量和篇幅有限，且研究目的在于探索不同过渡关系所对应的韵律特征，经过修正后的向心理论过渡转换关系判定条件可能会受到研究目的以及语料的影响，因此其修正后的判定条件还有待通过大量不同体裁语料进一步进行验证，结合汉语句法规则和特征，形成符合汉语语法的系统的过渡关系判定条件，以分析不同体裁的汉语语料。

表5: 修正后过渡类型判定条件。

	Cb(Ui)=Cb(Ui-1) OR Cb(Ui-1)=[?]
Cb(Ui)=Cp(Ui) OR S（Ui）= S（Ui-1）	延续过渡 (CONTINUE)
Cb(Ui)≠Cp(Ui) ORS（Ui）≠ S（Ui-1）	保持过渡(RETAIN)
	Cb(Ui)≠Cb(Ui-1)
Cb(Ui)=Cp(Ui) OR S(Ui) ∈Cf （Ui-1）	流畅转换 (SMOOTH-SHIFT)
Cb(Ui)≠Cp(Ui) OR S(Ui) ∉Cf （Ui-1）	非流畅转换 (ROUGH-SHIFT)

向心理论部分主要涉及三个参数的设定：语句的切分、下指中心的实现和排序、语句过渡类型及其排序和条件判定。切分语句是利用向心理论分析篇章的第一步，切分方式也会影响后续研究的进行。原始向心理论以及国内外的研究中并未明确语句切分的标准，研究者根据不同研究目的，针对不同语料，确定切分语句的标准，国外的研究主要有Kameyama[8]限定小句切分法、Suri和McCoy[19]的主句切分法、Milsakaki[11]的完整句子切分法以及 Poesio[13]的小句切分法。国内研究中大多以小句为切分单元。这些方法服务于不同的研究目的和语料类型，研究时要结合研究目的、语料特征以及语言句法规则综合考虑，确定合适的切分标准。下指中心是向心理论中的重要成员，它的"实现"和"排序"直接影响中心过渡关系的确定。大多数下指中心以显性语义实体出现，但在频繁出现省略表达的语言，如汉语中，隐性语义实体也要作为确定下指中心的考察对象。下指中心的排序直接影响回指中心和优选中心的确定，目前有两大类排序标准：按照语法角色分类排序和按照信息结构排序。每一类适用于不同的语言，因此下指中心的排序也会受到语言类型的影响。汉语的下指中心排序以语法角色标准为基础，结合汉语的"话题"性特点，将"话题"作为汉语下指中心排序的首要对象。原始理论中阐述了四种中心过渡关系：延续、保持、流畅转换和非流畅转换过渡。Poesio[14]增加了中心确立、零过渡和无过渡三种过渡关系。Kibble[9]将过渡关系修正为衔接性、显著性和低价性。过渡关系的划分受到体裁和语言

类型的影响，而且由于这些过渡关系都是由数学理论推导而得，因此其在真实语料中的适应性还有待进一步考察。原始向心理论阐述的判定语句过渡关系的条件是以英语为语料提出的，董一巧、贾媛、李爱军[28]以汉语语篇为语料，修正了过渡关系的判定条件。虽然其广泛适用性还有待进一步验证，但也是一次尝试，为今后研究提供新的思路。

4. 向心理论应用研究

4.1 回指解析

目前运用向心理论实现最多的应用研究是回指解析。回指解析（anaphora resolution）是指为回指语确定先行词的过程[5]。回指解析一直是自然语言处理领域的核心问题，研究者也根据不同理论提出各种不同的算法，下文中主要探讨基于向心理论提出的回指解析算法。按照回指词的类型可分为零形回指解析算法和代词回指解析算法；根据先行词和回指词是否在同一语句中出现，算法可分为句间回指解析和句内回指解析，在句间和句内回指解析算法中，有的算法侧重代词回指解析，有的算法侧重零形回指解析，有的算法将代词回指解析和零形回指解析整合在一起。为方便叙述，下文按照句间和句内回指解析的分类，对解析算法进行回顾。

4.1.1 句间回指解析

4.1.1.1 BFP 算法

BFP 算法是首个基于向心理论提出的回指解析算法，由 Brennan, Friedman, and Pollard[1]提出，该算法也成为后来利用向心理论构建回指解析算法的基础。

BFP算法基于以下假设：

1.一个语篇由 U1,…,Un 多个语句构成。

2.每一个语句中所有的名词实体通过排序，形成有序列的下指中心 Cf。

3.下指中心中排位最高的实体成为优选中心 Cp。

4. 上一语句中的 Cp 在下一语句中成为回指中心 Cb。

该算法是首个根据向心理论提出的回指解析算法，共分三步进行：

第一步，生成所有的回指中心（Cb）和下指中心（Cf）组合。

第二步，根据限制条件筛选所有的回指—下指中心组合。

第三步，根据过渡优先条件排序（延续>保持>流畅转换>非流畅转换）。

4.1.1.2 Left-Right Centering 算法

Left-Right Centering 算法[21][22]是基于 BFP 算法和向心理论规则和制约条件的算法。该算法主要解决了 BFP 算法不能迭代进行回指消解的问题。它将句内回指和句间回指整合在一起，首先检测是否存在句内回指，如果存在，优先解析句内回指，如果当前语句中不存在句内回指，则从前在前一语句中从左至右寻找先行词。

4.1.1.3 汉语零形回指和代词回指解析算法

汉语中，零形回指的出现频率最高，分布最广泛，似乎不受限制，被认为是汉语回指的标准模式[10]。因此，汉语的零形回指解析也受到了研究者的广泛关注，研究者使用向心理论，并结合汉语的特征，推导出汉语零形回指解析算法。零形回指两大步骤：第一，确定零形回指部分。第二，确定先行词。Yeh 和 Chen[25]和王德亮[32]推导出两种汉语零形回指解析的算法。Yeh 和 Chen[25]只关注话题、主语和宾语的零形回指位置，首先进行词性标注，随后基于标注结果，运用识别规则，识别零形回指的位置，最后使用向心理论中的规则以及 Cf 排序筛选零形回指的先行词。这种方法采用词性标注，无须利用各种限制条件和百科知识选择先行词，也无须依赖大量的语料指称标注计算先行词，因而省时省力。但该算法存在两个问题：第一，如果当先行词是一个实体或命题，而不是一个明确的先行词或名词实体时，就无法对零形回指词进行解析，算法就会出错。第二，该算法只适用于相邻两句的回指解析，当零形回指语的先行词出现在前几个语句中

时，该算法就无法成功找到先行词。王德亮[32]的算法中，认为零形回指词就是当前语句的回指中心，而回指中心又是上一语句的优选中心，那么当前语句的零形回指词就是上一语句的优选中心。该算法中，不仅通过 Cf 排序规则筛选先行词，而且通过一系列的语法、语义的限制条件，剔除不合格的先行词候选项，较上一算法考虑了句子中的语法、语义因素，增强了零形回指解析的准确度。值得注意的是，该算法中并没有像 BFP 算法中将语句间的过渡关系作为筛选先行词的标准，这一做法修正了 BFP 算法的不足，运用 BFP 算法中的标准筛选出的先行词可能与语句的实际情况相违背。由王德亮[32]的算法可以看出，利用向心理论进行回指解析过程中，影响回指解析正确率最重要的因素是下指中心的排序，而不是中心过渡关系。在确定零形回指词时，该算法通过判断论元结构是否有缺省来确定零形回指词是否存在，但该过程的具体操作步骤并没有明确说明。另外，王德亮[32]对零形回指解析的算法只能解析语句中只存在一个零形回指词的语句，存在较大的局限性。

王德亮[32]利用向心理论推导出汉语代词回指解析算法。该算法将零形回指解析和代词回指解析算法合二为一，当语句中只存在代词回指时，计算步骤与上文中阐述的零形回指解析步骤相同；当语句中既有零形回指，又有代词回指时，代词回指的先行词是上一语句中排在第二位的下指中心。该算法的优缺点与上述零形回指解析算法相同：在筛选先行词时将语法、语义因素纳入考察范围，但只能解析只存在一个代词的代词回指。

4.1.2 句内回指解析

王德亮[32]基于向心理论推导出"汉语向心理论模型"（Centering Model for Chinese，CMC），处理汉语句内回指解析。他认为，汉语句内回指发生在多动词句、繁复句（复句）和话题句等复杂句中。该模型中的汉语句内回指解析算法首先将复杂句切分为有组织的次句子单元（subsentential unit），将句内回指转化为句间回指，启动间回指解析算法解析句内回指。值得注意

的是，该算法在回指消解过程中，着重考察了划分后小句中动词的类型，因为这些动词会影响先行词的确定，该算法通过建立动词库，将动词分类，通过动词判断回指词与先行词的配对。这种算法将句内回指解析转化为句间回指解析，将复杂句简化成小句处理，降低了计算负荷，同时通过建立动词库考察了影响句内回指的语义因素。但是该动词库并不能保证将自然语篇中所有的动词都包含在内，因此其适用性还有待通过实际语料进一步对其进行验证。

从以上算法的分类可以看出，句间回指和句内回指是两种不同的机制，句间回指更多关注话题上是否延续或转换，受到句子结构的限制，因此利用向心理论推导出的算法也更适合解决句间回指，而句内回指更多关注句子内部结构，既受到语法影响，也受到语义、语用的限制，在使用向心理论进行句内回指解析时需要增加制约条件。这一点在王德亮[32]的"汉语向心理论模型"回指解析算法中也可以得到验证和体现。该算法中虽然整合了汉语句内回指和句间回指，并将零形回指和代词回指融入其中，但是句内回指被放在预处理阶段，即句内回指与句间回指分开处理，互不干扰。因此，回指解析算法间不可混淆，否则会导致解析错误。

4.2 向心理论对韵律的制约

夏志华[33]指出，向心理论作为语篇结构理论之一，是进行语篇与韵律研究的新方法。董一巧、贾媛、李爱军[28]的研究对此进行了尝试。该研究在向心理论框架下，采用语音学研究方法，以停顿时长和重音组合关系为考察对象，系统地考察不同的过渡关系，对语篇韵律特征的影响和制约作用。研究结果显示不同的中心过渡关系制约停顿时长和重音组合等韵律特征。研究结果表明，过渡关系是制约韵律特征的重要因素，基于向心理论对汉语篇章韵律分析可以从本质上揭示表层语音表现的内在原因。汉语篇章的韵律特征并非杂乱无章无规律可循的，而是与语篇语义结构相对应的。研究结果可为提

高语音合成的流畅度以及语音识别的准确度提供启发。

5. 对我国向心理论研究的思考

通过上述论述，比较国内外基于向心理论研究的进展和成果，发现我国有关向心理论的研究刚刚起步，理论参数和应用研究领域都有待进一步研究，而且研究缺少实证研究加以检验，缺乏深度和广度。表6对比了国内与国外针对向心理论研究的成果。

表6: 国内外向心理论研究成果对比。

国外研究		国内研究	
理论	应用	理论	应用
参数设定：语句划分 下指中心的实现和排序 语段间过渡方式的类型以及优先顺序的讨论	回指解析算法	参数设定：语句划分 下指中心的实现和排序	回指解析算法（零形回指算法较多）中心过渡关系对韵律特征的制约

本文回顾了向心理论的理论研究和应用研究。理论研究以参数设定为研究对象，应用研究以回指解析算法和语篇韵律接口研究为两大研究方向。通过回顾国外研究成果，找出国内研究的突破点，以丰富国内研究。理论研究领域中，国内研究缺少对汉语中语句间过渡方式的类型以及优先顺序的讨论；应用研究领域中，国内研究较少讨论其他类型回指解析算法，大部分研究讨论零形回指解析算法。因此，今后的研究可向这两方面进行扩展。理论研究中，需要结合大量真实语料，以向心理论为框架，总结出符合汉语句法特征以及语篇布局模式的语句间过渡关系类型，在过渡方式类型优先顺序的研究中，汉语的研究也要吸取其他语言研究的经验和教训，要用真实语料检验根据数理逻辑推导出的过渡关系判定条件，数理逻辑的推理是为了让语言更加科学系统，而非仅仅从数理逻辑的推理中推断出过渡方式的优先顺序。因此，数理逻辑的推理要根据真实语料进行调整和修正。应用研究中，回指解析算法的

研究需要扩展代词的类型，将第一、二人称代词和指示代词纳入考察范围内，在向心理论的指导下，广泛收集、分析不同体裁汉语语料，形成汉语回指解析算法体系。同时研究中也应考虑，向心理论是否适用名词回指解析算法的开发。笔者认为，向心理论中的过渡关系的优先顺序是回指解析的关键，而过渡关系通过当前语句和上一语句的回指中心间关系以及回指中心与优选中心的关系进行判定，而若要大批量处理这些中心，则需要这些中心是由有限集合组成的，如代词或零形式，但名词回指是一个无限集合，且受到语境因素的影响，因而计算处理难度较大，也不准确。因此笔者认为，向心理论并不适宜用于开发名词回指解析算法。从上述论述中可以发现，国内对向心理论的理论研究以及应用研究都相对不足，研究缺乏深度和广度。笔者认为造成这一局面的原因有多种：第一，对向心理论的研究缺乏透彻认识。向心理论是计算语言学理论，国内进行语言学研究的学者大多缺乏数理方面的知识，而进行计算语言学研究的学者对语言本体的认识也相对薄弱。这种知识和认识上的缺陷导致对向心理论缺乏理性上的认识和透彻的理解。第二，国内没有形成向心理论研究的理论基础。目前国内并没有明确提出适合于汉语研究的向心理论体系。因此，要采用实证研究比较困难。第三，汉语与西方符号语言在句法、语义方面有许多不同之处，而向心理论与句法和语义又是密不可分的，因此要建立适合汉语的向心理论模型需要建立在对汉语句法和语义的透彻理解和分析上。值得注意的是，国内已经开始利用向心理论，考察语句过渡关系对韵律特征的制约作用，这一研究是向心理论应用研究的创新之处。笔者认为，国内对向心理论的研究可先从实证研究入手，根据汉语的实际情况，借鉴国外向心理论的研究，从验证性的实验入手，探究汉语在向心理论模型中的适应性，通过大量数据支撑形成结构模型，最终形成理论体系。

6. 参考文献

[1] Brennan, S. E., Friedman, M. W., Pollard, C. J. 1987. A centering approach to pronouns. *Proc. 25th AMACL* Stanford.

[2] Grosz, B. J., Sidner, C. L. 1986. Attention, intentions, and the structure of discourse. *Computational Linguistics*, 12(3), 175-204.

[3] Grosz, B. J., Weinstein, S., Joshi, A. K. 1995. Centering: A framework for modeling the local coherence of discourse. *Computational Linguistics*, 21(2), 203-225.

[4] Halliday, M. A. K., Hasan, R. 2014. *Cohesion in English*. New York: Routledge.

[5] Hirst, G. 1981. *Anaphora in natural language understanding*. Springe.

[6] Horn, L. 1986. Presupposition, theme and variations. *Proceedings of the Chicago Linguistic Society*.

[7] Iida, M. 1998. Discourse coherence and shifting centers in Japanese texts. *Centering theory in discourse*, 161-180.

[8] Kameyama, M. 1997. Intrasentential centering: A case study. arXiv preprint cmp-lg/9707005.

[9] Kibble, R. 2000. A Reformulation of Rule 2 of Centering Theory. *Computational Linguistics*, 27(4), 579-587.

[10] Li, C. N., Thomson, S. A. 1979. Third Person Pronoun and Zero-Anaphora in Chinese Discourse. *Syntax and Semantics*, 12, 311-335.

[11] Miltsakaki, E. 2002. Toward an Aposynthesis of Topic Continuity and Intrasentential Anaphora. *Computational Linguistics*, 28(3), 319-355.

[12] Passonneau, R. J. 1997. Interaction of discourse structure with explicitness of discourse anaphoric noun phrases. *Proceedings of the Workshop on Centering Theory in Naturally Occuring Discourse*.

[13] Poesio, M. 2000. The GNOME annotation scheme manual. http://cswww. essex. ac. uk/ Research/nle/corpora/GNOME/anno_manual_4. htm.

[14] Poesio, M., Mehta, R., Maroudas, A., Hitzeman, J. 2004. Learning to resolve bridging references. *Proc. 42nd AMACL* Barcelona.

[15] Poesio, M., Stevenson, R., Di Eugenio, B., Hitzeman, J. 2004. Centering: A parametric theory and its instantiations. *Computational Linguistics*, 30(3), 309-363.

[16] Prince, E. F. 1981. Toward a taxonomy of given-new information. *Radical pragmatics*.

[17] Reinhart, T. 1981. Pragmatics and Linguistics: An Analysis of Sentence Topics in Pragmatics and Philosophy I. *Philosophica anc Studia Philosophica Gandensia Gen*t, 27(1), 53-94.

[18] Strube, M., Hahn, U. 1999. Functional centering: Grounding referential coherence in information structure. *Computational Linguistics*, 25(3), 309-344.

[19] Suri, L. Z., McCoy, K. F. 1994. RAFT/RAPR and centering: A comparison and discussion of problems related to processing complex sentences. *Computational Linguistics*, 20(2), 301-317.

[20] Taboada, M., Zabala, L. H. 2008. Deciding on units of analysis within Centering Theory. *Corpus Linguistics and Linguistic Theory*, 4(1), 63-108.

[21] Tetreault, J. R. 1999. Analysis of Syntax-Based Pronoun Resolution Methods. *Proceedings of the Association for Computational Linguistics*.

[22] Tetreault, J. R. 2001. A corpus-based evaluation of centering and pronoun resolution. *Computational Linguistics*, 27(4), 507-520.

[23] Walker, M. A., Joshi, A. K., Prince, E. F. 1998. Centering in naturally occurring discourse: An overview. *Centering theory in discourse*, 128.

[24] Webber, B. L. 1978. *A formal approach to discourse anaphora*. Blot Beranek and Newman Inc Cambridge MA.

[25] Yeh, C.L., Chen, Y.C. 2003. Zero anaphora resolution in Chinese with partial parsing based on centering theory. *Proceedings of the International Conference on Natural Language Processing and Knowledge Engineering*.

[26] Yeh, C.-L., Chen, Y.J. 2001. An Empirical study of zero anaphora resolution in Chinese based on centering model. *Proceedings of the ROCLING*.

[27] 蔡金亭（1998）汉语主题突出特征对中国学生英语作文的影响。《外语教学与研究》第4期，18-22页。

[28] 董一巧、贾媛、李爱军（2015）基于向心理论的汉语朗读篇章韵律特征研究。第十三届全国人机语音通讯学术会议论文集。

[29] 洪明（2011）向心理论的发展与应用研究。《学术界》第4期，173-180页。

[30] 李丛禾（2007）语篇向心理论在回指解析中的运用。《外国语言文学》第1期，14-19页。

[31] 王德亮（2004）汉语零形回指解析——基于向心理论的研究。《现代外语》第4期，350-359页。

[32] 王德亮（2011）汉语回指消解算法推导。《外语教学》第3期，42-47页.

[33] 夏志华（2012）中心理论——话题与韵律接面研究的新方法。《山东外语教学》第2期，36-40页。

[34] 许余龙、段嫚娟、付相君（2008）"语句"与"代词"的设定对指代消解的影响——一项向心理论参数化实证研究。《现代外语》第2期，111-120页。

贾　媛 中国社会科学院语言研究所，副研究员，博士，主要研究领域：语音学和音系学。

　　E-mail:summeryuan_2003@126.com

董一巧 中国科学院大学，中国社会科学院语言研究所访问学生，硕士在读，主要研究领域：语音学。

　　E-mail: dong_1207_love@163.com

《音变的起源：音系化的研究方法》介评

李桂东　　翟红华

摘要 音变，无论是历时还是共时，其原因不仅与语音内部机制有关，而且会涉及认知、心理、社会等多种要素。近年来，音变中的音系化已成为音系研究中的主题之一。本文主要述评牛津大学出版社 2013 年出版的《音变的起源：音系化的研究方法》一书。全书将音系化研究分为四部分，即音系学自身定义与研究方法、语音自身内部机制、音系与形态角度及社会计算动态。研究角度涉及语音学、实验/理论音系学、计算机科学、心理语言学、语言习得、认知神经科学、认知社会心理学等，为音变研究拓展了研究思路，提供了新的方法及角度。

关键词 音变，音系化，书评

A Review On *Origins of Sound Change: Approaches to Phonologization*

LI Guidong　ZHAI Honghua

Abstract Sound change, be it diachronic or synchronic, not only derives from the intrinsic phonetic mechanisms, but also is related to such extrinsic factors as cognition, psychology and social context. Phonologization, as a type of sound change, has emerged as one of the central topics in phonological research in recent years. This paper reviews the book, *Origins of Sound Change: Approaches to Phonologization,* published by Oxford University Press in 2013, which is a collection of papers based on a workshop on phonologization held at the University of Chicago in 2008. The studies in this book include perspectives from phonetics, laboratory and theoretical phonology, computer science, psycholinguistics, language acquisition, cognitive neuroscience, cognitive and social psychology, etc., which enlarge the scope of, and provide new approaches to the study of sound change.

Key words Sound change, Phonologization, Book review

1. 引言

音系化（phonologization）指的是任何使音位变体成为具有对立性质的音位的语音的变化[14]。无论是历时还是共时的音变（sound change），其原因不仅与语音内部机制有关，而且会涉及认知、心理、社会等多种要素。近年来，音系化已成为音变研究中的热点话题。本文在简要回顾了音变及音变起源的相关研究，并在此基础上对牛津大学出版社 2013 年出版的《音变的起源：音系化的研究方法》进行介绍与评论。

2. 音变及音变起源研究

简单来说，音变指的是"一种语言出现新的语音/音系结构的现象"[4]。音变研究由来已久，如古希腊时期的"规则派（analogists）"与"异常派（anomalists）"的论争，古印度语法中对语音长短、音调变化及音位变体等的描述中都已经体现出当时人们对音变现象的探索[10][12]。

19 世纪的历史比较语言学为音变的精细研究拉开了序幕，其代表为格里姆定律

（Grimm's Law）和维尔纳定律（Verner's Law）。格里姆定律揭示了印欧语到日耳曼语音变中的"旋转"，即清塞音变成摩擦音（p, t, k > f, θ, x），摩擦音变成浊辅音（f, θ, x > b, d, g），浊辅音变成清塞音（d, g > t, k）。维尔纳定律对格里姆定律进行了修正，指出：每当重音落在词根音节上，印欧语的 p, t, k 就变成了日耳曼语的 f, θ, x；如果重音落在其他音节上，它们在日耳曼语中就变成了 b, d, g[12]。之后的新语法学派在音变研究的基础上提出了著名的规则音变论，即语音变化规律没有例外；干扰语音发展的因素包括外部因素（如借词、书写语言的影响）和内部因素（类推）。

历史比较语言学之后，人们对音变的研究从未停止，研究的深度与广度上不断丰富。陈忠敏[11]从结构主义、转换生成学派、词汇扩散理论、类型学研究、变异理论、以语音为基础的音变研究等流派为线条对音变研究的理论及方法变迁进行了回顾与梳理。如今人们对音变的研究主要集中于两个维度：音变的起源与音变的扩散，前者关注的是音变的激发原因，而后者关注点则为音变的过程方向。音变起源的研究主要集中于两个维度，即语言的语音本体维度与语言的社会认知维度。前者也称为自源性音变，认为音变起因于语音自身内部因素的影响。如根据张树铮[15]的观点，中古的知庄章三组声母后的细音韵母今北京音及一些方言中读洪音(开口呼或合口呼)，便可以从语音条件上找到原因。Ohala 提出了音变研究的实验语音学方法[7，8，9]，将音变这一维度的研究推向了前进，人们开始从语音的发音、声学、感知的本体考虑和解释音变的原因。如 Ohala 提出了发音的空气动力制约，认为发浊音需要两个必要条件：第一是声带在一个不是很紧的合拢位置；第二是声门上下要有一个气压差。这解释了类型学研究中难以解释的浊塞音以舌根塞音最为罕见,而清塞音则以双唇塞音最为罕见的音变现象[11]。除了考究发音方面在音变原因的解释外，现在也有越来越多的学者从听者感知的角度来解释音变。Myers[5]从听者感知的角度解释了许多语言中存在的逆向清浊同化（regressive voicing assimilation）现象，如加泰罗尼亚语中词尾音[t]可以被其后的音的清浊而同化为清音或浊音（如 pot[dd] dur 和 pot[tt] tenir）。Myers 给出的原因是听者未对辅音丛中的逆向喉音协同发音（anticipatory laryngeal coarticulation）补偿所致。语音起源研究的另一维度是语言的社会认知维度。人们从语言的外部社会属性出发，考察语言的使用在音变中的解释。自 Labov 等人的语言变异理论提出后，人们开始从说话人的社会心理、语言态度、社会特征来观察语言的变异，并通过观察这些变异来了解音变的起源、过程等。在这一研究取向下，有的研究者[1][6]提出了基于使用频率的音变研究思路。

3. 内容简述

音系化是音变现象的一种[2]，音系化的研究也是音变研究中的中心与热门领域。本部分将对《音变的起源：音系化的研究方法》进行介绍。该书是基于 2008 年在芝加哥大学举行的关于音系化研究工作坊的论文集，由一直致力于音系化研究的学者 Alan C.L. Yu 编辑。全书共四部分，分别从音系学自身定义与研究方法、语音自身内部机制、音系与形态角度及社会及计算动力方面进行探讨，是一部音系化及音变研究的力作。

3.1 什么是音系化？

本部分要讨论音系化的研究范畴及研究方法。全书开篇之作为音系化研究的代表人物 Hyman 所写的《扩大音系化的范畴》。该文指出语音中的对比性并非产生音变的唯一因素，还至少包括其他三种来源：频率分布、类比过程和借代。另外作者提出音系化应被看作更高一级范畴，即语法化的一个分支。

Hyman 的文章侧重于音系化及语言变化内涵的延伸。该部分第二篇文章《熵与惊异度在音系化及语言变化中的角色》（The role of entropy and surprisal in phonologization and language change）则着重于音变及语言变化的研究角度及方法的扩展。作者 E. Hume 与 F. Malihot 寻求从信息论的角度来探讨音系化及语言变化现象。具体来讲，音变研究可以借助信息论中的熵和惊异两个概

念来为影响音系化的因素提供统一的解释。其优势在于它可以整合产生音变的各种因素，如频率、听觉显著性、发音准确性、条件语境等，有助于准确揭示产生音变的要素及音变方向。

3.2 语音因素考量

该部分共有四篇文章。Andrew & Keith 的《音变中的语音偏好》（Phonetic bias in sound change）重点回答两个问题：（1）为什么有些音变是普遍的，而有些音变却比较少见或者根本不存在？（2）在特定时空背景下，激发某一特定音变要素是什么？基于这两个问题，作者探究了言语产生与感知过程中的偏好：动作计划、空气动力制约、手势力学、感知解析，进而通过具体实例分析了这些偏好在产生音变的非对称现象过程中的作用。最后作者尝试提出将言语产生与感知中偏好因素与新的言语模式相关联的理论特征，以回答激发特定音变因素的问题。

H. Lehnert-LeHouillier 的《由长到短与由短到长：元音长短变化中的感知动机》（From long to short and from short to long: Perceptual motivations for changes in vocalic length）探究的是音变的另外一种非对称现象。元音长短不同会引发元音高度变化，而元音高度变化却极少产生元音长短变化。作者设计实验对不同语言背景的受试进行语音听觉测试，结果显示与基频线索相比，频谱线索与元音持续时间感知的关联更为紧密，从而进一步解释了涉及元音音长中的非对称现象。

第三篇文章为 S. Tilsen 的《言语规划中的抑制机制会维系并最大化对立》（Inhibitory mechanism in speech planning maintain and maximize contrast），探讨的是动作规划在音变中的作用。作者设计的元音及汉语声调的预示影子实验结果表明，受试在同时规划两个元音或声调过程中会导致元音或声调的异化效果。这些异化效果会阻止这些发音目标在听觉上变得难以区别。作者进一步分析，这些异化效果是由语音发音过程中的抑制机制引起的。

通常认为音变产生于听者对其所接触的语言缺少先验假设。本部分的最后一篇文章，C. Naranyan 的《从发展角度探究音系类型及音变》（Developmental perspectives on phonological typology and sound change）研究的是一语习得在音系化过程中所起的作用。作者进行了案例分析，探讨婴儿言语感知与音系类型之间的关系并得出结论，婴儿难以区别出其对立的语音正是在世界语言的语音系统中较少存在的语音，这可能与其对立的感知凸显度并不突出有关。另外，作者概述了英语儿向语的研究，指出其声学条件与从嗓音对立脱落而产生的声调的语音条件类似。这表明婴儿成长阶段的语言输入也有产生音变的可能。

3.3 音系及形态因素考量

分析偏向（Analytical bias）会限制普遍语法确定的标记性关系和制约条件。由于分析偏向的存在，有时即便有较好的学习数据，也会产生某些难以习得的模式。本书第三部分的三篇文章涉及有关分析偏向的争议。第一篇为 A. Kaplan 的研究文章《语音及音系对词频的制约》（Lexical sensitivity to phonetic and phonological pressures），主要探究音系结构的标记性与音系结构及语音偏好的制约关系。作者分别将语音和音系模式与七种语言中的词汇频率的实际模式进行对比测试，结果显示词汇频率并非直接受语音制约，而是受制约于语音因素有关音系认知机制的影响。

Kaplan 强调音系的首要性，本部分第二篇文章 J. Meilke 所撰文《音系化与特征行为的类型学》（Phonologization and the typology of feature behavior）则认为音系特征源于语音效果。研究中，作者对特定特征类别在不同语言中出现的频次进行了测量，并对这些类别的音系行为（扩散、异化、分隔及其他）进行了考察，得出结论认为，某些音系模式可以归结为语音效果的音系化。

前人对出现于形态边界的音系化现象研究较少。因此本部分 R. Morley 的文章《受制于形态的语音的快速学习：跨边界的元音鼻音化》（Rapid learning of morpho-logica lly conditioned phonetics: Vowel nasa-lization across a boundary）通过实验来测试受试者对学习受制于形态边界的语音的能力。

作者通过实验得出言语的感知与产生都会导致听者对输入的分析与言者输出本意之间的差别。

3.4 社会及计算动力

音系化进程不仅仅受语音要素的影响，因为语音要素仅仅是勾勒出音变的条件及变化的轨迹，却并不能解释某一音变在特定历史时刻或特定的言语社区中出现的问题。本书最后一部分的四篇文章，涉及音变的社会及计算动力两个角度，主要解决这一问题。

第一篇为 A. Yu 的《社会认知处理中的个体差异与音变的实现》（Individual differences in socio-cognitive processing and the actuation of sound change），主要讨论的是言语感知模式中的个体差异在音变的起始及扩展的作用。本文从个体差异的三个维度：共情商数、系统商数和脑类型，对听者在咝音辨别中对元音背景听觉补偿的作用。数据结果显示认知处理中的个体差异对具体背景下咝音的感知有显著影响，表明不同认知处理风格的个体具有不同的感知模式，可以被视为产生音变的因素。

变异会引起语言变化已无争议，但是变异如何导致变化却尚无定论。本部分的另外三篇文章从数学计算的角度来探讨语言变异现象。从语音线索层面，某一语音线索的音系化经常伴随的其他音系线索的去音系化，这便是音系化过程中的跨音系化现象。因为多数音系对立都是由多个语音线索决定的，所以确定跨音系化中的因素便成为音系化研究任务之一。本部分 J. Kirby 的文章《音系化中概率增强的作用》（The role of probabilistic enhancement in phonologization）提出某一语音线索在某一语言中可能会被增强，而在另外语言中可能不会被增强，这是由该语音线索信息量概率函数所决定的。因此通过语音线索分布、语音偏好与概率提升的互动可以确定音系对立系统重组的阶段。

本部分第三篇文章为 F. Mailhot 的《模拟迭代学习中元音和谐的产生》（Modeling the emergence of vowel harmony through iterated learning）。从历时角度来讲，元音和谐出现是由几代人通过传播—习得的周而复始的反馈循环而产生的。作者建立了这一历时过程的简单模型，并对元音和谐产生过程进行模拟。

变异出现并非意味音变结束，因为可能是新变异与已有旧变异共存，也可能是新变异取代旧变异成为主要的模式。因此，理解变异产生后的行为对于理解音变的轨迹具有重要意义。本部分最后一篇文章 M. Sonderegger 和 P. Niyogi 所写文章《英语名—动成对词重音的变异与变化：数据与动态系统模型》（Variation and change in English noun/verb pair stress: Data and dynamic systems models）探究了英语名—动成对词历时重音的变化现象。作者在分析重音变化动态因素的基础上建立了动态系统三类模型，即传播失误模型、扬弃模型及两者结合模型。验证显示只有扬弃模型会产生分异。

4. 简评

音系化这一术语最初是布拉格学派代表人物之一 Jacobson 提出，后来 Hyman[3] 重新引入该术语，主要探究的是内在音变异产生外在音系模式的过程。近年来音系化这一问题已成为音系及音变研究中的中心话题。《音变的起源：音系化的研究方法》为近年音系化研究的集成之作，具有较高的学术价值，值得向读者推介。总结起来，本书有如下特点。

第一，大家众多、权威之作。本书由致力于音系化研究的 Alan C. L. Yu 编辑，书中文章作者多为这一领域的知名学者。如本书作者 Alan C. L. Yu 现为芝加哥大学语言学系教授、音系实验室主任，从事语言变异与变化尤其是音变及音系化的研究。他曾编辑出版《音系学原理手册》（The Handbook of Phonological Theory），并发表多篇相关论文。此外，书中作者 Hyman 是美国加州大学伯克利分校的语言学系教授。他在音系理论、声调系统等领域成果颇丰，被视为现代音系化研究的开山人物，是该领域公认的权威之一。书中其他作者如 Garrett，Hume，Johnson 等在历史语言学、语言变体、语言感知与音系学关系以及其他音系学理论方面都颇有建树且具影响力。

第二，研究视角的跨学科性。音变及音系化研究的视角突破了单纯从语音内部寻求解释，扩展到语音与其他学科的组合的跨学科研究。音系化研究视角的扩大符合语言各个层面研究发展趋势，因为语言不是一个封闭的系统，其演变会受语言发生环境等各方面因素的影响。语音作为语言的一个层面，其演化过程必将受到语言环境因素的影响与制约。本书研究也体现了这一研究视角跨学科性的趋势。正如书中前言所说，研讨会的初衷便是"促进音系学家与相邻学科专家的合作，从而为语言中语音模式起源寻求统一理论解释"。纵览全书，我们会发现书中研究视角多样，涉及语音学、实验及理论音系学、计算科学、心理语言学、语言习得、认知神经科学、认识及社会心理学、社会语言学等。研究视角的多样性及跨学科性无疑对今后音系化及音变研究具有开拓性及示范性意义。

第三，研究对象的跨语言性。音系化研究的任务是揭示跨语言音变的特征并为语言中语音模式寻求统一的理论解释，其研究对象必将涉及多种语言。本书多数研究都体现了研究对象的跨语言的特点。我们统计，本书研究涉及对象语言达 80 多种，既包含相对"主流"语言，如英语、法语、西班牙语等，又包含相对"小众"的诸如亚非拉等地区的少数民族语言。另外值得注意的是本书的研究语言既包含各类语言及变体的共时研究，又涉及同一语言的历时研究。如涉及英语研究中便既包含英式英语、非裔美国人英语、伦敦东区方言等共时变体，又包含诸如古英语、中古英语等历时的发展变体的研究。同样，我们发现对韩语的研究也涉及如中古韩语、首尔韩语等各类变体的研究。

第四，研究方法上定性与定量相结合。本书四部分 13 篇研究文章中，除第一部分的两篇文章外，其余 11 篇文章全部为实证性的研究论文。同时我们发现对音变的实证性研究已经不仅满足于对数据的统计与描述，而且开始通过建立数学模型对音变现象进行更为科学与研究的解释与预测。在 11 篇实证类的研究文章中，有 4 篇研究建立了音变的数学模型，对音变过程进行模拟。

总体来看，该书汇集了音系化研究的最新成果，并为今后音系化的研究奠定了方向。同时，我们认为本书的研究视角及方法对国内音韵学及音变研究也具有启发意义。潘悟云[13]认为中国的音韵学研究现在正进入第三代。其核心内容是对音变现象的解释与预测，在方法上强调实证研究，通过建立数学模型与计算机模拟等建立音变的普遍理论。而本书的多数研究体现了音变研究实证性的特点，值得国内汉语音韵学研究者进行关注。

本书也存在值得商榷与不足之处。首先，作为音系化研究开山之作，编者在其内容编排上并未对音系化研究做出更为科学的分类以更好体现该书的示范价值。如语音研究中就是否存在语音学及音系学区分上仍无定论，因此我们认为将书中第八篇文章置于第二部分，统一在标题"语音及音系考究"下更为合理。而第四部分中第一篇文章与另外三篇文章所谈角度并不一致，置于不同标题之下似为更科学。其次，本书虽体现了音系化研究的跨学科性特点，但就某些学科或视角的整合度上却仍显不足。如涉及从语音的社会文化角度的文章仅有一篇，这显然不足以体现社会文化角度在语言及语音研究中的地位。当然，这也从侧面反映了音系化研究的许多问题交错并织、尚未成熟，预示着音变及音系化研究仍任重道远。

上述商榷与不足之处仅为我们个人看法。毕竟瑕不掩瑜，这并不能否定其学术价值及其在音系化研究方面的贡献。总之，《音变的起源：音系化的研究方法》为我们呈现了音系化研究所取得的成就及今后发展的趋势，是值得向读者推荐的一本学术集作。

5. 致谢

本文研究得到了教育部人文社科项目"山东方言连读变调类型的实验语音研究及优选论分析"项目（编号：11YJA740114）的经费支持。

6. 参考文献

[1] Bybee, J. 2001. *Phonology and Language Use*. Cambridge: Cambridge University Press.

[2] Garrett, A. 2015. Sound change. In: Bowern, C., Evans, B. (eds), *The Routledge Handbook of Historical Linguistics*. New York: Routledge, 227-248.

[3] Hyman, L. M. 1972. Nasals and nasalization in Kwa. *Studies in African Linguistics* 4, 167-206.

[4] Lass, R. 1984. *Phonology. An Introduction to Basic Concepts*. Cambridge: Cambridge University Press.

[5] Myers, S. 2010. Regressive voicing assimilation: production and perception studies. *Journal of the International Phonetic Association* 40, 163–179.

[6] Ogura, M. 1987. *Historical English Phonology: A Lexical Perspective*. Tokyo: Kenkyusha.

[7] Ohala, J. 1974. Experimental historical phonology. In Anderson, J. M., Jones, C. (eds), *Historical Linguistics: Theory and Description in Phonology (vol Ⅱ)*. Amsterdam: North-Holland, 353-389.

[8] Ohala, J. 1981. The listener as a source of sound change. In Masek, C. S., Hendrick, R. A., Miller, M. F. (eds), *Papers from the Parasession on Language and Behavior. Chicago*: Chicago Linguistic Society, 178-203.

[9] Ohala, J. 1993. The Phonetics of sound change. In Jones, C. (ed), *Historical Linguistics: Problems and perspectives*. London: Longman, 237-278.

[10] Robins, R. H. 1997. *A Short History of Linguistics(4th edition)*. New York: Routledge.

[11] 陈忠敏（2008）音变研究的回顾和前瞻。《民族语文》第 1 期，19-32 页。

[12] 刘润清（2013）《西方语言学流派（修订版）》。北京：外语教学与研究出版社。

[13] 潘悟云（2011）面向经验科学的第三代音韵学。《语言研究》第 1 期，59-63 页。

[14] 特拉斯克（2000）《语音学和音系学词典》。北京：语文出版社。

[15] 张树铮（2005）语言演变的类型及其规律。《文史哲》第 6 期，107-111 页。

李桂东 北京大学外国语学院语言所博士生，研究兴趣为理论语言学（语音学和音系学、认知语言学、句法学）、外语教育。
E-mail: lgd0701@foxmail.com

翟红华 山东农业大学外国语学院教授，博士，主要研究领域包括语音学和音系学、语篇分析、外语教育。
E-mail: redhua88@163.com

基于动态腭位的汉语普通话协同发音研究

李英浩

摘要 协同发音是语音产出研究的核心问题，协同发音研究对语音产出和言语工程有重要意义。本研究使用 62 个电极的动态腭位（electropalatography, EPG）分析汉语普通话的协同发音现象。发音生理分析结果表明，普通话音段协同发音与音段对舌面发音动作要求有关，同时还与相邻音段舌面动作的相融程度（compatibility）有关。普通话音节内音段的发音动作相互影响程度大于音节间的情况。

关键词 协同发音，动态腭位，普通话，音段

An Electropalatographic Study on Coarticulation in Standard Chinese

LI Yinghao

Abstract Coarticulation is the fundamental issue in speech production. It is of great significance to linguistic study and speech technology. The current study used 62-electrode electropalatography (EPG) to study the coarticulation in the Standard Chinese. The electropalatographic results show that the segmental coarticulation in the Standard Chinese is closely related to the tongue dorsum gestural control and the compatibility of the tongue dorsum gestures between the segments. Finally, the coarticulation between segments inside syllables is stronger than that across syllables.

Key words Coarticulation, Electropalatography (EPG), Standard Chinese, Segment

1. 引言

语音学家很早就开始关注人类言语中的协同发音现象。1933 年，Menzerath 和 de Lacerda 指出，"所有的发音动作都是协同发音"[7]。多数研究者认为，语音产出存在不变量和变量，前者表现为抽象的、离散的、不变的发音动作目标，后者是发音器官在认知机制调控下语音实现的结果，表现为音段发音动作的特征偏离了"理想"的目标动作，其中，协同发音是一个重要的根源。

对普通话协同发音的研究始于 20 世纪 90 年代，主要集中在声学层面[17-23]。许毅[24]提出了普通话语音单位之间的 4 种连接方式（即音联）。其中，闭音联（音节内部）的音段之间的结合度最紧密，协同发音程度最高，表现为相邻音段的产出偏离目标值。音节音联（节奏单元内部音节间的边界）也存在协同发音，但是这种协同发音只影响音节边界前音段的后过渡或者音节边界后音段的前过渡，并不影响音段的目标值。吴宗济[22]提出，普通话的音段协同发音整体上表现为逆向影响，顺向影响不明显。陈肖霞[17]发现，在 V1#C2V2 双音节中，C2 和 V2 对 V1 逆向影响的时间范围比较短；此外，V2 的隔位协同发音影响受到 C2 的制约。

从 21 世纪初开始，对普通话协同发音的发音生理研究逐渐开展起来。20 世纪 90 年代末，中国社会科学院民族所语音学与计算语言学重点实验室首次推出了普通话 EPG 语音数据库及其研究平台[15]。基于这个数据库，鲍怀翘等[16]发现了普通话音节的声母辅音与后续元音发音动作的共时发音现象；郑玉玲等[25]提出了普通话 N#C2 的协同发音的生理模型；郑玉玲等[26]提出了普通话辅音的约束度特征。近年来，Ma 等[8]使用电磁发音仪（EMA）对比了法语和汉语普通话 V1#C2V2 序列的协同发音现象。他们发现，普通话 V2 舌位动作的逆向协同发音影响不能超越相同音节的声母，他们认为这是由于汉语普通话言语规划的最小单元是音节所导致的结果。

本研究基于北京大学中文系语言学实验室建立的基于 62 个电极的电子假腭的普通话动态腭位数据库，介绍我们对普通话音节内和音节间音段协同发音的一些研究。

2. 动态腭位语音研究方法

在 EPG 分析方法出现之前，研究者使用静态腭位照相方法对协同发音现象进行观察。EPG 技术出现后，使用这种技术对不同语言协同发音现象的研究得以全面展开[1-6，11，12，14]。

EPG 能够捕获舌和上颚的接触信号。EPG 采集设备的时间精度可以达到每秒钟 100 帧或 200 帧图像，空间精度取决于电子假腭的电极数。目前，国内使用的 62 个以及 96 个电极的电子假腭的电极摆放依据发音人的上颚生理构造，在上颚前部的电极分布密度比较高，在硬腭穹顶以及软腭部位的电极分布密度比较低。我们使用 Articulate Instruments 公司出产的 WinEPG 电子腭位仪以及 62 个电极的电子假腭采集腭位图像。

电子假腭有 62 个电极。电极分布在 8 行和 8 列上。除了第一行有 6 个电极外，其他行有 8 个电极（电子假腭的电极相对位置见图 1）。我们把位于齿龈和龈后的 4 行电

极定义为前腭区域，这个区域的舌腭接触比率 ANT 主要与舌前辅音的动作姿态有关。把硬腭和软腭部位的 4 行电极定义为后腭区域，这个区域的舌腭接触比率 POS 主要与舌体（舌面）的动作姿态有关。在协同发音研究中，主要使用 POS 考察音段间舌面动作的相互影响。然而，在实际的分析过程中，由于不同发音人的上颚生理结构或发音习惯存在差异，划分前腭和后腭区域的标准也不一致。如有些汉语发音人产出的边音的成阻部位位于硬腭前（成阻部位位于电子假腭第 4-5 行电极，实现为卷舌边音[ɭ]），这时候把电子假腭的前 5 行定义为前腭区域，后 3 行定义为后腭区域。

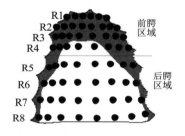

图 1：62 个电极电子假腭电极的位置（图中灰色区域表示该区域内的电极产生接触）。

我们使用的汉语普通话发音语料包括普通话的 C1V1 单音节和 V1#C2V2 双音节（C1 或 C2 表示普通话的 21 个声母辅音，V1 或 V2 表示单元音，为/i, a, u, ɣ(i1), ɣ(i2)/，"#"表示音节边界）。由于受到普通话音位配列的限制，普通话的辅音声母和单元音的组配受到一定的限制。为此，我们使用与前高元音舌位相近的双元音/ei/代替前高元音/i/的情况（如唇齿擦音和软腭辅音）。对于龈腭辅音，我们用复合元音/ia, iu/作为后续元音为/a, u/的情况。

3. 音节内元音和辅音的相互影响

单音节 C1V1 中 C1 和 V1 的连接方式为闭音联。对辅音持阻段的舌腭接触面积最大帧（Point of Maximal Contact, PMC 帧）

腭位的分析结果发现，V1 对 C1 舌面动作姿态的影响与后者的舌面动作要求密切相关，C1 舌面发音动作要求越高，V1 对 C1 舌面动作的影响就越小。从时间域上看，V1 的舌面动作往往与辅音的成阻动作同时发生，但是这受到 C1 舌面发音动作要求的限制。图 2 展示了后续元音为/i(ʅ), a/条件下舌尖齿龈塞音/tʰ/和/s/生理或声学持阻时段的动态腭位。从图 2（a, b）可知，元音舌位对齿龈塞音持阻时段的舌面动作（后腭区域）影响非常显著；而且，元音舌位的影响在辅音生理持阻起点时刻前就已经表现出来了。与此相反，声母辅音/s/的舌面却较少受到后续元音舌位的影响。

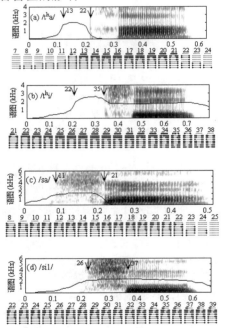

图 2：后续元音为/i(ʅ), a/条件下声母辅音/tʰ, s/的动态腭位（语图中的曲线表示整个电子假腭的舌腭接触比率，箭头表示辅音生理（声学）持阻起点以及结束点，箭头旁的数字表示对应时间点的腭位）。

图 3 是声母辅音为/tʰ, s, l/、后续元音为/a, i(ʅ), u/条件下辅音生理（声学）持阻段时间归一化的后腭接触面积 POS 的变化轨迹。由图 3（a）可以发现，元音/i/对齿龈塞音

持阻段舌面动作的影响最大，在辅音持阻起点后，舌面与硬腭的舌腭接触面积逐渐增大。元音/a, u/条件的 POS 变化比较接近。对辅音持阻段每个时间点 3 个元音条件下的单因素方差分析结果发现，除了在持阻起点后 2 个时间点的 POS 没有显著差异外，其他 7 个时间点的 POS 存在显著差异，主要表现为/i/>/a, u/（p<0.05）。

图 3（b）的齿龈擦音的情况与齿龈塞音不同。擦音声学持阻时段大部分时间点的 POS 不受后续元音舌位的影响，只有从擦音除阻前 2-3 个时间点开始，POS 才表现出与 V2 舌位相关的变化。对每个时间点 3 种水平条件的 POS 进行单因素方差分析，结果发现，除了在除阻时刻的 POS 存在显著差异外（p<0.05），其他时间点的 POS 不受后续元音舌位的影响。图 3 的分析结果说明，齿龈擦音/s/对舌面动作发音要求高于齿龈塞音，其受到元音舌位影响幅度较小。

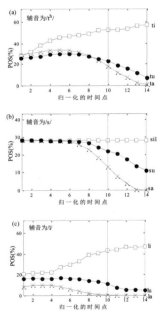

图 3：辅音持阻段以除阻后到元音前 50ms 时间归一化后的 POS 变化轨迹（图中竖线表示辅音除阻后的第 1 个时间点。图（a, c）的除阻时刻定义为在电子假腭齿龈部位除阻后的第 1 帧腭位时刻，图（b）的除阻时刻由声学定义，参见图 2。

由图 3（a）还可以看出，元音/i/的舌面发音动作几乎与辅音成阻动作同时发生，并影响齿龈塞音整个持阻段的舌面动作。这主要表现为在元音/i/的条件下，齿龈塞音持阻段的 POS 不断上升，在持阻时段中点附近舌面的动作姿态就非常接近后续元音/i/的舌面动作姿态。

以往对普通话的 EPG 语音分析结果发现，元音对齿龈边音/l/的成阻部位存在较大影响[11]。然而，边音对舌面动作的发音动作要求却比较高。对比图 3（a, c）可以看出，虽然边音持阻段的舌面动作姿态受到后续元音舌位的影响，但是辅音持阻阶段的舌面与硬腭的接触面积整体上低于声母辅音为齿龈塞音的情况，尤其在元音为/i/的条件下。这说明边音对舌面动作姿态的控制程度要高于齿龈塞音。

辅音发音部位和发音方式对后续元音的舌面动作会产生顺向影响。图 4 为不同发音部位和发音方式的声母辅音条件下前高元音/i/声学时段中点附近的 PMC 帧的腭位。双唇和齿龈辅音（除了边音/l/）条件下元音/i/

的收紧点位置比较靠后，但是龈腭辅音条件下元音/i/的收紧位置明显前移。对这三种声母条件下元音/i/的 PMC 帧时刻附近的 F2 的比较结果可知，龈腭辅音条件下的 F2 显著低于双唇和齿龈辅音的情况（p<0.05）。这些结果说明，相比于双唇辅音，齿龈辅音对元音/i/的舌面动作影响程度相对较小，而龈腭辅音则使得元音/i/的收紧点位置向前腭位置移动，这使得 F2 下降。

相同发音部位、不同发音方式的声母辅音对元音/i/的目标腭位的影响存在差异。图 4 展示了声母辅音为 3 个齿龈辅音条件下元音/i/的腭位。可以看出，在不送气塞音/t/条件下，元音/i/在后腭区域的舌腭接触程度明显低于鼻音/n/条件下的情况。边音/l/情况下元音/i/的接触程度最低，说明边音对元音/i/的舌面动作影响最大。对 3 个齿龈辅音条件下元音/i/的 F2 的分析结果发现，辅音发音方式对元音/i/的影响表现为边音<不送气塞音，鼻音（p<0.05）。显然，这与 3 种条件下元音 PMC 帧的腭位有关。

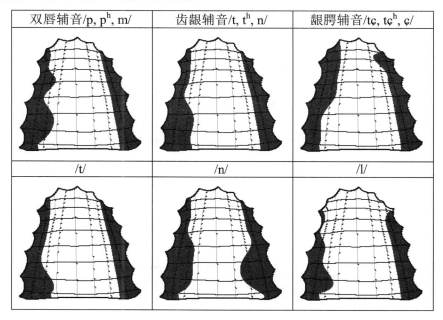

图4：不同发音部位和发音方式的声母辅音条件下，元音/i/目标腭位的舌腭接触模式（图中假腭内的方格中心表示电极所在位置，深色区域表示所在位置电极的接触比率超过 60%）。

4. 音节间音段的相互影响

音节间音段的相互影响包括 3 方面的内容：元音对辅音的影响，辅音对元音的影响以及跨辅音元音间的影响。对音节间音段相互影响的研究一般使用 V1#C2V2 双音节进行分析。

首先以 V1/i/为例观察辅音对元音目标腭位的逆向影响。由图 5 可以发现：元音/i/的目标腭位受到 C2 发音部位的影响。与其他 C2 部位相比，龈腭辅音使得 V1/i/的目标腭位在前腭和后腭区域的接触面积均增大，这说明舌面上抬程度加大，且舌体发生前移。在 V2/a, eɪ/条件下，软腭塞音明显降低 V1/i/的 ANT，这与软腭辅音成阻部位比较靠后有关。双唇辅音条件下，V1/i/的 ANT 趋向于最大，这与前者对 V1/i/发音动作影响较小有关。需要注意的是，C2 对 V1 目标腭位的影响并没有改变 V1 的语音范畴。

C2 对 V1 的逆向影响还表现为对 V1 后过渡段舌面动作过程的影响，影响的幅度与C2 对舌面动作的发音要求以及 C2 和 V1 舌面动作的相融程度有关。图 6 为 V2 固定为/a/，C2/s/和/t/对 5 类 V1 后过渡段的 POS 的影响。由图可知，齿龈擦音/s/对 V1 的 POS 的影响幅度明显大于齿龈塞音/t/，这可以从V1/i/后过渡段 POS 的变化看出。另外，在不同 V1 条件下，齿龈擦音/s/发音动作稳定段的 POS 非常接近。齿龈塞音/t/在整个持阻段 POS 受到 V1 的顺向影响。从 V1/i/后过渡段 POS 的变化还可以看出，齿龈擦音/s/的舌面动作与元音/i/的舌面动作相融度较低，这使得 V1/i/的 POS 迅速下降。齿龈塞音/t/与元音/i/对舌面动作的相融度相对较高，因此，V1/i/后过渡段的 POS 下降幅度相对较低。

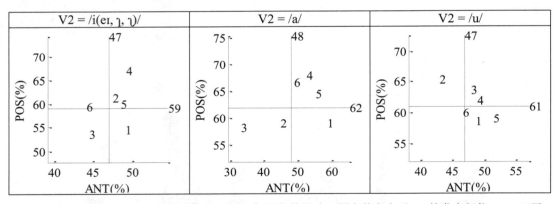

图 5：固定 V2 条件下，C2 发音部位对 V1/i/目标腭位的影响（图中数字表示 C2 的发音部位，1：双唇辅音/p, pʰ, m/，2：齿龈塞音/t, tʰ, n/（除了边音/l/），3：软腭塞音/k, kʰ/，4：龈腭辅音/tɕ, tɕʰ, ɕ/，5：齿龈塞擦音和擦音/ts, tsʰ, s/，6：龈后塞擦音和擦音/tʂ, tʂʰ, ʂ/。图中水平线表示不同 C2 部位条件下 V1/i/的 POS 均值的均值，垂直线表示不同 C2 条件下 ANT 均值的均值）。

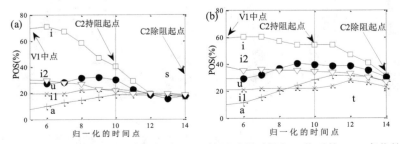

图 6：V2 固定为/a/，V1 后过渡段以及 C2 持阻时段时间归一化后的 POS 变化轨迹。

在 V1#C2V2 双音节中，元音对 C2 舌面动作的影响与 3 个音段对舌面动作的发音要求密切相关。图 7 展示了 C2 为/s, t/条件下 4 类双音节组合的时间归一化后的 POS 的变化轨迹。可以看出，V1 和 V2 对齿龈擦音/s/持阻中间时段的舌面动作影响不大，元音影响只出现持阻起点后以及即将结束前的时间点。然而，V1 和 V2 对齿龈塞音/t/的舌面动作有显著的影响。通过对比对称元音序列塞音持阻段的 POS 轨迹可以发现，元音舌位对齿龈塞音持阻时段的舌面动作影响显著。对比对称元音和非对称元音序列塞音持阻段的 POS 轨迹可以发现，元音舌位对齿龈塞音/t/持阻时段的舌面动作存在较强的逆向和顺向影响，逆向影响的幅度明显强于顺向影响幅度。

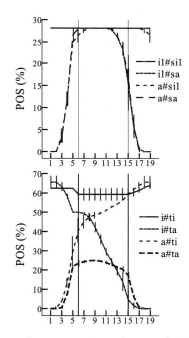

图7： C2 为/s, t/、V1 和 V2 为/i(ŋ), a/条件下 4 种双音节类型的时间归一化后的 POS 变化轨迹（图中两条竖线分别表示辅音持阻起点和结束点时刻。误差为 1 个标准误差）。

普通话跨辅音元音间的协同发音影响主要与辅音对舌面动作的控制强度有关。我们仍使用图 7 的两个例子。可以看出，C2 为齿龈擦音的时候，V1 后过渡段以及 V2 前

过渡段的 POS 变化轨迹不受辅音对侧元音舌位的影响。但是当 C2 为齿龈塞音的时候，V1 后过渡段的 POS 的变化轨迹则与 V2 的舌位密切相关，V2/i/使得 V1/a/后过渡段的 POS 迅速上升，而 V2/a/则使得 V1/i/后过渡段的 POS 迅速下降，但是下降的幅度低于 V2/i/引起的上升幅度。V1 对 V2 的顺向影响不明显。对 4 类双音节元音时段 F2 轨迹的分析结果与图 7 的 POS 的变化基本一致。

发音生理和声学分析结果表明，普通话 V1#C2V2 双音节的协同发音可以分为 3 种模式：第一，在 C2 为齿龈塞擦音或擦音、齿龈后塞擦音或擦音和龈腭辅音条件下，元音过渡段腭位向 C2 的目标腭位过渡，C2 阻断元音间的协同发音。第二，在 C2 为双唇辅音和齿龈塞音或鼻音的条件下，元音过渡段的腭位同时受到 C2 和对侧元音的影响；C2 时段后腭区域的舌腭接触受到两侧元音的影响以及 C2 舌面发音动作要求的制约，元音对 C2 时段腭位的逆向作用强于元音的顺向作用。第三，在 C2 为软腭辅音的条件下，C2 起点帧腭位取决于 V1 的舌位，C2 结束帧腭位主要取决于 V2 的舌位，C2 持阻段的腭位过渡取决于两侧元音的发音限制条件。

5. 结语

EPG 和声学分析结果表明，普通话音段协同发音现象表现为音节内强于音节间，这说明普通话音段协同发音受到音节结构的制约。跨语言音段协同发音研究结果发现，以开音节为主的语言中音段协同发音现象并不明显，而以闭音节为主的语言中音段协同发音现象非常明显[8-10]。其次，普通话音位配列规则在很大程度上限制了发音动作互斥音段组合成为音节，而动作互斥是产生音段协同发音一个重要根源[13]。最后，普通话的音节承载声调，因而音节界限分明，这也在一定程度上限制了音节间音段的协同发音。

6. 致谢

本研究得到了教育部人文社会科学研究项目（编号：11YJAZH055）的经费支持。此博士论文（北京大学）在研究和写作过程中得到了孔江平教授的指导。本文的匿名评阅人对论文初稿提出了建设性的建议，在此表示感谢。

7. 参考文献

[1] Baik, W. 1994. *An Electropalatographic Study of Coarticulation in Korean VCV and CVC Sequences*. Unpublished doctoral dissertation, Georgetown University, Washington, D. C.

[2] Butcher, A., Weiher, E. 1976. An electro-palatographic investigation of coarticu-lation in VCV sequences. *Journal of Phonetics* 4, 59-74.

[3] Byrd, D. 1996. Influences on articulatory timing in consonant sequences. *Journal of Phonetics* 24, 209-244.

[4] Engstrand, O. 1989. Towards an electro-palatographic specification of consonant articulation in Swedish. *PERILUS X*. 115-156.

[5] Farnetani, E., Recasens, D. 1993. Anticipatory consonant-to-vowel coarticu-lation in the production of VCV sequences in Italian. *Language and Speech* 36, 279-302.

[6] Hoole, P., et al. 1993. A comparative investigation of coarticulation in fricatives: Electropalatographic, electromagnetic, and acoustic data. *Language and Speech* 36, 235-260.

[7] Kühnert, B., Nolan, F. 1999. The origin of coarticulation. In: Hardcastle, W., Hewlett, N. (eds), *Coarticulation: Theory, Data and Techniques*. Cambridge: Cambridge University Press, 7-30.

[8] Ma, L., et al. 2015. Strength of syllabic influences on articulation in Mandarin Chinese and French: Insights from a motor control approach. *Journal of Phonetics* 53, 101-124.

[9] Modarresi, G., et al. 2004. An acoustic analysis of the bidirectionality of coarticulation in VCV utterances. *Journal of Phonetics* 32, 291-312.

[10] Mok, P. P. K. 2010. Language-specific realizations of syllable structure and vowel-to-vowel coarticulation. *Journal of the Acoustical Society of America* 128, 1346-1356.

[11] Nicolaidis, K. 2001. An electro-palatographic study of Greek spontaneous speech. *Journal of the International Phonetic Association* 31, 67-85.

[12] Recasens, D. 1984. V-to-C coarticulation in Catalan VCV sequences: An articulatory and acoustical study. *Journal of Phonetics* 12, 61-73.

[13] Recasens, D. 1999. Lingual coarticulation. In: Hardcastle, W., Hewlett, N. (eds), *Coarticulation: Theory, Data and Techniques*. Cambridge: Cambridge University Press, 80-104.

[14] Tabain, M. 2000. Coarticulation in CV syllables: a comparison of Locus Equation and EPG data. *Journal of Phonetics* 28, 137-159.

[15] 鲍怀翘、郑玉玲（2001）普通话动态腭位图数据统计分析初探。载《新世纪的现代语音学——第五届全国现代语音学学术会议论文集》（蔡莲红、周同春、陶建华主编），北京：清华大学出版社，9-16页。

[16] 鲍怀翘、郑玉玲（2011）普通话动态腭位研究。《南京师范大学文学院学报》第 3 期，1-11 页。

[17] 陈肖霞（1997）普通话音段协同发音研究。《中国语文》第 5 期，345-350 页。

[18] 初敏、唐涤飞、司宏岩、孔江平、田旭青、吕士楠（1997）汉语音节音联感知特性研究。《声学学报》第 2 期，104-110 页。

[19] 林茂灿、颜景助（1994）普通话带鼻尾零声母音节中的协同发音。《应用声学》第 1 期，12-20 页。

[20] 孙国华（1994）普通话双音节 Vl-/z、zh、j/ 过渡的实验研究。第三届全国人机语音通讯学术会议，重庆。

[21] 王茂林、严唯娜、熊子瑜（2011）汉语双音节词 VCV 序列协同发音。《清华大学学报(自然科学版)》第 9 期，1244-1248 页。

[22] 吴宗济（2004）普通话 CVCV 结构中不送气塞音协同发音的实验研究。载《吴宗济语言学论文集》，北京: 商务印书馆，66-92 页。

[23] 吴宗济、孙国华（2004）普通话清擦音协同发音的声学模式。载《吴宗济语言学论文集》，北京: 商务印书馆，93-112 页。

[24] 许毅（1986）普通话音联的声学语音学特性。《中国语文》第 5 期，353-360 页。

[25] 郑玉玲、刘佳（2005）普通话 N1C2(C#C) 协同发音的声学模式。《南京师范大学文学院学报》第 3 期，150-157 页。

[26] 郑玉玲、刘佳（2006）普通话辅音发音部位及约束研究——基于 EPG。第七届中国语音学学术会议暨语音学前沿问题国际论坛，北京。

李英浩 延边大学外国语学院，博士，副教授，主要研究领域为实验语音学。
E-mail: leeyoungho@aliyun.com

Prosodic Entrainment in Mandarin Chinese Conversations: An Experimental Study

XIA Zhihua

Abstract This research is to explore prosodic entrainment in Mandarin Chinese conversations. Based on Tongji Games Corpus, three main analyses of prosodic entrainment are accomplished, which include prosodic entrainment at multiple levels, prosodic entrainment and social factors, and cross-linguistic comparison of prosodic entrainment. Major findings are listed as follows:1) Two kinds of entrainment are proposed: absolute entrainment and relative entrainment; 2) Entrainment in Mandarin conversation is proved to exist in 3 main aspects of prosody; 3) Different prosodic features exhibit entrainment at different levels; 4) For the prosodic features measured in the present research, local entrainment is more evident than global entrainment; 5) With the progress of conversation, increased similarity between two interlocutors is found at turn level, but no increased similarity is found at conversation level or over tone units; 6) Entrainment is proved to be closely related to social factors; 7) Striking similarities in entrainment patterns are found in Mandarin Chinese and Standard American English, and differences in entrainment degree are found in both languages.

Key Words prosody, entrainment, interaction, pragmatic function, cross-linguistic comparison

1. INTRODUCTION

Having conversation is a joint action in which interacting individuals coordinate their behavior and adapt their linguistic choices to each other. Often this entrainment or accommodation produces convergence in conception, syntactic forms, lexicon choices, prosody, pronunciations, postures and other behavior of interlocutors. The present research focuses on prosody in entrainment.

Prosodic entrainment means that two speakers adapt prosody to that of their interlocutors in conversation, and then become similar in speaking for smooth and successful communication. Prosodic entrainment is also named prosodic accommodation, prosodic adaptation, or prosodic alignment.

Prosodic entrainment is ubiquitous in social interaction because social interaction is a joint and dynamic activity in which all participants coordinate their behavior in order to establish mutual understanding. The process

of social interaction is inherently complicated, because it involves cognitive, psychological, linguistic and sociological factors, which allow interlocutors to produce and perceive their intension, accomplish mutual understanding and establish a social relation. As an essential component in speaking, prosody plays a critical role in social interaction.

The main goal of the present research is to explore prosodic entrainment in Mandarin Chinese conversations. With this research goal, three research questions are put forward: How is prosody used to entrain in Mandarin conversation? How do social factors affect prosodic entrainment in Mandarin conversation? How is prosodic entrainment in Mandarin conversation differ or similar to that in English conversation? Therefore, three main analyses of prosodic entrainment are accomplished in the present study, which include prosodic entrainment at multiple levels, prosodic entrainment and social factors, and cross-linguistic comparison of prosodic entrainment.

153

2. SIGNIFICANCE

Significance of this research exists in both theoretical and practical sides.

Theoretical significance of the present research comes from two aspects.

Firstly, the study of prosodic entrainment in Mandarin conversation verifies and enriches the theoretical construction of entrainment. Chinese has different tone and prosodic systems from other types of languages. The way that prosody works in Mandarin Chinese verifies theories of entrainment based on the previous researches. In addition, classification of absolute and relative entrainment that firstly proposed in the present research enriches the theoretical construction of entrainment. Both absolute and relative entrainment is proved in the prosody of Mandarin Chinese conversations in the present research, in which absolute entrainment is found over global units, and relative entrainment between the relative pitch registers of tones in the conversations of mixed gender pairs. The proposal of two-category entrainment in collaborative communication is beneficial to description and understanding of entrainment process in conversation.

Secondly, the cross-linguistic comparisons of prosodic entrainment between Chinese and English are of significance in linguistic typology. From typological viewpoint, Chinese and English are different. It is worthy to do comparison of prosodic entrainment between the two in order to explore whether they have similarities or differences on pragmatic functions of prosody in different types of language. Thus, the present research helps people make deeper understanding of prosodic entrainment in different languages.

Practical significance of the present research comes from two aspects.

At first, strategies and instructions for successful communication can be found based on the results of this research. The prosodic entrainment involves speakers' mutual cooperation and coordination. People can take the prosodic parameters including the features of duration, F0 and intensity, which are analyzed in this study, as effective coordination means, and make appropriate adjustment in communication.

In addition, the results of this study are expected to bring certain benefits in speech synthesis. Making synthesized language as natural as that of human beings is one of the challenges in speech synthesis. Fine-grained adjustment of prosody in entrainment found in this research is of practical significance to improve the synthesized language in communication.

3. CORPUS

The corpus and the main analyses of the present research are listed as follows:

The present research is based on Tongji Games Corpus. The corpus contains 115 spontaneous, task-oriented conversations between pairs of subjects, average duration of which is 6 minutes. Experiments are designed to elicit spontaneous and collaborative conversations. Subjects accomplish two kinds of games (Picture Ordering and Picture Classifying), which stimulate the cooperative conversations. 70 pairs participated in the experiments.

The present research sets 7 acoustic-prosodic features from the 3 main aspects of prosody as the parameters in analyses: Speaking-rate from durational features; F0 min, F0 mean, and F0 max from the feature of F0; Intensity min, Intensity mean, and Intensity max from the feature of intensity.

IPU (the minimal pause interval is set as 80 ms in the present study) is identified as the smallest analysis unit in this research. After the automatic annotation of IPUs by SPPAS, the boundaries of IPUs are checked by professional annotators. The values of seven prosodic features in every IPU are extracted by Praat. These values constitute the basic data for analyses. When the units in analyses contain more than one IPU, the weighted averages of IPUs within these units are calculated (weights are durations of IPUs). Then, the weighted averages are used as the values in analyses.

4. ANALYSES

The analyses of entrainment at multiple levels are presented first. From the global to the local, the analyses of prosodic entrainment in this part are accomplished at three levels (the levels of conversations, turns, and tone units). The analyses at each level are made from 3 main aspects including proximity, convergence, and synchrony. In addition, cross-level compare-sons of the results from the same aspects at different levels are made.

Through the comparison from the aspect of proximity, it is found that the features of duration and intensity show proximity at all the levels. Through the comparison from the aspect of convergence, it is found that (i) it is more difficult to capture convergence in conversation than proximity and synchrony; (ii) convergence is found at turn level, and features of F0 show better prosodic convergence than the feature of duration and intensity. Through the comparison from the aspect of synchrony, it is found that synchrony is possible even without proximity and convergence. That is, interlocutors entrain over local units on certain features, irrespective of their global similarity.

The analysis of entrainment over tones proves relative entrainment between the relative pitch registers of tones in the conversations of mixed gender pairs.

The analyses of relationship between entrainment and social factors include two analyses: the analysis of entrainment and gender, and the analysis of entrainment and role.

The analyses of entrainment and gender include two parts: proximity by gender groups, and entrainment degree by gender groups. In the analysis of proximity by gender groups, it is found the most prosodic features are entrained in female-male conversations, and the least in male-male conversations; in the same gender pairs' conversations (female-female and male-male conversations), the features of duration and intensity are entrained; in mixed gender pairs' conversations (female-male), besides the same features entrained above, features of F0 are also entrained. In the analysis of entrainment degree by gender groups, it is found that male-male pairs tend to entrain least in MC conversations.

The analyses of entrainment and role include two parts: Role Influence Test and Role Direction Test. In the analysis of Role Influence Test, it is found that the entrainment degree in Picture Ordering Games is significantly bigger than that in the Picture Classifying Games. Two interlocutors play unequal roles in Picture Ordering Games (information giver and information follower), and pairs play equal roles in Picture Classifying Games. This result of Role Influence Test shows that different roles have influence on the entrainment degree. In the analysis of Role Direction Test, it is found that information givers entrain more to followers in conversation.

Cross-linguistic comparison of prosodic entrainment between Mandarin Chinese and Standard American English is presented at last. Based on the parallel work in these two languages, the comparisons of prosodic entrainment are made at both global and local levels (the levels of conversation and turn) and over different gender groups.

Through the cross-linguistic comparison, striking similarities are found in entrainment patterns in both languages. For example, at conversation level, there are similar proximity patterns in conversation of MC and SAE; at turn level, in both languages, holistic proximity between interlocutors over turns is found over the same prosodic features including Speaking-rate, Intensity mean, and Intensity max; similar patterns in convergence at turn level are found in two languages; similar synchrony over turns is found in two languages; over different gender groups, in both languages, the number of prosodic features showing entrainment in the mixed gender pairs is the most, and the least in male pairs.

Differences are also found in entrainment degree in both languages. Convergence degree at turn level is different in two languages. The correlation values, which are used to measure the relation between similarity and time, are different in both languages. Synchrony degree is different in two languages. Correlation values are used to measure synchrony degree

over turns. The most noticeable difference is that in SAE, correlations between two interlocutors' in adjacent IPUs over F0 features are weak, while in MC, they are among the strongest. This indicates that the functions of pitch in MC more prominent in the exhibition of entrainment than in SAE. This proves that pitch in MC plays a dual role in a tonal language, conveying both lexical and pragmatic information. Over different gender groups, in SAE conversations, entrainment is both strongest and prevalent in mixed gender pairs; in MC, it is most prevalent in mixed gender pairs, but not necessarily strongest.

Besides, through the comparison, the absolute entrainment is found in previous research on prosody in English conversations, while both absolute and relative entrainment is proved in the prosody of Mandarin Chinese conversations in the present research, in which absolute entrainment is found over global units, and relative entrainment between the relative pitch registers of tones in the conversations of mixed gender pairs.

The similarity in entrainment pattern in both languages found in the present research supports not only the view that entrainment is a cross-cultural phenomenon but provides evidence that members of different languages groups entrain in similar pattern. Nevertheless, the difference in language types would be one of the reasons for prosodic entrainment degree.

5. MAJOR FINDINGS

To sum up, the major findings of this research are listed as follows:

(i) Entrainment in Mandarin conversation is proved to exist in 3 main aspects of prosody.

The analyses in the present research provide considerable evidences for the existence of entrainment in 3 main aspects of prosody: the features of duration, F0 and intensity. 7 variables, Speaking-rate (one feature of duration), F0min, F0mean, F0max (three features of F0) and Intensity min, Intensity mean, Intensity max (three features of intensity) are set as parameters in the present research, over which entrainment in conversation has been proved.

(ii) For the prosodic features measured in the present research, local entrainment is more evident than global entrainment.

According to the analyses above, more prosodic features exhibit entrainment at relatively local level than at global level. In detail, in terms of proximity, 5 features show entrainment over tone units, and 4 features at conversation level; in terms of synchrony, 7 features show entrainment over tone units, 6 features at the turn level. Besides, the features of F0 show more prominent entrainment at relatively the local level, in spite of their less evident entrainment at the global level.

(iii) Different prosodic features exhibit entrainment at different levels: at both the global and the local levels, features of intensity exhibit prominent entrainment; entrainment over the durational feature is more prominent at the relatively global level; entrainment over the features of F0 is more prominent at the relatively local level.

According to the cross-level comparisons, the features of intensity show entrainment at almost all the levels tested, the features of duration show more prominent entrainment at the conversation level than the turn level, and the features of F0 show evident synchrony at levels of turn and tone unit, while they show less entrainment at the level of conversation.

(iv) With the progress of conversation, increased similarity between two interlocutors is found at the turn level, but no increased similarity is found at the conversation level or over tone units.

The present research has accomplished the analyses of convergence at three levels. The cross-level comparisons of convergence at three levels show that it is more difficult to capture convergence in conversation than proximity and synchrony, and that convergence is found only at turn level.

(v) Entrainment is proved to be closely related to social factors: in terms of gender, prosodic features exhibit differences in entrainment over 3 gender groups, and in both number of features entrained and degree of entrainment, males entrain the least; in terms of role, it is proved that the roles affect the entrainment degree in conversation over the

prosodic features of duration and F0 and that information givers entrain more than followers in conversation.

(vi) Striking similarities in entrainment patterns are found in Mandarin Chinese and Standard American English, and differences in entrainment degree are found in both languages.

The following similarities in entrainment patterns in two languages are found. At levels of conversation and turn, those features, which exhibit holistic entrainment in conversation and those which do not, are the same. At the turn level, those features, which show increasing similarities as the conversation goes on and those which do not, are the same. Similar synchrony over turns is found in two languages. Over different gender groups, in both languages, the number of prosodic features showing entrainment in the mixed gender pairs is the most, and that in male pairs is the least.

The following differences in entrainment degree in both languages are found. At the turn level, differences in convergence and synchrony degree are found in both languages. Over different gender groups, in SAE conversations, entrainment is both strongest and prevalent in mixed gender pairs, while in MC, it is most prevalent in mixed gender pairs, but not necessarily strongest.

(vii) Two kinds of entrainment are proposed in the present research: absolute entrainment and relative entrainment.

Entrainment in previous research on prosody in English conversations is absolute. Both absolute and relative entrainment is proved in the prosody of Mandarin Chinese conversations in the present research, in which absolute entrainment is found over more global units, and relative entrainment is found between mixed gender pairs' relative pitch registers of tones.

6. LIMITATIONS

The present research has limitations, which supply the potential possibilities for the future studies.

Firstly, modeling the entrainment process in conversations should be improved. Capturing dynamic entrainment is difficult. The difficulties exist mainly in two sides. One is that the adaptation of two interlocutors changes with the progress of conversation. These changes might be caused by psychological, social, behavioral, or other factors. It is difficult to find a fixed model to generalize these changes. Another difficulty is that the adaptation partners are not time-aligned. Therefore, it is necessary to find effective methods to model precisely the prosodic entrainment process in conversation in the future studies.

Secondly, more social factors should be involved in the study of prosodic entrainment. The entrainment in conversation involves various social factors of interlocutors: the status, age, gender, role, region, ethnicity, environment features, etc., of which the present research studied the gender and role. In fact, the functions of other social factors are also worth investigating. It is not possible to do research on all the social factors in one study. The difficulty in dealing with these social factors is how to make the target factors prominent and make valid control of other factors in experiments.

Thirdly, the relationship between pitch and prosodic entrainment should be further studied. The present research did a preliminary study, in which prosodic entrainment is analyzed over tone units. Proximity, convergence, and synchrony are tested over all the units. However, for the relationship between tones and prosody in Chinese, majority of literature only supply assumed descriptions rather than explicit explanations. Therefore, it is necessary to make further research on this point.

Author: Xia Zhihua PhD in Tongji University, a lecturer of Jiangsu Normal University. Her research interests include speech prosody, Intonation and L2 language acquisition.
E-mail: xzhlf@163.com
Supervisor: Ma Qiuwu PhD He is a professor of Tongji University. His research interests include phonology, speech prosody, and phonetics.
E-mail: tjnkmqw@126.com

（此博士论文获得 2015 年同济大学优秀博士论文称号。）

第十二届全国语音学学术会议纪要

由中国语言学会语音学分会主办，中国社会科学院民族学与人类学研究所民族语言实验研究室和内蒙古民族大学蒙古学学院联合承办的"第十二届全国语音学学术会议"（PCC 2016），于 2016 年 7 月 25 日至 26 日在内蒙古通辽市隆重举行。

本次会议共收到 137 篇论文，评选出 30 篇（20%）论文作口头发言，其余以墙报形式展示。大会邀请了 5 个大会报告，分别是孔江平的"语音多模态研究"、陶建华的"情感计算现状与挑战"、朱晓农的"语音学 30 年：四大进展及其在音法学中的应用"、王顶柱的"科尔沁文化研究现状与发展趋势"、呼和的"关于语音声学研究的一点感悟"。另外，本次会议还评审出 5 篇优秀学生论文（申请参加的论文共 48 篇，评选比例为 10%），并颁发证书和奖金。

论文集共收录 128 篇论文。这些论文基本反映了我国在语音学研究领域的研究现状与最新进展。

140 位专家学者参加了本次会议。从地区来讲，参会人员来自 15 个省市和自治区，包括香港、台湾；从机构看，有中国科学院、中国社会科学院、公安部物证鉴定中心、广东省公安厅刑事技术中心、北京大学、南开大学、复旦大学、香港科技大学、香港理工大学、台湾联合大学等 36 个科研单位和大专院校。

本次会议有以下几个特点：（1）打破了以往的会议形式，取消分会场；（2）30%的论文作了口头报告；（3）在内蒙古民族大学的支持下，免收会务费。

本次会议还得到了国家社科基金重大投标项目"中国少数民族语言语音声学参数统一平台建设研究"（编号：12&ZD225）和中国社会科学院创新工程项目"阿尔泰语系语言实验研究"（编号：2016MZSCX009）的资助。

全国语音学学术会议每两年召开一次，2018 年第十三届将由暨南大学承办。

撰稿人：呼和，博士，研究员，中国社会科学院民族与人类学研究所。
　　　　Email:huhe@cass.org.cn